习近平谈治国理政

第四卷

习近平谈治国理政

第四卷

外文出版社

习近平

出 版 说 明

中共十八大以来，以习近平同志为主要代表的中国共产党人，坚持把马克思主义基本原理同中国具体实际相结合、同中华优秀传统文化相结合，创立了习近平新时代中国特色社会主义思想。习近平新时代中国特色社会主义思想是当代中国马克思主义、二十一世纪马克思主义，是中华文化和中国精神的时代精华，实现了马克思主义中国化新的飞跃。中共十九届六中全会指出，党确立习近平同志党中央的核心、全党的核心地位，确立习近平新时代中国特色社会主义思想的指导地位，反映了全党全军全国各族人民共同心愿，对新时代党和国家事业发展、对推进中华民族伟大复兴历史进程具有决定性意义。

面对百年变局和世纪疫情相互叠加、世界进入新的动荡变革期的复杂局面，面对世所罕见、史所罕见的风险挑战，以习近平同志为核心的中共中央，统筹国内国际两个大局，统筹疫情防控和经济社会发展，统筹发展和安全，团结带领全党全国各族人民自信自强、迎难而上，如期打赢脱贫攻坚战，如期全面建成小康社会、实现第一个百年奋斗目标，隆重庆祝中国共产党成立一百周年，开启全面建设社会主义现代化国家、向第二个百年奋斗目标进军新征程，推动党和国家各项事业取得新的重大成就，在中华民族伟大复兴历史进程中写下了浓墨重彩的一笔。习近平在领导党和人民应变局、开新局的伟大实践中，坚持解放思想、实事求是、守正创新，对关系新时代党和国家事业发展的一系列重大理论和实践问题进行新的深邃思考和科学判断，提出了一系列原创性的治国理政新理念新思想新战略，进一步科学回答了中国之问、世界之问、人民之问、时代之问。

《习近平谈治国理政》第一卷至第三卷出版以来，在宣传党的创新理论、激扬人民奋斗实践、展示中国良好形象方面发挥了重要作用，为国际社会了解中国、读懂中国打开了一扇“思想之窗”。为了推动广大干部群众深入学习贯彻习近平新时代中国特色社会主义思想，深刻领会“两个确立”的决定性意义，增强“四个意识”、坚定“四个自信”、做到“两个维护”，在新时代新征程上团结奋斗、勇毅前行，为了帮助国际社会及时了解这一重要思想的最新发展，增进对中国共产党和中国人民过去为什么能够成功、未来怎样才能继续成功的认识，加深对中国之路、中国之治、中国之理的理解，中共中央宣传部（国务院新闻办公室）会同中共中央党史和文献研究院、中国外文出版发行事业局，编辑了《习近平谈治国理政》第四卷。

本书收入的是习近平在2020年2月3日至2022年5月10日期间的重要著作，共有讲话、谈话、演讲、致辞、指示、贺信等109篇。全书分为21个专题，每个专题内容按时间顺序编排。为了便于读者阅读，编辑时作了必要的注释，附在篇末。本书还收入习近平2020年1月以来的图片45幅。

本书编辑组

2022年5月

目　录

一、掌握历史主动，在新时代更好坚持和发展中国特色社会主义

二、坚持党的全面领导

三、始终坚持人民至上

四、坚持敢于斗争

五、统筹疫情防控和经济社会发展

六、全面建成小康社会，开启全面建设社会主义现代化国家新征程

七、把握新发展阶段，贯彻新发展理念，构建新发展格局

八、坚定不移走高质量发展之路

九、全面深化改革开放

十、积极发展全过程人民民主

十一、加快建设社会主义法治国家

十二、推进社会主义文化强国建设

十三、以保障和改善民生为重点加强社会建设

十四、坚持人与自然和谐共生

十五、坚持走中国特色强军之路

十六、统筹发展和安全

十七、坚持“一国两制”和推进祖国统一

十八、弘扬全人类共同价值，推动构建人类命运共同体

十九、完善全球治理，践行真正的多边主义

二十、推动“一带一路”建设高质量发展

二十一、以伟大自我革命引领伟大社会革命

一、掌握历史主动，在新时代更好坚持和发展中国特色社会主义

在庆祝中国共产党成立一百周年大会上的讲话

（2021年7月1日）

同志们，朋友们：

今天，在中国共产党历史上，在中华民族历史上，都是一个十分重大而庄严的日子。我们在这里隆重集会，同全党全国各族人民一道，庆祝中国共产党成立一百周年，回顾中国共产党百年奋斗的光辉历程，展望中华民族伟大复兴的光明前景。

首先，我代表党中央，向全体中国共产党员致以节日的热烈祝贺！

在这里，我代表党和人民庄严宣告，经过全党全国各族人民持续奋斗，我们实现了第一个百年奋斗目标，在中华大地上全面建成了小康社会，历史性地解决了绝对贫困问题，正在意气风发向着全面建成社会主义现代化强国的第二个百年奋斗目标迈进。这是中华民族的伟大光荣！这是中国人民的伟大光荣！这是中国共产党的伟大光荣！

同志们、朋友们！

中华民族是世界上伟大的民族，有着5000多年源远流长的文明历史，为人类文明进步作出了不可磨灭的贡献。1840年鸦片战争以后，中国逐步成为半殖民地半封建社会，国家蒙辱、人民蒙难、文明蒙尘，中华民族遭受了前所未有的劫难。从那时起，实现中华民族伟大复兴，就成为中国人民和中华民族最伟大的梦想。

为了拯救民族危亡，中国人民奋起反抗，仁人志士奔走呐喊，太平天国运动、戊戌变法、义和团运动、辛亥革命接连而起，各种救国方案轮番出台，但都以失败而告终。中国迫切需要新的思想引领救亡运动，迫切需要新的组织凝聚革命力量。

十月革命一声炮响，给中国送来了马克思列宁主义。在中国人民和中华民族的伟大觉醒中，在马克思列宁主义同中国工人运动的紧密结合中，中国共产党应运而生。中国产生了共产党，这是开天辟地的大事变，深刻改变了近代以后中华民族发展的方向和进程，深刻改变了中国人民和中华民族的前途和命运，深刻改变了世界发展的趋势和格局。

中国共产党一经诞生，就把为中国人民谋幸福、为中华民族谋复兴确立为自己的初心使命。一百年来，中国共产党团结带领中国人民进行的一切奋斗、一切牺牲、一切创造，归结起来就是一个主题：实现中华民族伟大复兴。

——为了实现中华民族伟大复兴，中国共产党团结带领中国人民，浴血奋战、百折不挠，创造了新民主主义革命的伟大成就。我们经过北伐战争、土地革命战争、抗日战争、解放战争，以武装的革命反对武装的反革命，推翻帝国主义、封建主义、官僚资本主义三座大山，建立了人民当家作主的中华人民共和国，实现了民族独立、人民解放。新民主主义革命的胜利，彻底结束了旧中国半殖民地半封建社会的历史，彻底结束了旧中国一盘散沙的局面，彻底废除了列强强加给中国的不平等条约和帝国主义在中国的一切特权，为实现中华民族伟大复兴创造了根本社会条件。中国共产党和中国人民以英勇顽强的奋斗向世界庄严宣告，中国人民站起来了，中华民族任人宰割、饱受欺凌的时代一去不复返了！

——为了实现中华民族伟大复兴，中国共产党团结带领中国人民，自力更生、发愤图强，创造了社会主义革命和建设的伟大成就。我们进行社会主义革命，消灭在中国延续几千年的封建剥削压迫制度，确立社会主义基本制度，推进社会主义建设，战胜帝国主义、霸权主义的颠覆破坏和武装挑衅，实现了中华民族有史以来最为广泛而深刻的社会变革，实现了一穷二白、人口众多的东方大国大步迈进社会主义社会的伟大飞跃，为实现中华民族伟大复兴奠定了根本政治前提和制度基础。中国共产党和中国人民以英勇顽强的奋斗向世界庄严宣告，中国人民不但善于破坏一个旧世界、也善于建设一个新世界，只有社会主义才能救中国，只有社会主义才能发展中国！

——为了实现中华民族伟大复兴，中国共产党团结带领中国人民，解放思想、锐意进取，创造了改革开放和社会主义现代化建设的伟大成就。我们实现新中国成立以来党的历史上具有深远意义的伟大转折，确立党在社会主义初级阶段的基本路线，坚定不移推进改革开放，战胜来自各方面的风险挑战，开创、坚持、捍卫、发展中国特色社会主义，实现了从高度集中的计划经济体制到充满活力的社会主义市场经济体制、从封闭半封闭到全方位开放的历史性转变，实现了从生产力相对落后的状况到经济总量跃居世界第二的历史性突破，实现了人民生活从温饱不足到总体小康、奔向全面小康的历史性跨越，为实现中华民族伟大复兴提供了充满新的活力的体制保证和快速发展的物质条件。中国共产党和中国人民以英勇顽强的奋斗向世界庄严宣告，改革开放是决定当代中国前途命运的关键一招，中国大踏步赶上了时代！

——为了实现中华民族伟大复兴，中国共产党团结带领中国人民，自信自强、守正创新，统揽伟大斗争、伟大工程、伟大事业、伟大梦想，创造了新时代中国特色社会主义的伟大成就。党的十八大以来，中国特色社会主义进入新时代，我们坚持和加强党的全面领导，统筹推进“五位一体”总体布局〔1〕、协调推进“四个全面”战略布局〔2〕，坚持和完善中国特色社会主义制度、推进国家治理体系和治理能力现代化，坚持依规治党、形成比较完善的党内法规体系，战胜一系列重大风险挑战，实现第一个百年奋斗目标，明确实现第二个百年奋斗目标的战略安排，党和国家事业取得历史性成就、发生历史性变革，为实现中华民族伟大复兴提供了更为完善的制度保证、更为坚实的物质基础、更为主动的精神力量。中国共产党和中国人民以英勇顽强的奋斗向世界庄严宣告，中华民族迎来了从站起来、富起来到强起来的伟大飞跃，实现中华民族伟大复兴进入了不可逆转的历史进程！

一百年来，中国共产党团结带领中国人民，以“为有牺牲多壮志，敢教日月换新天”〔3〕的大无畏气概，书写了中华民族几千年历史上最恢宏的史诗。这一百年来开辟的伟大道路、创造的伟大事业、取得的伟大成就，必将载入中华民族发展史册、人类文明发展史册！

同志们、朋友们！

一百年前，中国共产党的先驱们创建了中国共产党，形成了坚持真理、坚守理想，践行初心、担当使命，不怕牺牲、英勇斗争，对党忠诚、不负人民的伟大建党精神，这是中国共产党的精神之源。

一百年来，中国共产党弘扬伟大建党精神，在长期奋斗中构建起中国共产党人的精神谱系，锤炼出鲜明的政治品格。历史川流不息，精神代代相传。我们要继续弘扬光荣传统、赓续红色血脉，永远把伟大建党精神继承下去、发扬光大！

同志们、朋友们！

一百年来，我们取得的一切成就，是中国共产党人、中国人民、中华民族团结奋斗的结果。以毛泽东同志、邓小平同志、江泽民同志、胡锦涛同志为主要代表的中国共产党人，为中华民族伟大复兴建立了彪炳史册的伟大功勋！我们向他们表示崇高的敬意！

此时此刻，我们深切怀念为中国革命、建设、改革，为中国共产党建立、巩固、发展作出重大贡献的毛泽东、周恩来、刘少奇、朱德、邓小平、陈云同志等老一辈革命家，深切怀念为建立、捍卫、建设新中国英勇牺牲的革命先烈，深切怀念为改革开放和社会主义现代化建设英勇献身的革命烈士，深切怀念近代以来为民族独立和人民解放顽强奋斗的所有仁人志士。他们为祖国和民族建立的丰功伟绩永载史册！他们的崇高精神永远铭记在人民心中！

人民是历史的创造者，是真正的英雄。我代表党中央，向全国广大工人、农民、知识分子，向各民主党派和无党派人士、各人民团体、各界爱国人士，向人民解放军指战员、武警部队官兵、公安干警和消防救援队伍指战员，向全体社会主义劳动者，向统一战线广大成员，致以崇高的敬意！向香港特别行政区同胞、澳门特别行政区同胞和台湾同胞以及广大侨胞，致以诚挚的问候！向一切同中国人民友好相处，关心和支持中国革命、建设、改革事业的各国人民和朋友，致以衷心的谢意！

同志们、朋友们！

初心易得，始终难守。以史为鉴，可以知兴替。我们要用历史映照现实、远观未来，从中国共产党的百年奋斗中看清楚过去我们为什么能够成功、弄明白未来我们怎样才能继续成功，从而在新的征程上更加坚定、更加自觉地牢记初心使命、开创美好未来。

——以史为鉴、开创未来，必须坚持中国共产党坚强领导。办好中国的事情，关键在党。中华民族近代以来 180 多年的历史、中国共产党成立以来 100 年的历史、中华人民共和国成立以来 70 多年的历史都充分证明，没有中国共产党，就没有新中国，就没有中华民族伟大复兴。历史和人民选择了中国共产党。中国共产党领导是中国特色社会主义最本质的特征，是中国特色社会主义制度的最大优势，是党和国家的根本所在、命脉所在，是全国各族人民的利益所系、命运所系。

新的征程上，我们必须坚持党的全面领导，不断完善党的领导，增强“四个意识”[4]、坚定“四个自信”[5]、做到“两个维护”[6]，牢记“国之大者”，不断提高党科学执政、民主执政、依法执政水平，充分发挥党总揽全局、协调各方的领导核心作用！

——以史为鉴、开创未来，必须团结带领中国人民不断为美好生活而奋斗。江山就是人民、人民就是江山，打江山、守江山，守的是人民的心。中国共产党根基在人民、血脉在人民、力量在人民。中国共产党始终代表最广大人民根本利益，与人民休戚与共、生死相依，没有任何自己特殊的利益，从来不代表任何利益集团、任何权势团体、任何特权阶层的利益。任何想把中国共产党同中国人民分割开来、对立起来的企图，都是绝不会得逞的！9500多万中国共产党人不答应！14亿多中国人民也不答应！

新的征程上，我们必须紧紧依靠人民创造历史，坚持全心全意为人民服务的根本宗旨，站稳人民立场，贯彻党的群众路线，尊重人民首创精神，践行以人民为中心的发展思想，发展全过程人民民主，维护社会公平正义，着力解决发展不平衡不充分问题和人民群众急难愁盼问题，推动人的全面发展、全体人民共同富裕取得更为明显的实质性进展！

——以史为鉴、开创未来，必须继续推进马克思主义中国化。马克思主义是我们立党立国的根本指导思想，是我们党的灵魂和旗帜。中国共产党坚持马克思主义基本原理，坚持实事求是，从中国实际出发，洞察时代大势，把握历史主动，进行艰辛探索，不断推进马克思主义中国化时代化，指导中国人民不断推进伟大社会革命。中国共产党为什么能，中国特色社会主义为什么好，归根到底是因为马克思主义行！

新的征程上，我们必须坚持马克思列宁主义、毛泽东思想、邓小平理论、“三个代表”重要思想、科学发展观，全面贯彻新时代中国特色社会主义思想，坚持把马克思主义基本原理同中国具体实际相结合、同中华优秀传统文化相结合，用马克思主义观察时代、把握时代、引领时代，继续发展当代中国马克思主义、21世纪马克思主义！

——以史为鉴、开创未来，必须坚持和发展中国特色社会主义。走自己的路，是党的全部理论和实践立足点，更是党百年奋斗得出的历史结论。中国特色社会主义是党和人民历经千辛万苦、付出巨大代价取得的根本成就，是实现中华民族伟大复兴的正确道路。我们坚持和发展中国特色社会主义，推动物质文明、政治文明、精神文明、社会文明、生态文明协调发展，创造了中国式现代化新道路，创造了人类文明新形态。

新的征程上，我们必须坚持党的基本理论、基本路线、基本方略，统筹推进“五位一体”总体布局、协调推进“四个全面”战略布局，全面深化改革开放，立足新发展阶段，完整、准确、全面贯彻新发展理念，构建新发展格局，推动高质量发展，推进科技自立自强，保证人民当家作主，坚持依法治国，坚持社会主义核心价值体系，坚持在发展中保障和改善民生，坚持人与自然和谐共生，协同推进人民富裕、国家强盛、中国美丽。

中华民族拥有在5000多年历史演进中形成的灿烂文明，中国共产党拥有百年奋斗实践和70多年执政兴国经验，我们积极学习借鉴人类文明的一切有益成果，欢迎一切有益的建议和善意的批评，但我们绝不接受“教师爷”般颐指气使的说教！中国共产党和中国人民将在自己选择的道路上昂首阔步走下去，把中国发展进步的命运牢牢掌握在自己手中！

——以史为鉴、开创未来，必须加快国防和军队现代化。强国必须强军，军强才能国安。坚持党指挥枪、建设自己的人民军队，是党在血与火的斗争中得出的颠扑不破的真理。人民军队为党和人民建立了不朽功勋，是保卫红色江山、维护民族尊严的坚强柱石，也是维护地区和世界和平的强大力量。

新的征程上，我们必须全面贯彻新时代党的强军思想，贯彻新时代军事战略方针，坚持党对人民军队的绝对领导，坚持走中国特色强军之路，全面推进政治建军、改革强军、科技强军、人才强军、依法治军，把人民军队建设成为世界一流军队，以更强大的能力、更可靠的手段捍卫国家主权、安全、发展利益！

——以史为鉴、开创未来，必须不断推动构建人类命运共同体。和平、和睦、和谐是中华民族5000多年来一直追求和传承的理念，中华民族的血液中没有侵略他人、称王称霸的基因。中国共产党关注人类前途命运，同世界上一切进步力量携手前进，中国始终是世界和平的建设者、全球发展的贡献者、国际秩序的维护者！

新的征程上，我们必须高举和平、发展、合作、共赢旗帜，奉行独立自主的和平外交政策，坚持走和平发展道路，推动建设新型国际关系，推动构建人类命运共同体，推动共建“一带一路”高质量发展，以中国的新发展为世界提供新机遇。中国共产党将继续同一切爱好和平的国家和人民一道，弘扬和平、发展、公平、正义、民主、自由的全人类共同价值，坚持合作、不搞对抗，坚持开放、不搞封闭，坚持互利共赢、不搞零和博弈，反对霸权主义和强权政治，推动历史车轮向着光明的目标前进！

中国人民是崇尚正义、不畏强暴的人民，中华民族是具有强烈民族自豪感和自信心的民族。中国人民从来没有欺负、压迫、奴役过其他国家人民，过去没有，现在没有，将来也不会有。同时，中国人民也绝不允许任何外来势力欺负、压迫、奴役我们，谁妄想这样干，必将在14亿多中国人民用血肉筑成的钢铁长城面前碰得头破血流！

——以史为鉴、开创未来，必须进行具有许多新的历史特点的伟大斗争。敢于斗争、敢于胜利，是中国共产党不可战胜的强大精神力量。实现伟大梦想就要顽强拼搏、不懈奋斗。今天，我们比历史上任何时期都更接近、更有信心和能力实现中华民族伟大复兴的目标，同时必须准备付出更为艰巨、更为艰苦的努力。

新的征程上，我们必须增强忧患意识、始终居安思危，贯彻总体国家安全观，统筹发展和安全，统筹中华民族伟大复兴战略全局和世界百年未有之大变局，深刻认识我国社会主要矛盾变化带来的新特征新要求，深刻认识错综复杂的国际环境带来的新矛盾新挑战，敢于斗争，善于斗争，逢山开道、遇水架桥，勇于战胜一切风险挑战！

——以史为鉴、开创未来，必须加强中华儿女大团结。在百年奋斗历程中，中国共产党始终把统一战线摆在重要位置，不断巩固和发展最广泛的统一战线，团结一切可以团结的力量、调动一切可以调动的积极因素，最大限度凝聚起共同奋斗的力量。爱国统一战线是中国共产党团结海内外全体中华儿女实现中华民族伟大复兴的重要法宝。

新的征程上，我们必须坚持大团结大联合，坚持一致性和多样性统一，加强思想政治引领，广泛凝聚共识，广聚天下英才，努力寻求最大公约数、画出最大同心圆，形成海内外全体中华儿女心往一处想、劲往一处使的生动局面，汇聚起实现民族复兴的磅礴力量！

——以史为鉴、开创未来，必须不断推进党的建设新的伟大工程。勇于自我革命是中国共产党区别于其他政党的显著标志。我们党历经千锤百炼而朝气蓬勃，一个很重要的原因就是我们始终坚持党要管党、全面从严治党，不断应对好自身在各个历史时期面临的风险考验，确保我们党在世界形势深刻变化的历史进程中始终走在时代前列，在应对国内外各种风险挑战的历史进程中始终成为全国人民的主心骨！

新的征程上，我们要牢记打铁必须自身硬的道理，增强全面从严治党永远在路上的政治自觉，以党的政治建设为统领，继续推进新时代党的建设新的伟大工程，不断严密党的组织体系，着力建设德才兼备的高素质干部队伍，坚定不移推进党风廉政建设和反腐败斗争，坚决清除一切损害党的先进性和纯洁性的因素，清除一切侵蚀党的健康肌体的病毒，确保党不变质、不变色、不变味，确保党在新时代坚持和发展中国特色社会主义的历史进程中始终成为坚强领导核心！

同志们、朋友们！

我们要全面准确贯彻“一国两制”、“港人治港”、“澳人治澳”、高度自治的方针，落实中央对香港、澳门特别行政区全面管治权，落实特别行政区维护国家安全的法律制度和执行机制，维护国家主权、安全、发展利益，维护特别行政区社会大局稳定，保持香港、澳门长期繁荣稳定。

解决台湾问题、实现祖国完全统一，是中国共产党矢志不渝的历史任务，是全体中华儿女的共同愿望。要坚持一个中国原则和“九二共识”[7]，推进祖国和平统一进程。包括两岸同胞在内的所有中华儿女，要和衷共济、团结向前，坚决粉碎任何“台独”图谋，共创民族复兴美好未来。任何人都不要低估中国人民捍卫国家主权和领土完整的坚强决心、坚定意志、强大能力！

同志们、朋友们！

未来属于青年，希望寄予青年。一百年前，一群新青年高举马克思主义思想火炬，在风雨如晦的中国苦苦探寻民族复兴的前途。一百年来，在中国共产党的旗帜下，一代代中国青年把青春奋斗融入党和人民事业，成为实现中华民族伟大复兴的先锋力量。新时代的中国青年要以实现中华民族伟大复兴为己任，增强做中国人的志气、骨气、底气，不负时代，不负韶华，不负党和人民的殷切期望！

同志们、朋友们！

一百年前，中国共产党成立时只有50多名党员，今天已经成为拥有9500多万名党员、领导着14亿多人口大国、具有重大全球影响力的世界第一大执政党。

一百年前，中华民族呈现在世界面前的是一派衰败凋零的景象。今天，中华民族向世界展现的是一派欣欣向荣的气象，正以不可阻挡的步伐迈向伟大复兴。

过去一百年，中国共产党向人民、向历史交出了一份优异的答卷。现在，中国共产党团结带领中国人民又踏上了实现第二个百年奋斗目标新的赶考之路。

全体中国共产党员！党中央号召你们，牢记初心使命，坚定理想信念，践行党的宗旨，永远保持同人民群众的血肉联系，始终同人民想在一起、干在一起，风雨同舟、同甘共苦，继续为实现人民对美好生活的向往不懈努力，努力为党和人民争取更大光荣！

同志们、朋友们！

中国共产党立志于中华民族千秋伟业，百年恰是风华正茂！回首过去，展望未来，有中国共产党的坚强领导，有全国各族人民的紧密团结，全面建成社会主义现代化强国的目标一定能够实现，中华民族伟大复兴的中国梦一定能够实现！

伟大、光荣、正确的中国共产党万岁！

伟大、光荣、英雄的中国人民万岁！

注　　释

〔**1**〕“五位一体”总体布局，指中国特色社会主义事业总体布局，包括经济建设、政治建设、文化建设、社会建设、生态文明建设。

〔**2**〕“四个全面”战略布局，指中国特色社会主义事业战略布局，包括全面建成小康社会、全面深化改革、全面依法治国、全面从严治党。全面建成小康社会后，“四个全面”战略布局的内涵演化为全面建设社会主义现代化国家、全面深化改革、全面依法治国、全面从严治党。

〔**3**〕见毛泽东《七律·到韶山》（《毛泽东诗词集》，中央文献出版社1996年版，第110页）。

〔**4**〕“四个意识”，指政治意识、大局意识、核心意识、看齐意识。

〔**5**〕“四个自信”，指中国特色社会主义道路自信、理论自信、制度自信、文化自信。

〔**6**〕“两个维护”，指维护习近平总书记党中央的核心、全党的核心地位，维护党中央权威和集中统一领导。

〔**7**〕“九二共识”，指1992年11月海峡两岸关系协会与台湾海峡交流基金会，就解决两岸事务性商谈中如何表述坚持一个中国原则的问题，达成的各自以口头方式表述“海峡两岸同属一个中国，共同努力谋求国家统一”的共识。

关于《中共中央关于党的百年奋斗重大成就和历史经验的决议》的说明*

（2021 年 11 月 8 日）

受中央政治局委托，我就《中共中央关于党的百年奋斗重大成就和历史经验的决议》起草的有关情况向全会作说明。

一、关于党的十九届六中全会议题的考虑

我们党历来高度注重总结历史经验。早在延安时期，毛泽东同志就指出："如果不把党的历史搞清楚，不把党在历史上所走的路搞清楚，便不能把事情办得更好。"[1] 在争取抗日战争最后胜利的关头，1945 年，党的六届七中全会通过了《关于若干历史问题的决议》，对建党以后特别是党的六届四中全会至遵义会议前这一段党的历史及其经验教训进行了总结，对若干重大历史问题作出了结论，使全党特别是党的高级干部对中国革命基本问题的认识达到了一致，增强了全党

* 这是习近平在中共十九届六中全会上所作的说明。

团结，为党的七大胜利召开创造了充分条件，有力促进了中国革命事业发展。

进入改革开放新时期，邓小平同志说：“历史上成功的经验是宝贵财富，错误的经验、失败的经验也是宝贵财富。这样来制定方针政策，就能统一全党思想，达到新的团结。这样的基础是最可靠的。”[2]1981年，党的十一届六中全会通过了《关于建国以来党的若干历史问题的决议》，回顾了新中国成立以前党的历史，总结了社会主义革命和建设的历史经验，对一些重大事件和重要人物作出了评价，特别是正确评价了毛泽东同志和毛泽东思想，分清了是非，纠正了“左”右两方面的错误观点，统一了全党思想，对推动党团结一致向前看、更好推进改革开放和社会主义现代化建设产生了重大影响。

现在，距离第一个历史决议制定已经过去了76年，距离第二个历史决议制定也过去了40年。40年来，党和国家事业大大向前发展了，党的理论和实践也大大向前发展了。站在新的历史起点上，回顾过去，展望未来，全面总结党的百年奋斗重大成就和历史经验特别是改革开放40多年来的重大成就和历史经验，既有客观需要，也具备主观条件。

党中央认为，在党成立一百周年的重要历史时刻，在党和人民胜利实现第一个百年奋斗目标、全面建成小康社会，正在向着全面建成社会主义现代化强国的第二个百年奋斗目标迈进的重大历史关头，全面总结党的百年奋斗重大成就和历史经验，对推动全党进一步统一思想、统一意志、统一行动，团结带领全国各族人民夺取新时代中国特色社会主义新的伟大胜利，具有重大现实意义和深远历史意义。

党中央认为，党的百年奋斗历程波澜壮阔，时间跨度长，涉及范围广，需要研究的问题多。总的是要按照总结历史、把握规律、坚定信心、走向未来的要求，把党走过的光辉历程总结好，把党团结带领人民取得的辉煌成就总结好，把党推进革命、建设、改革的宝贵经验总结好，把党的十八大以来党和国家事业砥砺奋进的理论和实践总结好。具体来说，就是要深入研究党领导人民进行革命、建设、改革的百年历程，全面总结党从胜利走向胜利的伟大历史进程、为国家和民族建立的伟大历史功绩；深入研究党坚持把马克思主义基本原理同中国具体实际相结合、同中华优秀传统文化相结合，不断推进马克思主义中国化的百年历程，深化对新时代党的创新理论的理解和掌握；深入研究党不断维护党的团结、维护党中央权威和集中统一领导的百年历程，深刻领悟加强党的政治建设这个马克思主义政党的鲜明特征和政治优势；深入研究党为中国人民谋幸福、为中华民族谋复兴的百年历程，深刻认识党同人民生死相依、休戚与共的血肉联系，更好为人民谋幸福、依靠人民创造历史伟业；深入研究党加强自身建设、推进自我革命的百年历程，增强全面从严治党永远在路上的坚定和执着，确保党在新时代坚持和发展中国特色社会主义的历史进程中始终成为坚强领导核心；深入研究历史发展规律和大势，始终掌握新时代新征程党和国家事业发展的历史主动，增强锚定既定奋斗目标、意气风发走向未来的勇气和力量。

党中央认为，总结党的百年奋斗重大成就和历史经验，要坚持辩证唯物主义和历史唯物主义的方法论，用具体历史的、客观全面的、联系发展的观点来看待党的历史。要坚持正确党史观、树立大历史观，准确把握党的历史发展的主题主线、主流本质，正确对待党在前进道路上经历的失误和曲折，从成功中吸取经验，从失误中吸取教训，不断开辟走向胜利的道路。要旗帜鲜明反对历史虚无主义，加强思想引导和理论辨析，澄清对党史上一些重大历史问题的模糊认识和片面理解，更好正本清源。

对这次全会决议起草，党中央明确要求着重把握好以下几点。

第一，聚焦总结党的百年奋斗重大成就和历史经验。我们党已先后制定了两个历史决议。从建党到改革开放之初，党的历史上的重大是非问题，这两个历史决议基本都解决了，其基本论述和结论至今仍然适用。改革开放以来，尽管党的工作中也出现过一些问题，但总体上讲党和国家事业发展是顺利的，前进方向是正确的，取得的成就是举世瞩目的。基于此，这次全会决议要把着力点放在总结党的百年奋斗重大成就和历史经验上，以推动全党增长智慧、增进团结、增加信心、增强斗志。

第二，突出中国特色社会主义新时代这个重点。这次全会决议重点总结新时代党和国家事业取得的历史性成就、发生的历史性变革和积累的新鲜经验，主要考虑是，对党在新民主主义革命时期、社会主义革命和建设时期、党的十一届三中全会到党的十一届六中全会期间的历史，前两个历史决议已经作过系统总结；对改革开放和社会主义现代化建设新时期的成就和经验，党的十一届三中全会召开二十周年、三十周年时党中央都进行了认真总结，我在庆祝改革开放四十周年大会上发表讲话，也作了系统总结。因此，对党的十八大之前的历史时期，这次全会决议要在已有总结和结论的基础上进行概述。突出中国特色社会主义新时代这个重点，有利于引导全党进一步坚定信心，聚焦我们正在做的事情，以更加昂扬的姿态迈进新征程、建功新时代。

第三，对重大事件、重要会议、重要人物的评价注重同党中央已有结论相衔接。关于党的十八大之前党的历史上的重大事件、重要会议、重要人物，前两个历史决议、党的一系列重要文献都有过大量论述，都郑重作过结论。这次全会决议坚持这些基本论述和结论。党的十八大以来，我在庆祝中国共产党成立九十五周年大会、庆祝中国人民解放军建军九十周年大会、庆祝中华人民共和国成立七十周年大会特别是庆祝中国共产党成立一百周年大会等重要会议上，对党的历史都作过总结和论述，体现了党中央对党的百年奋斗的新认识。这次全会决议要体现这些新认识。

二、决议稿起草过程

今年 3 月，中央政治局决定，党的十九届六中全会重点研究全面总结党的百年奋斗重大成就和历史经验问题，成立文件起草组，由我担任组长，王沪宁、赵乐际同志担任副组长，党和国家有关领导同志及有关中央部门和地方负责同志参加，在中央政治局常委会领导下承担文件起草工作。

4 月 1 日，党中央发出《关于对党的十九届六中全会重点研究全面总结党的重大成就和历史经验问题征求意见的通知》，在党内外一定范围征求意见。

从反馈意见看，各地区各部门各方面一致认为，党中央决定通过召开十九届六中全会，全面总结党的百年奋斗重大成就和历史经验，是郑重的历史性、战略性决策，充分体现党牢记初心使命、永葆生机活力的坚强意志和坚定决心，充分体现党深刻把握历史发展规律、始终掌握党和国家事业发展的历史主动和使命担当，充分体现党立足当下、着眼未来、注重总结和运用历史经验的高瞻远瞩和深谋远虑。一致赞成这次全会着重总结党的百年奋斗重大成就和历史经验，并就决议需要研究解决的重大问题提出了许多好的意见和建议。

各地区各部门各方面普遍认为，一百年来，党团结带领人民在革命、建设、改革各个历史时期持续奋斗，创造了彪炳中华民族发展史、世界社会主义发展史、人类社会发展史的奇迹，彻底扭转了近代以来中华民族的历史进程，生动谱写了世界社会主义历史发展的壮丽篇章，成功开辟了马克思主义新境界，为实现中华民族伟大复兴建立了不朽功业，为促进人类进步作出了重大贡献。在这一伟大征程中，党和人民积累了极其丰富的宝贵历史经验。这些都值得系统总结。各地区各部门各方面建议，这次全会在全面总结党的百年奋斗重大成就和历史经验的基础上，重点总结新时代党和国家事业取得的历史性成就、发生的历史性变革及新鲜经验。

按照党中央部署，文件起草组认真学习党的重要历史文献，充分吸纳各地区各部门各方面意见和建议，深入研究重大问题，认真开展决议稿起草工作。

9月6日，根据中央政治局会议决定，决议征求意见稿下发党内一定范围征求意见，包括征求党内部分老同志意见，还专门听取了各民主党派中央、全国工商联负责人和无党派人士代表意见。

从反馈意见情况看，各地区各部门各方面对决议征求意见稿给予充分肯定，一致赞成决议稿的框架结构和主要内容。一致认为，决议稿最鲜明的特点是实事求是、尊重历史，反映了党的百年奋斗的初心使命，符合历史事实；决议稿对重大事件、重要会议、重要人物的论述和评价，同党的历史文献既有论述和结论相衔接，体现了党的十八大以来党中央关于党的历史的新认识。决议稿总结概括的“中国共产党百年奋斗的历史意义”，全面、深刻、系统反映了党对中国、对人类作出的历史性贡献；总结概括的“中国共产党百年奋斗的历史经验”，贯通历史、现在、未来，具有重大的历史意义和现实指导意义。

各地区各部门各方面普遍认为，决议稿是新时代中国共产党人牢记初心使命、坚持和发展中国特色社会主义的政治宣言，是以史为鉴、开创未来、实现中华民族伟大复兴的行动指南，同党的前两个历史决议既一脉相承又与时俱进，必将激励全党在新时代新征程上争取更大荣光。

在征求意见过程中，各地区各部门各方面提出许多好的意见和建议。文件起草组逐条分析这些意见和建议，做到能吸收的尽量吸收。经反复研究推敲，对决议稿作出547处修改，充分反映了各地区各部门各方面意见和建议。

在决议稿起草过程中，中央政治局常委会召开3次会议、中央政治局召开2次会议进行审议，形成了提交这次全会审议的决议稿。

三、决议稿的基本框架和主要内容

决议稿除序言和结束语之外，共有7个部分。

第一部分“夺取新民主主义革命伟大胜利”。阐明这一时期党面临的主要任务是，反对帝国主义、封建主义、官僚资本主义，争取民族独立、人民解放，为实现中华民族伟大复兴创造根本社会条件。分析党产生的历史背景，总结党领导人民在建党之初和大革命时期、土地革命战争时期、抗日战争时期、解放战争时期进行革命斗争的历史进程和创造的伟大成就，以及创立毛泽东思想、实施和推进党的建设伟大工程的重大成就。强调成立中华人民共和国，实现民族独立、人民解放，实现了中国从几千年封建专制政治向人民民主的伟大飞跃；中国共产党和中国人民以英勇顽强的奋斗向世界庄严宣告，中国人民从此站起来了，中华民族任人宰割、饱受欺凌的时代一去不复返了，中国发展从此开启了新纪元。

第二部分“完成社会主义革命和推进社会主义建设”。阐明这一时期党面临的主要任务是，实现从新民主主义到社会主义的转变，进行社会主义革命，推进社会主义建设，为实现中华民族伟大复兴奠定根本政治前提和制度基础。总结新中国成立后党领导人民战胜一系列严峻挑战、巩固新生政权，成功完成社会主义改造、建立社会主义制度，开展全面的大规模的社会主义建设，打开对外工作新局面的历史进程和创造的伟大成就。总结党加强执政党建设所作的努力和积累的初步经验，在阐述这一时期党取得的独创性理论成果的基础上，对毛泽东思想进行科学评价。强调这一时期党领导人民创造的伟大成就，实现了一穷二白、人口众多的东方大国大步迈进社会主义社会的伟大飞跃；中国共产党和中国人民以英勇顽强的奋斗向世界庄严宣告，中国人民不但善于破坏一个旧世界、也善于建设一个新世界，只有社会主义才能救中国，只有社会主义才能发展中国。

第三部分“进行改革开放和社会主义现代化建设”。阐明这一时期党面临的主要任务是，继续探索中国建设社会主义的正确道路，解放和发展社会生产力，使人民摆脱贫困、尽快富裕起来，为实现中华民族伟大复兴提供充满新的活力的体制保证和快速发展的物质条件。强调党的十一届三中全会的历史意义，总结以邓小平同志为主要代表的中国共产党人、以江泽民同志为主要代表的中国共产党人、以胡锦涛同志为主要代表的中国共产党人作出的历史贡献，从党领导全面开展拨乱反正、形成中国特色社会主义理论体系、推进改革开放和社会主义现代化建设、从容应对关系我国改革发展稳定全局的一系列风险考验、推进祖国统一大业、维护世界和平与促进共同发展、开创和推进党的建设新的伟大工程等方面，展现新时期波澜壮阔的历史画卷和举世瞩目的伟大成就。强调这一时期党领导人民创造的伟大成就，推进了中华民族从站起来到富起来的伟大飞跃；中国共产党和中国人民以英勇顽强的奋斗向世界庄严宣告，改革开放是决定当代中国前途命运的关键一招，中国特色社会主义道路是指引中国发展繁荣的正确道路，中国大踏步赶上了时代。

第四部分“开创中国特色社会主义新时代”。阐明这一时期党面临的主要任务是，实现全面建成小康社会的第一个百年奋斗目标，开启全面建成社会主义现代化强国的第二个百年奋斗目标新征程，朝着实现中华民族伟大复兴的宏伟目标继续前进。阐述中国特色社会主义新时代这一我国发展新的历史方位，概括党的十八大以来党的理论创新成果，深入分析新时代党面临的形势、面对的风险挑战，从坚持党的全面领导、全面从严治党、经济建设、全面深化改革开放、政治建设、全面依法治国、文化建设、社会建设、生态文明建设、国防和军队建设、维护国家安全、坚持“一国两制”和推进祖国统一、外交工作等 13 个方面，分领域总结新时代党和国家事业取得的历史性成就、发生的历史性变革，重点总结九年来的原创性思想、变革性实践、突破性进展、标志性成果。强调这一时期党领导人民创造的伟大成就，为实现中华民族伟大复兴提供了更为完善的制度保证、更为坚实的物质基础、更为主动的精神力量；中国共产党和中国人民以英勇顽强的奋斗向世界庄严宣告，中华民族迎来了从站起来、富起来到强起来的伟大飞跃。

第五部分“中国共产党百年奋斗的历史意义”。在全面回顾总结党的百年奋斗历程和重大成就基础上，以更宏阔的视角，总结党的百年奋斗的历史意义，即党的百年奋斗从根本上改变了中国人民的前途命运、开辟了实现中华民族伟大复兴的正确道路、展示了马克思主义的强大生命力、深刻影响了世界历史进程、锻造了走在时代前列的中国共产党，阐述党对中国人民、对中华民族、对马克思主义、对人类进步事业、对马克思主义政党建设所作的历史性贡献。这五条概括，既立足中华大地，又放眼人类未来，体现了中国共产党和中国人民、中华民族的关系，体现了中国共产党和马克思主义、世界社会主义、人类社会发展的关系，贯通了中国共产党百年奋斗的历史逻辑、理论逻辑、实践逻辑。

第六部分“中国共产党百年奋斗的历史经验”。概括了具有根本性和长远指导意义的十条历史经验，即坚持党的领导、坚持人民至上、坚持理论创新、坚持独立自主、坚持中国道路、坚持胸怀天下、坚持开拓创新、坚持敢于斗争、坚持统一战线、坚持自我革命。这十条历史经验是系统完整、相互贯通的有机整体，揭示了党和人民事业不断成功的根本保证，揭示了党始终立于不败之地的力量源泉，揭示了党始终掌握历史主动的根本原因，揭示了党永葆先进性和纯洁性、始终走在时代前列的根本途径。强调这十条历史经验是经过长期实践积累的宝贵经验，是党和人民共同创造的精神财富，必须倍加珍惜、长期坚持，并在新时代实践中不断丰富和发展。

第七部分“新时代的中国共产党”。围绕实现第二个百年奋斗目标，强调全党要以咬定青山不放松的执着奋力实现既定目标，以行百里者半九十的清醒不懈推进中华民族伟大复兴；强调必须坚持党的基本理论、基本路线、基本方略，立足新发展阶段、贯彻新发展理念、构建新发展格局、推动高质量发展，协同推进人民富裕、国家强盛、中国美丽；强调必须永远保持同人民群众的血肉联系，不断实现好、维护好、发展好最广大人民根本利益；强调必须铭记生于忧患、死于安乐，常怀远虑、居安思危，继续推进新时代党的建设新的伟大工程；强调必须抓好后继有人这个根本大计。号召全党全军全国各族人民勿忘昨天的苦难辉煌，无愧今天的使命担当，不负明天的伟大梦想，以史为鉴、开创未来，埋头苦干、勇毅前行，为实现第二个百年奋斗目标、实现中华民族伟大复兴的中国梦而不懈奋斗。

同志们！审议通过这个决议，是这次全会的主要任务。大家要贯彻落实党中央要求，贯通把握历史、现在、未来，深入思考、深入研讨，聚精会神、集思广益，提出建设性意见和建议，共同把这次全会开好、把决议稿修改好。

注　释

〔**1**〕见毛泽东《如何研究中共党史》（《毛泽东文集》第 2 卷，人民出版社 1993 年版，第 399 页）。

〔**2**〕见邓小平《改革开放使中国真正活跃起来》（《邓小平文选》第 3 卷，人民出版社 1993 年版，第 234—235 页）。

续写马克思主义中国化时代化新篇章*

（2022 年 1 月 11 日）

党中央举办这次专题研讨班，目的是深入研读和领会党的十九届六中全会决议，继续把党史总结、学习、教育、宣传引向深入，更好把握和运用党的百年奋斗历史经验，弘扬伟大建党精神，增加历史自信、增进团结统一、增强斗争精神，动员全党全国各族人民坚定信心、勇毅前行，为实现第二个百年奋斗目标而不懈努力。

一个民族要走在时代前列，就一刻不能没有理论思维，一刻不能没有正确思想指引。中国共产党为什么能，中国特色社会主义为什么好，归根到底是因为马克思主义行。马克思主义之所以行，就在于党不断推进马克思主义中国化时代化并用以指导实践。这次全会决议对百年奋斗历程中党不断推进马克思主义中国化时代化作了全面总结。注重分析研究和总结党在百年奋斗历程中对马克思主义的中国化时代化，是贯穿全会决议的一个重要内容，我们一定要深入学习、全面领会。马

---

* 这是习近平在省部级主要领导干部学习贯彻党的十九届六中全会精神专题研讨班开班式上的讲话要点。

克思主义为人类社会发展进步指明了方向，是我们认识世界、把握规律、追求真理、改造世界的强大思想武器。同时，马克思主义理论不是教条，而是行动指南，必须随着实践的变化而发展。马克思主义能不能在实践中发挥作用，关键在于能否把马克思主义基本原理同中国实际和时代特征结合起来。面对快速变化的世界和中国，如果墨守成规、思想僵化，没有理论创新的勇气，不能科学回答中国之问、世界之问、人民之问、时代之问，不仅党和国家事业无法继续前进，马克思主义也会失去生命力、说服力。当代中国正在经历人类历史上最为宏大而独特的实践创新，改革发展稳定任务之重、矛盾风险挑战之多、治国理政考验之大都前所未有，世界百年未有之大变局深刻变化前所未有，提出了大量亟待回答的理论和实践课题。我们要准确把握时代大势，勇于站在人类发展前沿，聆听人民心声，回应现实需要，坚持解放思想、实事求是、守正创新，更好把坚持马克思主义和发展马克思主义统一起来，坚持用马克思主义之“矢”去射新时代中国之“的”，继续推进马克思主义基本原理同中国具体实际相结合、同中华优秀传统文化相结合，续写马克思主义中国化时代化新篇章。

党的百年奋斗历程告诉我们，党和人民事业能不能沿着正确方向前进，取决于我们能否准确认识和把握社会主要矛盾、确定中心任务。什么时候社会主要矛盾和中心任务判断准确，党和人民事业就顺利发展，否则党和人民事业就会遭受挫折。这次全会决议对党善于抓住社会主要矛盾和中心任务带动全局工作作了全面分析。注重分析和总结党在百年奋斗历程中对我国社会主要矛盾和中心任务的研究和把握，是贯穿全会决议的一个重要内容，我们一定要深入学习、全面领会。面对复杂形势、复杂矛盾、繁重任务，没有主次，不加区别，眉毛胡子一把抓，是做不好工作的。我们要有全局观，对各种矛盾做到了然于胸，同时又要紧紧围绕主要矛盾和中心任务，优先解决主要矛盾和矛盾的主要方面，以此带动其他矛盾的解决，在整体推进中实现重点突破，以重点突破带动经济社会发展水平整体跃升，朝着全面建成社会主义现代化强国的奋斗目标不断前进。

战略问题是一个政党、一个国家的根本性问题。战略上判断得准确，战略上谋划得科学，战略上赢得主动，党和人民事业就大有希望。一百年来，党总是能够在重大历史关头从战略上认识、分析、判断面临的重大历史课题，制定正确的政治战略策略，这是党战胜无数风险挑战、不断从胜利走向胜利的有力保证。这次全会决议对百年奋斗历程中党高度重视战略策略问题、不断提出科学的战略策略作了全面总结。注重分析和总结党在百年奋斗历程中对战略策略的研究和把握，是贯穿全会决议的一个重要内容，我们一定要深入学习、全面领会。战略是从全局、长远、大势上作出判断和决策。我们是一个大党，领导的是一个大国，进行的是伟大的事业，要善于进行战略思维，善于从战略上看问题、想问题。正确的战略需要正确的策略来落实。策略是在战略指导下为战略服务的。战略和策略是辩证统一的关系，要把战略的坚定性和策略的灵活性结合起来。各地区各部门确定工作思路、工作部署、政策措施，要自觉同党的理论和路线方针政策对标对表、及时校准偏差，党中央作出的战略决策必须无条件执行，确保不偏向、不变通、不走样。

在百年奋斗历程中，党领导人民取得一个又一个伟大成就、战胜一个又一个艰难险阻，历经千锤百炼仍朝气蓬勃，得到人民群众支持和拥护，原因就在于党敢于直面自身存在的问题，勇于自我革命，始终保持先进性和纯洁性，不断增强创造力、凝聚力、战斗力，永葆马克思主义政党本色。这次全会决议对百年奋斗历程中党高度重视管党治党、不断推进自我革命作了全面总结。注重分析和总结党在百年奋斗历程中对自我革命的研究和把握，是贯穿全会决议的一个重要内容，我们一定要深入学习、全面领会。在新的历史条件下，要永葆党的马克思主义政党本色，关键还得靠我们党自己。在为谁执政、为谁用权、为谁谋利这个根本问题上，我们的头脑要特别清醒、立场要特别坚定。全党同志都要明大德、守公德、严私德，清清白白做人、干干净净做事，做到克己奉公、以俭修身，永葆清正廉洁的政治本色。自我革命关键要有正视问题的自觉和刀刃向内的勇气。现在，反腐败斗争取得了压倒性胜利并全面巩固，但全党同志要永葆自我革命精神，增强全面从严治党永远在路上的政治自觉，决不能滋生已经严到位的厌倦情绪。党风廉政建设和反腐败斗争永远在路上，一刻也不能放松，要以抓铁有痕、踏石留印的坚韧和执着，继续打好党风廉政建设和反腐败斗争这场攻坚战、持久战。不论谁在党纪国法上出问题，党纪国法决不饶恕。

这次全会决议对百年奋斗历程中党注重进行党史学习教育作了全面总结，强调全党要坚持唯物史观和正确党史观，从党的百年奋斗中看清楚过去我们为什么能够成功、弄明白未来我们怎样才能继续成功，从而更加坚定、更加自觉地践行初心使命，在新时代更好坚持和发展中国特色社会主义。这是六中全会提出的一项重要政治任务，我们要继续抓好落实。党的第三个历史决议体现了我们对党的百年奋斗历史的新认识，这方面更要深入学习领会，以利于更好认识和把握党的百年奋斗重大成就和历史经验。要认真总结这次党史学习教育的成功经验，建立常态化长效化制度机制，不断巩固拓展党史学习教育成果。全党要以学习贯彻党的十九届六中全会精神为重点，深入推进党史学习教育，进一步做到学史明理、学史增信、学史崇德、学史力行，教育引导全党同志学党史、悟思想、办实事、开新局，更好用党的创新理论把全党武装起来，把党中央决策部署的各项任务落实下去。要原原本本学习全会决议，学懂弄通党百年奋斗的光辉历程，学懂弄通党坚守初心使命的执着奋斗，学懂弄通党百年奋斗的历史意义和历史经验，学懂弄通以史为鉴、开创未来的重要要求。要用好党委（党组）理论学习中心组制度，推动领导班子、领导干部带头学党史、经常学党史。要用好干部教育培训机制，继续把党史作为党校（行政学院）、干部学院必修课、常修课。要用好学校思政课这个渠道，推动党的历史更好进教材、进课堂、进头脑，发挥好党史立德树人的重要作用。要用好红色资源，加强革命传统教育、爱国主义教育、青少年思想道德教育，引导全社会更好知史爱党、知史爱国。要用好“我为群众办实事”实践活动形成的良好机制，推动各级党组织和广大党员、干部满腔热情为群众办实事、解难事，走好新时代党的群众路线。

新时代党和人民奋进的必由之路*

（2022 年 3 月 5 日）

回顾新时代党和人民奋进历程，我们更加坚定了以下重要认识。一是坚持党的全面领导是坚持和发展中国特色社会主义的必由之路。只要坚定不移坚持党的全面领导、维护党中央权威和集中统一领导，我们就一定能够确保全党全国拥有团结奋斗的强大政治凝聚力、发展自信心，集聚起守正创新、共克时艰的强大力量，形成风雨来袭时全体人民最可靠的主心骨。二是中国特色社会主义是实现中华民族伟大复兴的必由之路。只要始终不渝走中国特色社会主义道路，我们就一定能够不断实现人民对美好生活的向往，不断推进全体人民共同富裕。三是团结奋斗是中国人民创造历史伟业的必由之路。只要在党的领导下全国各族人民团结一心、众志成城，敢于斗争、善于斗争，我们就一定能够战胜前进道路上的一切困难挑战，继续创造令人刮目相看的新的奇迹。四是贯彻新发展理念是新时代我国发展壮大的必由之路。只要完整、准确、全面贯彻新发展理念，加快构建新发展格局，推动高质量发展，加快实现科技自立自强，我们就一定能够不

---

* 这是习近平在参加十三届全国人大五次会议内蒙古代表团审议时的讲话要点。

断提高我国发展的竞争力和持续力，在日趋激烈的国际竞争中把握主动、赢得未来。五是全面从严治党是党永葆生机活力、走好新的赶考之路的必由之路。办好中国的事情，关键在党、关键在全面从严治党。只要大力弘扬伟大建党精神，不忘初心使命，勇于自我革命，不断清除一切损害党的先进性和纯洁性的有害因素，不断清除一切侵蚀党的健康肌体的病原体，我们就一定能够确保党不变质、不变色、不变味。

二、坚持党的全面领导

心怀“国之大者”，切实把增强“四个意识”、坚定“四个自信”、做到“两个维护”落到行动上*

（2020 年 4 月 20 日—2022 年 3 月 1 日）

一

要自觉讲政治，对国之大者要心中有数，关注党中央在关心什么、强调什么，深刻领会什么是党和国家最重要的利益、什么是最需要坚定维护的立场，切实把增强“四个意识”、坚定“四个自信”、做到“两个维护”落到行动上，不能只停留在口号上。

（2020 年 4 月 20 日—23 日在陕西考察时的讲话要点）

* 这是习近平 2020 年 4 月 20 日至 2022 年 3 月 1 日期间有关心怀“国之大者”，切实把增强“四个意识”、坚定“四个自信”、做到“两个维护”落到行动上论述的节录。

二

领导干部想问题、作决策，一定要对国之大者心中有数，多打大算盘、算大账，少打小算盘、算小账，善于把地区和部门的工作融入党和国家事业大棋局，做到既为一域争光、更为全局添彩。

（2020 年 10 月 10 日在 2020 年秋季学期中央党校 <国家行政学院> 中青年干部培训班开班式上的讲话要点）

三

各级党员、干部特别是领导干部都要坚定党性立场，加强党性修养，心怀“国之大者”，遇到问题、作出决策、处理工作首先要从政治上想一想，对照党章、党内政治生活准则、党纪处分条例举一反三，看准能不能干、该不该做，在风浪考验中立得住脚，在诱惑“围猎”面前定得住神，始终做政治上的明白人。正所谓“德不优者，不能怀远；才不大者，不能博见”[1]。

（2021 年 1 月 22 日在中共十九届中央纪委五次全会上的讲话）

四

只有站在政治高度看，对党中央的大政方针和决策部署才能领会更透彻，工作起来才能更有预见性和主动性。各级领导干部特别是高级干部要不断提高政治判断力、政治领悟力、政治执行力，对“国之大者”了然于胸，把贯彻党中央精神体现到谋划重大战略、制定重大政策、部署重大任务、推进重大工作的实践中去，经常对表对标，及时校准偏差。

（2021 年 1 月 28 日在主持中共十九届中央政治局第二十七次集体学习时的讲话）

五

今年是进入全面建设社会主义现代化国家、向第二个百年奋斗目标进军新征程的重要一年，我们党将召开二十大。要全面贯彻党的十九大和十九届历次全会精神，增强“四个意识”、坚定“四个自信”、做到“两个维护”，对“国之大者”领悟到位，始终在思想上政治上行动上同党中央保持高度一致。

（2022 年 2 月审阅有关同志述职报告时作出的指示要点）

六

要心怀“国之大者”，站在全局和战略的高度想问题、办事情，一切工作都要以贯彻落实党中央决策部署为前提，不能为了局部利益损害全局利益、为了暂时利益损害根本利益和长远利益。

（2022 年 3 月 1 日在 2022 年春季学期中央党校 <国家行政学院> 中青年干部培训班开班式上的讲话要点）

注　　释

〔**1**〕见东汉王充《论衡·别通》。

不断提高政治判断力、政治领悟力、政治执行力*

（2020 年 12 月 24 日—25 日）

我们党即将迎来百年华诞。从建党的开天辟地，到新中国成立的改天换地，到改革开放的翻天覆地，再到党的十八大以来党和国家事业取得历史性成就、发生历史性变革，根本原因就在于我们党始终坚守了为中国人民谋幸福、为中华民族谋复兴的初心和使命。我们党要始终做到不忘初心、牢记使命，把党和人民事业长长久久推进下去，必须增强政治意识，善于从政治上看问题，善于把握政治大局，不断提高政治判断力、政治领悟力、政治执行力。

旗帜鲜明讲政治，既是马克思主义政党的鲜明特征，也是我们党一以贯之的政治优势。党领导人民治国理政，最重要的就是坚持正确政治方向，始终保持我们党的政治本色，始终沿着中国特色社会主义道路前进。中央政治局的同志要找准坐标、选准方位、瞄准靶心，善于从政治上观察和处理问题，使讲政治的要求从外部要求转化为内在主动。

---

* 这是习近平在主持中共中央政治局民主生活会时的讲话要点。

讲政治必须提高政治判断力。我们党领导人民进行革命、建设、改革的历史进程反复证明了一个道理：政治上的主动是最有利的主动，政治上的被动是最危险的被动。增强政治判断力，就要以国家政治安全为大、以人民为重、以坚持和发展中国特色社会主义为本，增强科学把握形势变化、精准识别现象本质、清醒明辨行为是非、有效抵御风险挑战的能力。中央政治局的同志要善于思考涉及党和国家工作大局的根本性、全局性、长远性问题，加强战略性、系统性、前瞻性研究谋划，做到在重大问题和关键环节上头脑特别清醒、眼睛特别明亮，善于从一般事务中发现政治问题，善于从倾向性、苗头性问题中发现政治端倪，善于从错综复杂的矛盾关系中把握政治逻辑，坚持政治立场不移、政治方向不偏。

讲政治必须提高政治领悟力。领导干部特别是高级领导干部担的是政治责任，必须对党中央精神深入学习、融会贯通，坚持用党中央精神分析形势、推动工作，始终同党中央保持高度一致。中央政治局的同志是贯彻落实党中央精神的重要组织者和推动者，更应该不断提高政治领悟力，对“国之大者”了然于胸，明确自己的职责定位。

讲政治必须提高政治执行力。领导干部特别是高级干部要经常同党中央精神对表对标，切实做到党中央提倡的坚决响应，党中央决定的坚决执行，党中央禁止的坚决不做，坚决维护党中央权威和集中统一领导，做到不掉队、不走偏，不折不扣抓好党中央精神贯彻落实。要把坚持底线思维、坚持问题导向贯穿工作始终，做到见微知著、防患于未然。要强化责任意识，知责于心、担责于身、履责于行，敢于直面问题，不回避矛盾，不掩盖问题，出了问题要敢于承担责任。

讲政治必须严以律己。中央政治局的同志必须修身律己，慎终如始，时刻自重自省自警自励，做到慎独慎初慎微慎友。要像珍惜生命一样珍惜自己的节操，做一个一尘不染的人。要带头廉洁治家，带头反对特权。

加强党对社会主义现代化建设的全面领导*

（2021年1月11日）

中国特色社会主义，最本质的特征是中国共产党领导，最鲜明的特色是理论创新和实践创新、制度自信和文化自信紧密结合，在推动发展上拥有强大的政治优势、理论优势、制度优势、文化优势。贯彻落实党的十九届五中全会精神要同贯彻落实党的十九届四中全会精神紧密结合起来，不断推进国家治理体系和治理能力现代化，把坚持党的全面领导的政治优势、坚持中国特色社会主义制度的制度优势同坚持新发展理念的理论优势统一起来，推动党对社会主义现代化建设的领导在职能配置上更加科学合理、在体制机制上更加完备完善、在运行管理上更加高效。

党的十九届五中全会精神能否贯彻落实好，事关未来5年、15年乃至更长时期党和国家事业发展大局。全会通过的“十四五”规划《建议》内容十分丰富，既有宏观思路、指导原则、战略思想，又有具体要求，既有党的十八大以来一以贯

---

* 这是习近平在省部级主要领导干部学习贯彻党的十九届五中全会精神专题研讨班上讲话的一部分。

之的战略部署，又有新的重大判断、新的战略举措，不狠下一番功夫，是学不到手的。学不到手，贯彻全会精神就抓不住要害、踩不到点上、落不到实处。各级领导干部特别是高级干部要原原本本学习、逐条逐段领悟，在整体把握的前提下，突出领会好重点和创新点，发扬理论联系实际的优良学风，立足当前、着眼长远，增强工作积极性、主动性、创造性。

我多次讲，高级干部要成为马克思主义政治家，各级领导干部要成为政治上的明白人。前不久，在中央政治局民主生活会上，我又突出讲了这个问题。经济工作从来都不是抽象的、孤立的，而是具体的、联系的。各级领导干部特别是高级干部必须立足中华民族伟大复兴战略全局和世界百年未有之大变局，不断提高政治判断力、政治领悟力、政治执行力，心怀"国之大者"，不断提高把握新发展阶段、贯彻新发展理念、构建新发展格局的政治能力、战略眼光、专业水平，敢于担当、善于作为，把党中央决策部署贯彻落实好。

我们党要领导一个十几亿人口的东方大国实现社会主义现代化，必须坚持实事求是、稳中求进、协同推进，加强前瞻性思考、全局性谋划、战略性布局、整体性推进，实现发展质量、结构、规模、速度、效益、安全相统一。全面建设社会主义现代化，一个地区、一个民族都不能落下，同时我国区域差异大、发展不平衡，现代化进程不可能齐步走，要鼓励有条件的地区率先实现现代化，支持带动其他地区实现现代化。

年关将至，地方党政领导干部要在防疫情、保供应、保民生、保安全、保稳定方面多上心、多用心，把化解风险的工作抓早、抓细、抓实，营造安定祥和的社会环境。要持之以恒抓好常态化疫情防控工作，全面细致落实各项防控举措，迅速有效管控散发病例。要全面排查各种社会矛盾，加强分析研判，把握各种潜在风险因素，主动进行防范化解。要做好春节期间能源和物资供应保障、交通安全等工作。要完善社会治安防控体系，严厉打击破坏人民群众生命财产安全的违法犯罪行为，确保社会安定。对拖欠工程款和农民工工资等容易引发群体性事件的问题，要及时化解。

同志们！我常常想起邓小平同志 1992 年讲的一段话："如果从建国起，用一百年时间把我国建设成中等水平的发达国家，那就很了不起！从现在起到下世纪中叶，将是很要紧的时期，我们要埋头苦干。我们肩膀上的担子重，责任大啊！"〔1〕现在，担子压在我们大家身上了，责任落在我们大家肩上了，我们大家一定要勇挑重担、勇担重责，团结带领人民真抓实干、埋头苦干，努力作出无愧于党、无愧于人民、无愧于历史的成绩来！

注　　释

〔1〕见邓小平《在武昌、深圳、珠海、上海等地的谈话要点》(《邓小平文选》第 3 卷，人民出版社 1993 年版，第 383 页)。

坚持党的政治建设，始终保持党的团结统一*

（2021年11月11日）

保证党的团结统一是党的生命，也是我们党能成为百年大党、创造世纪伟业的关键所在。一百年来，我们党始终重视党的政治建设，教育引导广大党员、干部增强政治意识、坚定政治方向、站稳政治立场，坚决贯彻执行党的政治路线，推动全党始终保持统一的思想、坚定的意志、协调的行动、强大的战斗力。

从党的历史看，我们党走过了从不够成熟到坚定成熟、从不够有力到坚强有力的成长历程。遵义会议前，我们党还不成熟，特别是没有形成一个成熟的党中央，没有形成全党的团结统一。这是党和人民事业在革命早期屡遭挫折甚至面临失败危险的重要原因。遵义会议开始确立以毛泽东同志为主要代表的马克思主义正确路线在党中央的领导地位，开始形成以毛泽东同志为核心的党的第一代中央领导集体，此后党才能不断从胜利走向胜利。历史和现实都证明，党的团结

---

* 这是习近平在中共十九届六中全会第二次全体会议上讲话的一部分。

统一是党和人民前途和命运所系，是全国各族人民根本利益所在，任何时候任何情况下都不能含糊、不能动摇。

治理好我们这个世界上最大的政党和人口最多的国家，必须坚持党的集中统一领导，维护党中央权威，确保党始终总揽全局、协调各方。党的十八大以来，我们针对有一段时间落实党的领导弱化、虚化、淡化、边缘化问题，把加强党的集中统一领导作为全党共同的政治责任，不断完善党的领导制度体系，使全党思想上更加统一、政治上更加团结、行动上更加一致。这次全会《决议》特别强调了加强党的集中统一领导的重要性，就是要求全党坚定不移向党中央看齐，在党的旗帜下团结成“一块坚硬的钢铁”，步调一致向前进。

保持党的团结统一，要求全党必须做到对党忠诚。对党忠诚是共产党人必须具备的政治品格，是纯粹的、无条件的，不能打折扣、要小聪明搞小动作。全党同志特别是领导干部要始终在政治立场、政治方向、政治原则、政治道路上同党中央保持高度一致，真正做到忠诚党和人民，忠诚党的理想信念，忠诚党的初心使命，忠诚党的组织，忠诚党的理论和路线方针政策，严守党的政治纪律和政治规矩，不断增强维护党中央集中统一领导的思想自觉、政治自觉、行动自觉。对党忠诚是具体的、实践的，不是空洞的口号，不能只停留在口头表态上，要体现在贯彻党中央决策部署的行动上，体现在履职尽责、做好本职工作的实效上，体现在日常言行上，自觉做到党中央提倡的坚决响应、党中央决定的坚决照办、党中央禁止的坚决不做，不讲条件、不搞变通，不掉队、不走偏，保证全党上下拧成一股绳，心往一处想、劲往一处使。

三、始终坚持人民至上

坚持人民至上*

（2020 年 5 月 22 日）

中国共产党根基在人民、血脉在人民。坚持以人民为中心的发展思想，体现了党的理想信念、性质宗旨、初心使命，也是对党的奋斗历程和实践经验的深刻总结。自成立以来，我们党团结带领人民进行革命、建设、改革，根本目的就是为了让人民过上好日子，无论面临多大挑战和压力，无论付出多大牺牲和代价，这一点都始终不渝、毫不动摇。坚持以人民为中心的发展思想，不是一句空洞口号，必须落实到各项决策部署和实际工作之中。

第一，坚持人民至上。古人讲："与天下同利者，天下持之；擅天下之利者，天下谋之。"〔1〕党章明确规定，我们党没有自己特殊的利益，党在任何时候都把群众利益放在第一位。这是我们党作为马克思主义政党区别于其他政党的显著标志。在重大疫情面前，我们一开始就鲜明提出把人民生命安全和身体健康放在第一位。我们在全国范围调集最优秀的医生、最先进的设备、最急需的资源，全力以赴投入疫病救治，救

---

* 这是习近平在参加十三届全国人大三次会议内蒙古代表团审议时讲话的主要部分。

治费用全部由国家承担。人民至上、生命至上，保护人民生命安全和身体健康可以不惜一切代价！

当前，我国外防输入压力持续加大，国内疫情反弹的风险始终存在。要绷紧疫情防控这根弦，完善常态化防控机制，确保疫情不出现反弹。

第二，紧紧依靠人民。人民是我们党执政的最大底气。在这次疫情防控斗争中，在党中央统一领导下，全国动员、全民参与，联防联控、群防群治，构筑起最严密的防控体系，凝聚起坚不可摧的强大力量。广大人民群众识大体、顾大局，自觉配合疫情防控斗争大局，形成了疫情防控的基础性力量。古人说："能用众力，则无敌于天下矣；能用众智，则无畏于圣人矣。"[2]我国社会主义民主是维护人民根本利益的最广泛、最真实、最管用的民主。我们要坚持人民民主，更好把人民的智慧和力量凝聚到党和人民事业中来。内蒙古自治区是我国最早成立的民族自治区。希望你们坚持和完善民族区域自治制度，加强各民族交往交流交融，加快民族地区经济社会发展步伐，继续在促进各民族团结进步上走在前列。

做好统筹疫情防控和经济社会发展工作，要紧紧依靠人民。这次疫情给我国经济社会发展造成了较大冲击和影响，但我国经济稳中向好、长期向好的基本面没有改变。世界上任何事物都有其两面性，这次疫情是一场危机，但某种程度上也孕育了新的契机。要积极主动作为，在推进重大项目建设、支持市场主体发展、加快产业结构调整、提升基层治理能力等方面推出一些管用举措，有针对性地部署对高质量发展、高效能治理具有牵引性的重大规划、重大改革、重大政策，在应对危机中掌握工作主动权、打好发展主动仗。

第三，不断造福人民。我们推动经济社会发展，归根到底是为了不断满足人民群众对美好生活的需要。要始终把人民安居乐业、安危冷暖放在心上，用心用情用力解决群众关心的就业、教育、社保、医疗、住房、养老、食品安全、社会治安等实际问题，一件一件抓落实，一年接着一年干，努力让群众看到变化、得到实惠。

内蒙古在今年3月已经宣布所有贫困县全部摘帽。要巩固和拓展产业就业扶贫成果，做好易地扶贫搬迁后续扶持，推动脱贫攻坚和乡村振兴有机衔接。受疫情影响，今年稳就业任务十分繁重，要做好高校毕业生、农民工、退役军人等重点群体就业工作。这次疫情暴露出我们在公共卫生体系等方面还存在一些短板和不足，要抓紧完善重大疫情防控救治体系和公共卫生体系，加强城乡社区等基层防控能力建设，广泛开展爱国卫生运动，更好保障人民生命安全和身体健康。

要把为民造福作为最重要的政绩。中国共产党把为民办事、为民造福作为最重要的政绩，把为老百姓办了多少好事实事作为检验政绩的重要标准。党员、干部特别是领导干部要清醒认识到，自己手中的权力、所处的岗位，是党和人民赋予的，是为党和人民做事用的，只能用来为民谋利。各级领导干部要树立正确的权力观、政绩观、事业观，不慕虚荣，不务虚功，不图虚名，切实做到为官一任、造福一方。

比如说，生态环境保护就是为民造福的百年大计。内蒙古生态状况如何，不仅关系全区各族群众生存和发展，而且关系华北、东北、西北乃至全国生态安全。这些年，你们深入实施重点生态工程，深入开展污染防治攻坚战，推动亮丽内蒙古建设迈出了重要步伐。内蒙古干部群众60多年来坚持不懈治理毛乌素沙地，现在治理率达到70%，生态呈现整体改善态势，是很了不起的成绩！要保持加强生态文明建设的战略定力，牢固树立生态优先、绿色发展的导向，着力抓好黄河流域、“一湖两海”[3]、乌海及周边地区等重点区域生态环境综合治理，持续打好蓝天、碧水、净土保卫战，把祖国北疆这道万里绿色长城构筑得更加牢固。

第四，牢牢植根人民。我们党要做到长期执政，就必须永远保持同人民群众的血肉联系，始终同人民群众想在一起、干在一起、风雨同舟、同甘共苦。党的十八大以来，我们一以贯之全面从严治党，坚定不移反对和惩治腐败，坚持不懈整治“四风”[4]，进行党的群众路线教育实践活动、“不忘初心、牢记使命”主题教育，就是要教育引导广大党员、干部始终同人民群众同呼吸、共命运、心连心。要坚定不移反对腐败，坚持不懈反对和克服形式主义、官僚主义，防止发生因脱离群众而最终失去群众的现象。

注　　释

〔1〕见《管子·版法解》。

〔2〕见西晋陈寿《三国志·吴书·吴主传》裴松之注引《江表传》。

〔3〕“一湖两海”，这里指内蒙古呼伦湖、乌梁素海、岱海。

〔4〕“四风”，指形式主义、官僚主义、享乐主义和奢靡之风。

民心是最大的政治*

（2020 年 9 月 17 日）

今年以来，突如其来的新冠肺炎疫情给我们完成“十三五”和今年年初既定的全年目标任务带来挑战。我们坚持把人民生命安全和身体健康放在第一位，全力以赴开展疫情防控工作，打响了疫情防控的人民战争、总体战、阻击战。在初步控制住疫情蔓延势头后，我们及时统筹做好疫情防控和推动复工复产，加快恢复经济社会秩序。9 月 8 日，我们在北京隆重召开表彰大会，颁授共和国勋章和国家荣誉称号奖章，表彰抗疫先进个人和先进集体。我在会上作了讲话。今年入汛以来，长江流域、淮河流域发生较重汛情，主要江河湖泊一度处于超警戒水位，一些地方受灾严重，党中央及时作出防汛救灾部署。在中央有关部门指导和协调下，有关省份包括湖南全力做好防汛救灾工作，抓紧灾后恢复重建。纵观世界，我们在疫情防控和经济恢复上都走在前列。取得这样的成绩，实属来之不易！

让我特别感动的是，在各种急难险重任务和风险挑战面前，广大人民群众总是同心同德、齐心协力、顽强奋战，作

---

* 这是习近平在基层代表座谈会上讲话的主要部分。

出了重大贡献。党和国家事业取得胜利都是人民的胜利！人民是真正的英雄！

人民对美好生活的向往就是我们的奋斗目标。好的方针政策和发展规划都应该顺应人民意愿、符合人民所思所盼，从群众中来、到群众中去。长期以来，我们党在出台重要方针政策、作出重大决策部署前，都要求有关部门深入基层调查研究，了解和掌握第一手材料。实事求是是我们党的思想路线的重要内容，早在延安时期，毛泽东同志就强调“共产党员应是实事求是的模范”，“只有实事求是，才能完成确定的任务”，[1]认为调查研究的方法“第一是眼睛向下，不要只是昂首望天”，“第二是开调查会”。[2]五年规划编制涉及经济社会发展方方面面，同人民群众生产生活息息相关，需要把加强顶层设计和坚持问计于民统一起来，鼓励广大人民群众和社会各界以各种方式建言献策。

今天参会的基层干部群众代表，既有来自农村、社区、企业等方面的，也有来自教育、科技、卫生、政法等战线的；既有各级党代会代表、人大代表、政协委员、劳动模范、扶贫干部，也有新的社会阶层人士、农民工、快递小哥、网店店主等。大家都处在改革发展和生产一线，参与经济社会生活最直接，同群众联系最经常，对党的路线方针政策落地见效感知最真切，提出的意见和建议能够更加贴近基层实际、反映群众心声。

刚才，大家作了很好的发言，开门见山，直截了当，提出了许多好的意见和建议，很鲜活，很接地气，有利于我们更多了解基层情况。有关方面要认真研究、充分吸收。

前段时间，我们就“十四五”规划编制开展了网上意见征求活动，广大干部群众关注度、参与度都很高，很多意见和建议还反馈到了我这里。平常，我也收到很多群众的来信。这些意见和建议带有普遍性，刚才大家也谈到了。“十四五”规划建议要对这些问题作出积极回应。

下面，我谈几点意见。

第一，珍惜发展好局面，巩固发展好势头。“十四五”时期，是我国在全面建成小康社会基础上开启全面建设社会主义现代化国家新征程的第一个五年。当前和今后一个时期，我国发展仍然处于重要战略机遇期，但机遇和挑战都有新的发展变化。当今世界正经历百年未有之大变局，新冠肺炎疫情加剧了大变局的演变，国际环境日趋复杂，经济全球化遭遇逆流，一些国家单边主义、保护主义盛行，我们必须在一个更加不稳定不确定的世界中谋求我国发展。我国已进入高质量发展阶段，经济发展前景向好，同时发展不平衡不充分问题仍然突出，实现高质量发展还有许多短板弱项。对困难和挑战、阻力和变数，我们既不能遮掩回避、视而不见，也不能惊慌失措、乱了阵脚。我经常讲，中华民族伟大复兴绝不是轻轻松松、敲锣打鼓就能实现的。苦难铸就辉煌。没有一个国家、民族的现代化是顺顺当当实现的。尽管国际国内形势发生了深刻复杂变化，但我国经济稳中向好、长期向好的基本面没有变，我国经济潜力足、韧性大、活力强、回旋空间大、政策工具多的基本特点没有变，我国发展具有的多方面优势和条件没有变。我国具有全球最完整、规模最大的工业体系，有强大的生产能力、完善的配套能力，有超大规模内需市场，投资需求潜力巨大。我们要科学分析形势、把握发展大势，坚持稳中求进工作总基调，坚持新发展理念，统筹发展和安全，加快形成以国内大循环为主体、国内国际双循环相互促进的新发展格局。

第二，坚持贯彻以人民为中心的发展思想。民心是最大的政治。我们党是全心全意为人民服务的党，坚持立党为公、执政为民，把人民对美好生活的向往作为始终不渝的奋斗目标。在近百年的奋斗历程中，我们党不仅是这么说的，也一直是这么做的。在长征途中，红军经过汝城县文明乡沙洲村，我们的三位红军女战士把仅有的一条被子剪下半条给乡亲们，留下了“半条被子”的故事。在抗击新冠肺炎疫情斗争中，我们一开始就鲜明提出把人民生命安全和身体健康放在第一位。为了最大限度遏制疫情蔓延，我们在全国范围调集最优秀的医生、最先进的设备、最急需的资源，全力以赴投入疫病救治，救治费用全部由国家承担。谋划“十四五”时期发展，要坚持发展为了人民、发展成果由人民共享，努力在推动高质量发展过程中办好各项民生事业、补齐民生领域短板。要更加聚焦人民群众普遍关心关注的民生问题，采取更有针对性的措施，一件一件抓落实，一年接着一年干，让人民群众获得感、幸福感、安全感更加充实、更有保障、更可持续。

第三，加强基层党组织和基层政权建设。基础不牢，地动山摇。只有把基层党组织建设强、把基层政权巩固好，中国特色社会主义的根基才能稳固。“十四五”时期，要在加强基层基础工作、提高基层治理能力上下更大功夫。要加强和改进党对农村基层工作的全面领导，提高农村基层组织建设质量，为乡村全面振兴提供坚强政治和组织保证。要加强和创新基层社会治理，坚持和完善新时代“枫桥经验”[3]，加强城乡社区建设，强化网格化管理和服务，完善社会矛盾纠纷多元预防调处化解综合机制，切实把矛盾化解在基层，维护好社会稳定。

第四，基层代表要更好发挥带头作用。全面建成小康社会不是终点，而是新生活、新奋斗的起点。人民群众中蕴含着丰富的智慧和无限的创造力。要把广大基层群众组织起来、动员起来、凝聚起来，充分激发人民群众的积极性、主动性、创造性。党员、干部要充分发挥先锋模范作用，人大代表要更加密切联系群众，政协委员要更好联系和服务所在界别的群众，农村致富带头人要更加积极发挥先富帮后富的作用，团结凝聚广大基层群众为创造更加美好的新生活而努力奋斗。

最后，我要强调的是，社会主义中国发展到今天，取得的成就不是天上掉下来的，更不是别人恩赐施舍的，而是广大人民群众在党的领导下用勤劳、智慧、勇气干出来的！在我们这么一个有着14亿人口的国家，每个人出一份力就能汇聚成排山倒海的磅礴力量，每个人做成一件事、干好一件工作，党和国家事业就能向前推进一步。大家来自基层和生产一线，代表各行各业，要坚定理想信念，注重学习提升，矢志艰苦奋斗，从一点一滴做起，把小事当大事干，踏踏实实把正在做的事情做好，靠勤劳双手成就属于自己的人生精彩，共同创造我们的幸福生活和美好未来。

注　　释

〔**1**〕见毛泽东《中国共产党在民族战争中的地位》(《毛泽东选集》第2卷，人民出版社1991年版，第522页)。

〔**2**〕见毛泽东《〈农村调查〉的序言和跋》(《毛泽东选集》第3卷，人民出版社1991年版，第789、790页)。

〔**3**〕20世纪60年代初，浙江诸暨枫桥干部群众创造了“发动和依靠群众，坚持矛盾不上交，就地解决，实现捕人少，治安好”的“枫桥经验”。此后，“枫桥经验”在实践中不断丰富发展，特别是中共十八大以来形成了特色鲜明的新时代“枫桥经验”。其内涵是，坚持和贯彻党的群众路线，在党的领导下，充分发动群众、组织群众、依靠群众解决群众自己的事情，做到“小事不出村、大事不出镇、矛盾不上交”。

打江山、守江山，守的是人民的心*

（2021 年 6 月 25 日、9 月 14 日）

一

我们党能够在那么弱小的情况下发展壮大起来，能够在千难万险中一次次浴火重生，根本原因就在于我们党始终牢记初心使命，忠实践行全心全意为人民服务的根本宗旨，从而赢得了人民衷心拥护和支持。人民是我们党的生命之根、执政之基、力量之源。

我反复强调，江山就是人民，人民就是江山，打江山、守江山，守的是人民的心，就是要告诫全党同志，对我们这样一个长期执政的党而言，没有比忘记初心使命、脱离群众更大的危险。只要我们始终同人民生死相依、休戚与共，人民就会铁心跟党走，党就能长盛不衰。全党同志要从党的百年奋斗史中不断体悟初心使命，贯彻好以人民为中心的发展思想，矢志不渝为实现中华民族伟大复兴而奋斗。

---

* 这是习近平两次讲话中有关打江山、守江山，守的是人民的心内容的节录。

（2021 年 6 月 25 日在主持中共十九届中央政治局第三十一次集体学习时的讲话）

二

回顾这段厚重的革命历史，老一辈革命家坚持“党的利益在第一位”，坚持“站在最大多数劳动人民的一面”，坚持“把屁股端端地坐在老百姓的这一面”，有着重大教育意义。中国共产党领导人民取得革命胜利，是赢得了民心，是亿万人民群众坚定选择站在我们这一边。我们要继承发扬革命传统和优良作风，始终把人民利益放在最高位置，不忘初心、牢记使命，贯彻党的群众路线，尊重人民主体地位，始终同人民站在一起、想在一起、干在一起。

（2021 年 9 月 14 日在陕西榆林参观中共绥德地委旧址时的讲话要点）

民之所忧我必念之，民之所盼我必行之*

（2021 年 12 月 31 日）

大国之大，也有大国之重。千头万绪的事，说到底是千家万户的事。我调研了一些地方，看了听了不少情况，很有启发和收获。每到群众家中，常会问一问，还有什么困难，父老乡亲的话我都记在心里。

民之所忧，我必念之；民之所盼，我必行之。我也是从农村出来的，对贫困有着切身感受。经过一代代接续努力，以前贫困的人们，现在也能吃饱肚子、穿暖衣裳，有学上、有房住、有医保。全面小康、摆脱贫困是我们党给人民的交代，也是对世界的贡献。让大家过上更好生活，我们不能满足于眼前的成绩，还有很长的路要走。

---

* 这是习近平发表的二〇二二年新年贺词的一部分。

共产党就是给人民办事的*

（2022 年 1 月 26 日）

共产党就是给人民办事的，就是要让人民的生活一天天好起来，一年比一年过得好。

你们这边是吕梁山，挨着就是黄河了，再过去就是陕西。我插队那个延川县，离这儿也不远，地形也都是这样的丘陵沟壑。黄土高原生活着我们的祖祖辈辈，孕育着我们的中华文明。

曾几何时啊！像我们这个岁数的中国人小时候都吃过苦，住在城里的也穿过补丁衣服，我在陕北农村还曾经自己纺线织布。过去我到农村，看到这样那样让人揪心的事儿，心里很是不安、难过。再看看我们现在的农村，面貌完全改变了，吃的穿的用的都不一样了，中国人几千年来的温饱问题彻底解决了。

这次来山西看了两个村，看到大家对现在的生活感到满意，我很高兴。下一步，我们要走的路还很长，第一个百年奋斗目标实现了，第二个百年奋斗目标新征程已经开启，我们要全面建设社会主义现代化国家。现代化离不开农业农村

* 这是习近平在山西临汾考察时讲话的一部分。

现代化，要把巩固脱贫攻坚成果和乡村振兴衔接好，使农村生活奔向现代化，越走越有奔头。

中国共产党执政的唯一选择就是为人民群众做好事，为人民群众幸福生活拼搏、奉献、服务。这种执着追求100多年来从未改变，多少革命先烈先辈为此付出了生命，为国家建设改革发展付出了多少心血，我们才走到今天这一步。

我们就是要不忘初心、牢记使命，一代接着一代干，到中华人民共和国成立100周年时，中国、中华民族就会更加坚强昂扬地屹立于世界东方，就会为全人类作出更大的贡献。

四、坚持敢于斗争

实现中华民族伟大复兴必须坚持斗争精神*

（2020 年 9 月 3 日）

中国共产党和中国人民是在斗争中成长和壮大起来的，斗争精神贯穿于中国革命、建设、改革各个时期。我国正处于实现中华民族伟大复兴关键时期，改革发展正处在攻坚克难的重要阶段，在前进道路上，我们面临的重大斗争不会少。我们必须以越是艰险越向前的精神奋勇搏击、迎难而上。凡是危害中国共产党领导和我国社会主义制度的各种风险挑战，凡是危害我国主权、安全、发展利益的各种风险挑战，凡是危害我国核心利益和重大原则的各种风险挑战，凡是危害我国人民根本利益的各种风险挑战，凡是危害我国实现"两个一百年"奋斗目标〔1〕、实现中华民族伟大复兴的各种风险挑战，只要来了，我们就必须进行坚决斗争，毫不动摇，毫不退缩，直至取得胜利。历史必将证明，中华民族走向伟大复兴的历史脚步是不可阻挡的。任何人任何势力企图通过霸凌手段把他们的意志强加给中国、改变中国的前进方

* 这是习近平在纪念中国人民抗日战争暨世界反法西斯战争胜利 75 周年座谈会上讲话的一部分。

向、阻挠中国人民创造自己美好生活的努力，中国人民都绝不答应！

注　释

〔1〕“两个一百年”奋斗目标，是建设中国特色社会主义的奋斗目标。2012年11月，中共十八大提出，在中国共产党成立100年时全面建成小康社会，在新中国成立100年时建成富强民主文明和谐的社会主义现代化国家。2017年10月，中共十九大对实现第二个百年奋斗目标作出分两个阶段推进的战略安排：第一个阶段，从2020年到2035年，在全面建成小康社会的基础上，再奋斗15年，基本实现社会主义现代化；第二个阶段，从2035年到本世纪中叶，在基本实现现代化的基础上，再奋斗15年，把我国建成富强民主文明和谐美丽的社会主义现代化强国。2021年7月，习近平在庆祝中国共产党成立100周年大会上庄严宣告，经过全党全国各族人民持续奋斗，我们实现了第一个百年奋斗目标，在中华大地上全面建成了小康社会，历史性地解决了绝对贫困问题，正在意气风发向着全面建成社会主义现代化强国的第二个百年奋斗目标迈进。

弘扬伟大抗美援朝精神，进行具有许多新的历史特点的伟大斗争*

（2020 年 10 月 23 日）

抗美援朝战争伟大胜利，是中国人民站起来后屹立于世界东方的宣言书，是中华民族走向伟大复兴的重要里程碑，对中国和世界都有着重大而深远的意义。

经此一战，中国人民粉碎了侵略者陈兵国门、进而将新中国扼杀在摇篮之中的图谋，可谓“打得一拳开，免得百拳来”，帝国主义再也不敢作出武力进犯新中国的尝试，新中国真正站稳了脚跟。这一战，拼来了山河无恙、家国安宁，充分展示了中国人民不畏强暴的钢铁意志！

经此一战，中国人民彻底扫除了近代以来任人宰割、仰人鼻息的百年耻辱，彻底扔掉了“东亚病夫”的帽子，中国人民真正扬眉吐气了。这一战，打出了中国人民的精气神，充分展示了中国人民万众一心的顽强品格！

---

* 这是习近平在纪念中国人民志愿军抗美援朝出国作战 70 周年大会上讲话的一部分。

经此一战，中国人民打败了侵略者，震动了全世界，奠定了新中国在亚洲和国际事务中的重要地位，彰显了新中国的大国地位。这一战，让全世界对中国刮目相看，充分展示了中国人民维护世界和平的坚定决心！

经此一战，人民军队在战争中学习战争，愈战愈勇，越打越强，取得了重要军事经验，实现了由单一军种向诸军兵种合成军队转变，极大促进了国防和军队现代化。这一战，人民军队战斗力威震世界，充分展示了敢打必胜的血性铁骨！

经此一战，第二次世界大战结束后亚洲乃至世界的战略格局得到深刻塑造，全世界被压迫民族和人民争取民族独立和人民解放的正义事业受到极大鼓舞，有力推动了世界和平与人类进步事业。它用铁一般的事实告诉世人，任何一个国家、任何一支军队，不论多么强大，如果站在世界发展潮流的对立面，恃强凌弱、倒行逆施、侵略扩张，必然会碰得头破血流。这一战，再次证明正义必定战胜强权，和平发展是不可阻挡的历史潮流！

在波澜壮阔的抗美援朝战争中，英雄的中国人民志愿军始终发扬祖国和人民利益高于一切、为了祖国和民族的尊严而奋不顾身的爱国主义精神，英勇顽强、舍生忘死的革命英雄主义精神，不畏艰难困苦、始终保持高昂士气的革命乐观主义精神，为完成祖国和人民赋予的使命、慷慨奉献自己一切的革命忠诚精神，为了人类和平与正义事业而奋斗的国际主义精神，锻造了伟大抗美援朝精神。

伟大抗美援朝精神跨越时空、历久弥新，必须永续传承、世代发扬。

——无论时代如何发展，我们都要砥砺不畏强暴、反抗强权的民族风骨。70年前，帝国主义侵略者将战火烧到了新中国的家门口。中国人民深知，对待侵略者，就得用他们听得懂的语言同他们对话，这就是以战止战、以武止戈，用胜利赢得和平、赢得尊重。中国人民不惹事也不怕事，在任何困难和风险面前，腿肚子不会抖，腰杆子不会弯，中华民族是吓不倒、压不垮的！

——无论时代如何发展，我们都要汇聚万众一心、勠力同心的民族力量。在抗美援朝战争中，中国人民在爱国主义旗帜感召下，同仇敌忾、同心协力，让世界见证了蕴含在中国人民之中的磅礴力量，让世界知道了“现在中国人民已经组织起来了，是惹不得的。如果惹翻了，是不好办的”[1]！

——无论时代如何发展，我们都要锻造舍生忘死、向死而生的民族血性。在朝鲜战场上，志愿军将士面对强大而凶狠的作战对手，身处恶劣而残酷的战场环境，抛头颅、洒热血，以“钢少气多”力克“钢多气少”，谱写了惊天地、泣鬼神的雄壮史诗。志愿军将士冒着枪林弹雨勇敢冲锋，顶着狂轰滥炸坚守阵地，用胸膛堵枪眼，以身躯作人梯，抱起炸药包、手握爆破筒冲入敌群，忍饥受冻绝不退缩，烈火烧身岿然不动，敢于“空中拼刺刀”。在他们中涌现出杨根思、黄继光、邱少云等30多万名英雄功臣和近6000个功臣集体。英雄们说：我们的身后就是祖国，为了祖国人民的和平，我们不能后退一步！这种血性令敌人胆寒，让天地动容！

——无论时代如何发展，我们都要激发守正创新、奋勇向前的民族智慧。勇于创新者进，善于创造者胜。志愿军将士面对陌生的战场、陌生的敌人，坚持“你打你的，我打我的，你打原子弹，我打手榴弹”[2]，把灵活机动战略战术发挥得淋漓尽致。面对来自各方面的风险挑战，面对各种阻力压力，中国人民总能逢山开路、遇水架桥，总能展现大智大勇、锐意开拓进取，“杀出一条血路”！

抗美援朝战争胜利60多年来，在中国共产党坚强领导下，中国发生了前所未有的历史巨变，中国特色社会主义进入了新时代，中华民族迎来了从站起来、富起来到强起来的伟大飞跃。

今天，我们正站在实现“两个一百年”奋斗目标的历史交汇点上，全面建成小康社会胜利在望，全面建设社会主义现代化国家前景光明。前进道路不会一帆风顺。我们要铭记抗美援朝战争的艰辛历程和伟大胜利，敢于斗争、善于斗争，知难而进、坚韧向前，把新时代中国特色社会主义伟大事业不断推向前进。

——铭记伟大胜利，推进伟大事业，必须坚持中国共产党领导，把党锻造得更加坚强有力。抗美援朝战争伟大胜利再次证明，没有任何一支政治力量能像中国共产党这样，为了民族复兴、人民幸福，不惜流血牺牲，不懈努力奋斗，团结凝聚亿万群众不断走向胜利。只要我们不忘初心、牢记使命，以自我革命精神全面推进党的建设新的伟大工程，不断增强党的政治领导力、思想引领力、群众组织力、社会号召力，就一定能够使党始终成为中国人民最可靠、最坚强的主心骨！

——铭记伟大胜利，推进伟大事业，必须坚持以人民为中心，一切为了人民、一切依靠人民。历史是人民创造的。中国共产党的力量，人民军队的力量，根基在人民。我们要坚持全心全意为人民服务的根本宗旨，为民谋利，为民尽责，为民担当，把人民对美好生活的向往作为始终不渝的奋斗目标，始终保持党同人民群众的血肉联系。只要我们始终坚持人民立场、人民至上，就一定能够激发出无往而不胜的强大力量，就一定能够不断书写中华民族伟大复兴的精彩华章！

——铭记伟大胜利，推进伟大事业，必须坚持推进经济社会发展，不断壮大我国综合国力。落后就要挨打，发展才能自强。新中国成立 70 多年来，我国用几十年时间走完了发达国家几百年走过的发展历程，创造了举世瞩目的发展奇迹。当前，我国将进入新发展阶段，面对新机遇新挑战，只要我们统筹推进“五位一体”总体布局、协调推进“四个全面”战略布局，坚定不移贯彻新发展理念，构建新发展格局，就一定能够实现更高质量、更有效率、更加公平、更可持续、更为安全的发展，不断创造让世界惊叹的更大奇迹！

——铭记伟大胜利，推进伟大事业，必须加快推进国防和军队现代化，把人民军队全面建成世界一流军队。没有一支强大的军队，就不可能有强大的祖国。坚持和发展中国特色社会主义，必须统筹发展和安全、富国和强军。要贯彻新时代党的强军思想，贯彻新时代军事战略方针，毫不动摇坚持党对人民军队的绝对领导，坚持政治建军、改革强军、科技强军、人才强军、依法治军，全面提高捍卫国家主权、安全、发展利益的战略能力，更好履行新时代人民军队使命任务。只要我们与时俱进加强国防和军队建设，向着党在新时代的强军目标阔步前行，就一定能够为实现中华民族伟大复兴提供更为坚强的战略支撑！

——铭记伟大胜利，推进伟大事业，必须维护世界和平和正义，推动构建人类命运共同体。中华民族历来秉持“亲仁善邻”[3]的理念。作为负责任大国，中国坚守和平、发展、公平、正义、民主、自由的全人类共同价值，坚持共商共建共享的全球治理观，坚定不移走和平发展、开放发展、合作发展、共同发展道路。只要坚持走和平发展道路，同各国人民一道推动构建人类命运共同体，就一定能够迎来人类和平与发展的美好未来！

世界是各国人民的世界，世界面临的困难和挑战需要各国人民同舟共济、携手应对，和平发展、合作共赢才是人间正道。当今世界，任何单边主义、保护主义、极端利己主义，都是根本行不通的！任何讹诈、封锁、极限施压的方式，都是根本行不通的！任何我行我素、唯我独尊的行径，任何搞霸权、霸道、霸凌的行径，都是根本行不通的！不仅根本行不通，最终必然是死路一条！

中国一贯奉行防御性国防政策，中国军队始终是维护世界和平的坚定力量。中国永远不称霸、不扩张，坚决反对霸权主义和强权政治。我们决不会坐视国家主权、安全、发展利益受损，决不会允许任何人任何势力侵犯和分裂祖国的神圣领土。一旦发生这样的严重情况，中国人民必将予以迎头痛击！

回望70年前伟大的抗美援朝战争，进行具有许多新的历史特点的伟大斗争，瞻望中华民族伟大复兴的光明前景，我们无比坚定、无比自信。让我们更加紧密地团结在党中央周围，弘扬伟大抗美援朝精神，雄赳赳、气昂昂，向着全面建设社会主义现代化国家新征程，向着实现中华民族伟大复兴的中国梦，继续奋勇前进！

注　释

〔1〕见毛泽东《抗美援朝的胜利和意义》（《毛泽东军事文集》第6卷，军事科学出版社、中央文献出版社1993年版，第355页）。

〔2〕见毛泽东《朝鲜战局和我们的方针》（《毛泽东文集》第6卷，人民出版社1999年版，第93—94页）。

〔3〕见《左传·隐公六年》。

依靠斗争赢得未来*

（2021 年 3 月 1 日）

敢于斗争是我们党的鲜明品格。我们党依靠斗争走到今天，也必然要依靠斗争赢得未来。开启全面建设社会主义现代化国家新征程，立足新发展阶段、贯彻新发展理念、构建新发展格局，面临的风险和考验一点也不会比过去少。年轻干部要自觉加强斗争历练，在斗争中学会斗争，在斗争中成长提高，努力成为敢于斗争、善于斗争的勇士。要坚定斗争意志，不屈不挠、一往无前，决不能碰到一点挫折就畏缩不前，一遇到困难就打退堂鼓。要善斗争、会斗争，提升见微知著的能力，透过现象看本质，准确识变、科学应变、主动求变，洞察先机、趋利避害。要加强战略谋划，把握大势大局，抓住主要矛盾和矛盾的主要方面，分清轻重缓急，科学排兵布阵，牢牢掌握斗争主动权。要增强底线思维，定期对风险因素进行全面排查。要善于经一事长一智，由此及彼、举一反三，练就斗争的真本领、真功夫。

---

* 这是习近平在 2021 年春季学期中央党校（国家行政学院）中青年干部培训班开班式上的讲话要点。

不断增强进行伟大斗争的意志和本领*

（2021 年 11 月 11 日）

坚定担当责任，不断增强进行伟大斗争的意志和本领。“志不强者智不达，言不信者行不果。”[1] 我们党在内忧外患中诞生、在历经磨难中成长、在攻坚克难中壮大，锤炼了不畏强敌、不惧风险、敢于斗争、敢于胜利的风骨和品质。为了肩负历史重任，为了党和人民事业，无论敌人如何强大、道路如何艰险、挑战如何严峻，党总是绝不畏惧、绝不退缩，不怕牺牲、百折不挠。

革命战争年代，党勇敢担负起争取民族独立、人民解放的历史任务，同国内外强敌进行艰苦卓绝的斗争。从高举反帝反封建旗帜、掀起大革命高潮，到在血腥屠杀中站起、开始武装斗争、开展土地革命；从为了民族大义、推动建立抗日民族统一战线共御外敌，到反对国民党反动派发动内战、打败国民党 800 万军队，党领导人民经过 28 年浴血奋斗，付出了最大牺牲。新中国成立后，面对党内和党外、国内和国际、人类社会和自然界的多种复杂严峻的考验挑战，我们党

* 这是习近平在中共十九届六中全会第二次全体会议上讲话的一部分。

都以强烈担当和巨大勇气作出历史抉择、开展坚决斗争，领导人民迎难而上、坚决斗争、从容应对，不断取得胜利，使中华民族迎来了从站起来、富起来到强起来的伟大飞跃。

当年，面对世界上经济实力最雄厚、军事力量最强大的美帝国主义的武装威胁和挑衅，是否出兵入朝作战，毛泽东同志说，这是他一生中最难作出的决策之一。党中央和毛泽东同志以“打得一拳开，免得百拳来”的战略远见，以“不惜国内打烂了重新建设”的决心和气魄，作出抗美援朝、保家卫国的历史性决策，避免了侵略者陈兵国门的危局，捍卫了新中国安全。上个世纪 80 年代末 90 年代初，东欧剧变、苏共垮台、苏联解体，世界社会主义遭受严重曲折，我国也发生了 1989 年春夏之交的严重政治风波。我们党紧紧依靠人民，以坚定意志和历史担当，采取果断措施，打赢了这场关系党和国家生死存亡的斗争，并顶住了西方国家所谓“制裁”的压力，保证了中国特色社会主义正确航向和改革发展的正确方向。邓小平同志说：“只要中国社会主义不倒，社会主义在世界将始终站得住。”[2] 我也说过，如果中国共产党领导和我国社会主义制度也在那场多米诺骨牌式的变化中倒塌了，或者因为其他原因失败了，那社会主义实践就可能又要长期在黑暗中徘徊了，中华民族伟大复兴的进程也必然会被打断。

历史发展是连续性和阶段性的统一，一个时期有一个时期的历史使命和任务，一代人有一代人的历史担当和责任。党的十八大以来，我们清醒认识到，新时代坚持和发展中国特色社会主义是一场艰巨而伟大的社会革命，各种敌对势力绝不会让我们顺顺利利实现中华民族伟大复兴。基于此，我向全党反复强调，必须进行具有许多新的历史特点的伟大斗争，必须准备付出更为艰巨、更为艰苦的努力，必须高度重视和切实防范化解各种重大风险。这几年，我们掌握应对风险挑战的战略主动，对危及党的执政地位、国家政权稳定，危害国家核心利益，危害人民根本利益，有可能迟滞甚至打断中华民族复兴进程的重大风险挑战，果断出手、坚决斗争，解决了许多长期想解决而没有解决的难题，办成了许多过去想办而没有办成的大事。对这个历程，我们大家都有亲身经历，这次全会《决议》作了充分概括。

我们党依靠斗争创造历史，更要依靠斗争赢得未来。新的征程上，我们面临的风险考验只会越来越复杂，甚至会遇到难以想象的惊涛骇浪。我们面临的各种斗争不是短期的而是长期的，将伴随实现第二个百年奋斗目标全过程。在重大风险、强大对手面前，总想过太平日子、不想斗争是不切实际的，得“软骨病”、患“恐惧症”是无济于事的。“善战者，立于不败之地，而不失敌之败也。”〔3〕唯有主动迎战、坚决斗争才有生路出路，才能赢得尊严、求得发展，逃避退缩、妥协退让只会招致失败和屈辱，只能是死路一条。我们必须把握新的伟大斗争的历史特点，发扬斗争精神，把握斗争方向，把握斗争主动权，坚定斗争意志，掌握斗争规律，增强斗争本领，有效应对重大挑战、抵御重大风险、克服重大阻力、解决重大矛盾，战胜前进道路上的一切艰难险阻，不断夺取新时代伟大斗争的新胜利。

注　　释

〔**1**〕见《墨子·修身》。

〔**2**〕见邓小平《坚持社会主义，防止和平演变》(《邓小平文选》第3卷，人民出版社1993年版，第346页)。

〔**3**〕见《孙子·形》。

五、统筹疫情防控和经济社会发展

做好疫情防控重点工作*

（2020 年 2 月 3 日）

做好疫情防控工作，直接关系人民生命安全和身体健康，直接关系经济社会大局稳定，也事关我国对外开放。我们要按照坚定信心、同舟共济、科学防治、精准施策的要求，切实做好工作，同时间赛跑、与病魔较量，坚决遏制疫情蔓延势头，坚决打赢疫情防控阻击战。当前，疫情防控方面要重点抓好以下工作。

第一，加强对疫情防控工作的统一领导。疫情防控要坚持全国一盘棋。各级党委和政府必须坚决服从党中央统一指挥、统一协调、统一调度，做到令行禁止。现在，各地区各部门贯彻落实党中央决策部署的情况总体是好的，但也存在一些薄弱环节和值得注意的问题，必须抓紧补短板、堵漏洞。疫情防控不只是医药卫生问题，而是全方位的工作，是总体战，各项工作都要为打赢疫情防控阻击战提供支持。疫情防控形势不断变化，各项工作也不断面临新情况新问题，要密切跟踪、及时分析、迅速行动，坚定有力、毫不懈怠做好各项工作。

---

* 这是习近平在主持中共中央政治局常务委员会会议研究应对新型冠状病毒肺炎疫情工作时讲话的一部分。

各地区各部门采取防控举措时，既要考虑本地区本领域防控需要，也要考虑对重点地区、对全国防控的影响。对党中央决策部署贯彻落实不力的，要敢于批评，责令其立即整改。对不服从统一指挥和调度、本位主义严重的，对不敢担当、作风飘浮、推诿扯皮的，除追究直接责任人的责任外，情节严重的还要对党政主要领导进行问责。对失职渎职的，要依纪依法惩处。

第二，加强重点地区疫情防控。只有集中力量把重点地区的疫情控制住了，才能从根本上尽快扭转全国疫情蔓延局面。要重点抓好防治力量的区域统筹，坚决把救治资源和防护资源集中到抗击疫情第一线，优先满足一线医护人员和救治病人需要。湖北省特别是武汉市仍然是全国疫情防控的重中之重，其他地方的患者也大多有湖北接触史。稳住了湖北疫情，就稳定了全国大局。一方面，要继续全面加强防控，在全省范围严格落实早发现、早报告、早隔离、早治疗措施，加强疫情监测，集中救治患者，对所有密切接触人员采取居家医学观察。另一方面，要继续强化防止疫情向外蔓延的措施。湖北境内民航、铁路、公路、水路客运等外出通道已经关闭，这对全国疫情控制发挥了重要作用，但一些人员自行流出带来的风险也不能忽视。

湖北周边省份和人口流动大省近期疫情蔓延很快，新增确诊病例快速上升。要压实地方党委和政府责任，强化社区防控网格化管理，实施地毯式排查，采取更加严格、更有针对性、更加管用有效的措施，防止疫情蔓延。要及时查找返程人员防控中的风险点和薄弱环节，落实人员流入地和流出地的防控责任，做好乘客健康监测、交通工具场站消毒通风等工作。北京地位特殊，现在离京人员大量返京，疫情防控压力加大。要完善防控措施，加强重点群体管控，减少行走的传染源，减少人群流动和密切接触，坚决控制疫情发展。

第三，提高收治率和治愈率，降低感染率和病死率。这是当前防控工作的突出任务。集中收治医院要尽快建成投入使用，继续根据需要从全国调派医务人员驰援武汉、驰援湖北，同时保护好医务人员身心健康。要统筹做好人员调配，尽量把精兵强将集中起来、把重症病人集中起来，统一进行救治，努力降低病死率。发病率高的地区，有条件的可以采取“小汤山”模式[1]加强救治工作力度。要及时推广各医院救治重症病人的有效做法。

第四，加大科研攻关力度。战胜疫病离不开科技支撑。要科学论证病毒来源，尽快查明传染源和传播途径，密切跟踪病毒变异情况，及时研究防控策略和措施。我在2016年就提出，关键核心技术攻关可以搞揭榜挂帅，英雄不论出处，谁有本事谁就揭榜。对抗击疫情所需要的疫苗、药品等研发，要调动高校、科研院所、企业等各方面的积极性，注重科研攻关和临床、防控实践相结合，在保证科学性基础上加快进度。对相关数据和病例资料等，除有法律规定需要保密的外，在做好国家安全工作的条件下，要向我国科技界开放共享，组织临床医学、流行病学、病毒学等方面的专家，研究病毒传播力、毒性等关键特性，尽快拿出切实管用的研究成果。要鼓励专家学者增强担当精神、职业责任，在科学研究的前提下多拿出专业意见和建议。

注　　释

〔**1**〕“小汤山”模式，指为应对较大规模呼吸道传染病疫情，临时建设符合感染控制要求的传染病医院，集中患者、集中专家、集中资源、集中救治，以取得最好的救治效果，防止疫情扩散。2003 年 4 月，北京为有效控制非典疫情，建设了小汤山医院集中收治非典患者。抗击新冠肺炎疫情中，武汉火神山、雷神山医院和中央援港应急医院都是采取“小汤山”模式建设的医院。

全面加强党中央对疫情防控的集中统一领导*

（2020 年 2 月 23 日）

新冠肺炎疫情发生后，党中央高度重视，迅速作出部署，全面加强对疫情防控的集中统一领导。1 月 7 日，我主持召开中央政治局常委会会议时，就对做好疫情防控工作提出了要求。1 月 20 日，我专门就疫情防控工作作出指示，要求各级党委和政府及有关部门把人民群众生命安全和身体健康放在第一位，采取切实有效措施，坚决遏制疫情蔓延势头。大年初一，我主持召开中央政治局常委会会议，对疫情防控工作进行再研究、再部署、再动员，决定成立中央应对疫情工作领导小组，派出中央指导组，要求国务院联防联控机制充分发挥协调作用。之后，我又先后主持召开 3 次中央政治局常委会会议、1 次中央政治局会议，专题研究疫情防控工作和复工复产工作。2 月 10 日，我到北京市调研指导疫情防控工作，视频连线湖北和武汉抗疫前线，听取前方中央指导组、湖北指挥部工作汇报。我还主持召开中央全面依法治国

* 这是习近平在统筹推进新冠肺炎疫情防控和经济社会发展工作部署会议上讲话的一部分。

委员会、中央网络安全和信息化委员会、中央全面深化改革委员会、中央外事工作委员会等会议，从不同角度对做好疫情防控工作提出要求。党中央印发《关于加强党的领导、为打赢疫情防控阻击战提供坚强政治保证的通知》。我时刻关注着疫情防控工作，每天都作出口头指示和批示。中央应对疫情工作领导小组及时研究部署工作，中央指导组积极开展工作，国务院联防联控机制加强统筹协调，各级党委和政府积极作为，同时间赛跑，与病魔较量，形成了抗击病魔的强大合力。

“沧海横流，方显英雄本色。”在这场严峻斗争中，各级党组织和广大党员、干部冲锋在前、顽强拼搏，充分发挥了战斗堡垒作用和先锋模范作用。广大医务工作者义无反顾、日夜奋战，展现了救死扶伤、医者仁心的崇高精神。人民解放军指战员闻令而动、敢打硬仗，展现了人民子弟兵忠于党、忠于人民的政治品格。广大人民群众众志成城、守望相助，特别是武汉人民和湖北人民识大体顾大局、自觉配合疫情防控工作，展现了坚忍不拔的顽强斗志。广大公安民警、疾控工作人员、社区工作人员等坚守岗位、日夜值守，广大新闻工作者不畏艰险、深入一线，广大志愿者等真诚奉献、不辞辛劳，为疫情防控作出了重大贡献。卫生健康、发展改革、工信商务、外交外联、交通运输、农业农村、应急管理、财政金融、文化旅游、科技教育、市场监管、社保医保、资源环境、国资林草等部门和纪检监察、组织、宣传、统战、政法等战线各司其职，人大、政协以及各人民团体等主动担责，采取有力措施支持抗击疫情斗争。社会各界和港澳台同胞、海外侨胞纷纷捐款捐物，展现了同舟共济的深厚情怀。

统筹推进疫情防控和经济社会发展工作*

（2020 年 2 月 23 日）

经济社会是一个动态循环系统，不能长时间停摆。在确保疫情防控到位的前提下，推动非疫情防控重点地区企事业单位复工复产，恢复生产生活秩序，关系到为疫情防控提供有力物质保障，关系到民生保障和社会稳定，关系到实现全年经济社会发展目标任务，关系到全面建成小康社会和完成“十三五”规划，关系到我国对外开放和世界经济稳定。

新冠肺炎疫情不可避免会对经济社会造成较大冲击。越是在这个时候，越要用全面、辩证、长远的眼光看待我国发展，越要增强信心、坚定信心。综合起来看，我国经济长期向好的基本面没有改变，疫情的冲击是短期的、总体上是可控的，只要我们变压力为动力、善于化危为机，有序恢复生产生活秩序，强化“六稳”〔1〕举措，加大政策调节力度，把我国发展的巨大潜力和强大动能充分释放出来，就能够实现今年经济社会发展目标任务。

---

* 这是习近平在统筹推进新冠肺炎疫情防控和经济社会发展工作部署会议上讲话的一部分。

第一，落实分区分级精准复工复产。新冠肺炎疫情发生后，如何在较短时间内整合力量、全力抗击疫情，这是很大的挑战；在疫情形势趋缓后，如何统筹好疫情防控和复工复产，这也是很大的挑战。既不能对不同地区采取“一刀切”的做法、阻碍经济社会秩序恢复，又不能不当放松防控、导致前功尽弃。我在2月12日的中央政治局常委会会议上提出，非疫情防控重点地区要分区分级制定差异化防控策略，就是出于这样的考虑。现在，全国有1396个县（区）无确诊病例（占46%），还有一些县（区）累计病例很少、基本没有新增病例，这些低风险地区要尽快将防控策略调整到外防输入上来，全面恢复生产生活秩序。中风险地区要依据防控形势有序复工复产。高风险地区要继续集中精力抓好疫情防控工作。随着疫情防控形势持续向好，符合条件的省份要适时下调响应级别并实行动态调整。

第二，加大宏观政策调节力度。宏观政策重在逆周期调节，节奏和力度要能够对冲疫情影响，防止经济运行滑出合理区间，防止短期冲击演变成趋势性变化。积极的财政政策要更加积极有为，已经出台的财政贴息、大规模降费、缓缴税款等政策要尽快落实到企业。要继续研究出台阶段性、有针对性的减税降费政策，加大对一些行业复工复产的支持力度，帮助中小微企业渡过难关。要集中使用部分中央部门存量资金，统筹用于疫情防控、保障重点支出。一些地方财政受疫情影响较大，要加大转移支付力度，确保基层保工资、保运转、保基本民生。要扩大地方政府专项债券发行规模，优化预算内投资结构。稳健的货币政策要更加注重灵活适度，把支持实体经济恢复发展放到更加突出的位置，用好已有金融支持政策，适时出台新的政策措施。要针对企业复工复产面临的债务偿还、资金周转和扩大融资等迫切问题，创新完善金融支持方式，为防疫重点地区单列信贷规模，为受疫情影响较大的行业、民营和小微企业提供专项信贷额度。要调整完善企业还款付息安排，加大贷款展期、续贷力度，适当减免小微企业贷款利息，防止企业资金链断裂。

第三，全面强化稳就业举措。要实施好就业优先政策，根据就业形势变化调整政策力度，减负、稳岗、扩就业并举，抓好社保费阶段性减免、失业保险稳岗返还、就业补贴等政策落地，针对部分企业缺工严重、稳岗压力大和重点群体就业难等突出矛盾，因地因企因人分类帮扶，提高政策精准性。要鼓励低风险地区的农民工尽快返岗复工，采取“点对点、一站式”直达运输服务。要支持多渠道灵活就业，解决个体工商户尽快恢复营业问题。要加快推动线上登记失业和申领失业保险金，确保失业人员应发尽发、应保尽保。要注重高校毕业生就业工作，统筹做好毕业、招聘、考录等相关工作，让他们顺利毕业、尽早就业。

第四，坚决完成脱贫攻坚任务。今年脱贫攻坚要全面收官，原本就有不少硬仗要打，现在还要努力克服疫情的影响，必须再加把劲，狠抓攻坚工作落实。劳务输出地和输入地要精准对接，帮助贫困劳动力有序返岗，支持扶贫龙头企业、扶贫车间尽快复工，吸纳当地就业。要组织好产销对接，抓紧解决好贫困地区农畜产品卖难问题。要加快建立健全防止返贫机制，对因疫情或其他原因返贫致贫的，要及时落实帮扶措施，确保基本生活不受影响。

第五，推动企业复工复产。要落实分区分级精准防控策略，打通人流、物流堵点，放开货运物流限制，确保员工回得来、原料供得上、产品出得去。产业链环环相扣，一个环节阻滞，上下游企业都无法运转。区域之间要加强上下游产销对接，推动产业链各环节协同复工复产。要积极扩大国内有效需求，加快在建和新开工项目建设进度，加强用工、用地、资金等要素保障，用好中央预算内投资、专项债券资金和政策性金融，优化投向结构。疫情对产业发展既是挑战也是机遇。一些传统行业受冲击较大，而智能制造、无人配送、在线消费、医疗健康等新兴产业展现出强大成长潜力。要以此为契机，改造提升传统产业，培育壮大新兴产业。

第六，不失时机抓好春季农业生产。现在，春耕备耕已从南到北陆续展开。要抓紧解决影响春耕备耕的突出问题，组织好农资生产、流通、供应，适时开展春播。即使是疫情最重的湖北和疫情较重的省份，也要根据实际情况组织农民开展农业生产。农业生产场所大多在田间野外，一些不合理限制要取消，确保农业生产不误农时。要持续加强非洲猪瘟、高致病性禽流感等重大动物疫病防控，促进畜牧水产养殖业全面发展。

第七，切实保障基本民生。疫情直接影响居民收入，再叠加物价上涨因素，部分群众基本生活面临的困难可能增多。要落实“米袋子”省长责任制和“菜篮子”市长负责制，保障主副食品供应。要密切关注疫情对市场供求的影响，做好居民生活必需品保供调度，防止物价过快上涨。要保持疫情期间基本民生服务不断档，鼓励同群众生活密切相关的服务业有序恢复营业。要强化对困难群众的兜底保障，有条件的地方可以适当提高价格临时补贴标准。对患者特别是有亲人罹难的家庭要重点照顾，安排好基本生活。对因疫情在家隔离的孤寡老人、困难儿童、重病重残人员等群体，要加强走访探视和必要帮助，防止发生冲击社会道德底线的事件。要统筹做好其他疾病患者医疗救治工作，做到急重症患者救治有保障、慢性病患者用药有供应、一般患者就医有渠道。

第八，稳住外贸外资基本盘。要保障外贸产业链、供应链畅通运转，稳定国际市场份额。要用足用好出口退税、出口信用保险等合规的外贸政策工具，扩大出口信贷投放，适度放宽承保和理赔条件。要简化通关手续，降低港口、检验检疫等环节收费，推出更多外汇便利化业务。要鼓励各地促增量、稳存量并举，抓好重大外资项目落地。要扩大金融等服务业对外开放。要继续优化营商环境，做好招商、安商、稳商工作，增强外商长期投资经营的信心。

注　释

〔1〕“六稳”，指稳就业、稳金融、稳外贸、稳外资、稳投资、稳预期。

使伟大抗疫精神转化为实现中华民族伟大复兴的强大力量*

（2020 年 9 月 8 日）

抗击新冠肺炎疫情斗争取得重大战略成果，充分展现了中国共产党领导和我国社会主义制度的显著优势，充分展现了中国人民和中华民族的伟大力量，充分展现了中华文明的深厚底蕴，充分展现了中国负责任大国的自觉担当，极大增强了全党全国各族人民的自信心和自豪感、凝聚力和向心力，必将激励我们在新时代新征程上披荆斩棘、奋勇前进。

在这场同严重疫情的殊死较量中，中国人民和中华民族以敢于斗争、敢于胜利的大无畏气概，铸就了生命至上、举国同心、舍生忘死、尊重科学、命运与共的伟大抗疫精神。

——生命至上，集中体现了中国人民深厚的仁爱传统和中国共产党人以人民为中心的价值追求。“爱人利物之谓仁。”〔1〕疫情无情人有情。人的生命是最宝贵的，生命只有一次，失去不会再来。在保护人民生命安全面前，我们必须不惜一切代价，我们也能够做到不惜一切代价，因为中国共

---

* 这是习近平在全国抗击新冠肺炎疫情表彰大会上讲话的一部分。

产党的根本宗旨是全心全意为人民服务，我们的国家是人民当家作主的社会主义国家。我们果断关闭离汉离鄂通道，实施史无前例的严格管控。作出这一决策，需要巨大的政治勇气，需要果敢的历史担当。为了保护人民生命安全，我们什么都可以豁得出来！从出生仅 30 多个小时的婴儿到 100 多岁的老人，从在华外国留学生到来华外国人员，每一个生命都得到全力护佑，人的生命、人的价值、人的尊严得到悉心呵护。这是中国共产党执政为民理念的最好诠释！这是中华文明人命关天的道德观念的最好体现！这也是中国人民敬仰生命的人文精神的最好印证！

——举国同心，集中体现了中国人民万众一心、同甘共苦的团结伟力。面对生死考验，面对长时间隔离带来的巨大身心压力，广大人民群众生死较量不畏惧、千难万险不退缩，或向险而行，或默默坚守，以各种方式为疫情防控操心出力。长城内外、大江南北，全国人民心往一处想、劲往一处使，把个人冷暖、集体荣辱、国家安危融为一体，“天使白”、“橄榄绿”、“守护蓝”、“志愿红”迅速集结，“我是党员我先上”、“疫情不退我不退”，誓言铿锵，丹心闪耀。14 亿中国人民同呼吸、共命运，肩并肩、心连心，绘就了团结就是力量的时代画卷！

——舍生忘死，集中体现了中国人民敢于压倒一切困难而不被任何困难所压倒的顽强意志。危急时刻，又见遍地英雄。各条战线的抗疫勇士临危不惧、视死如归，困难面前豁得出、关键时刻冲得上，以生命赴使命，用大爱护众生。他们中间，有把生的希望留给他人而自己错过救治的医院院长，有永远无法向妻子兑现婚礼承诺的丈夫，也有牺牲在救治岗位留下幼小孩子的妈妈……面对疫情，中国人民没有被吓倒，而是用明知山有虎、偏向虎山行的壮举，书写下可歌可泣、荡气回肠的壮丽篇章！中华民族能够经历无数灾厄仍不断发展壮大，从来都不是因为有救世主，而是因为在大灾大难前有千千万万个普通人挺身而出、慷慨前行！

——尊重科学，集中体现了中国人民求真务实、开拓创新的实践品格。面对前所未知的新型传染性疾病，我们秉持科学精神、科学态度，把遵循科学规律贯穿到决策指挥、病患治疗、技术攻关、社会治理各方面全过程。在没有特效药的情况下，实行中西医结合，先后推出八版全国新冠肺炎诊疗方案，筛选出“三药三方”〔2〕等临床有效的中药西药和治疗办法，被多个国家借鉴和使用。无论是抢建方舱医院，还是多条技术路线研发疫苗；无论是开展大规模核酸检测、大数据追踪溯源和健康码识别，还是分区分级差异化防控、有序推进复工复产，都是对科学精神的尊崇和弘扬，都为战胜疫情提供了强大科技支撑！

——命运与共，集中体现了中国人民和衷共济、爱好和平的道义担当。大道不孤，大爱无疆。我们秉承“天下一家”的理念，不仅对中国人民生命安全和身体健康负责，也对全球公共卫生事业尽责。我们发起了新中国成立以来援助时间最集中、涉及范围最广的紧急人道主义行动，为全球疫情防控注入源源不断的动力，充分展示了讲信义、重情义、扬正义、守道义的大国形象，生动诠释了为世界谋大同、推动构建人类命运共同体的大国担当！

人无精神则不立，国无精神则不强。唯有精神上站得住、站得稳，一个民族才能在历史洪流中屹立不倒、挺立潮头。同困难作斗争，是物质的角力，也是精神的对垒。伟大抗疫精神，同中华民族长期形成的特质禀赋和文化基因一脉相承，是爱国主义、集体主义、社会主义精神的传承和发展，是中国精神的生动诠释，丰富了民族精神和时代精神的内涵。我们要在全社会大力弘扬伟大抗疫精神，使之转化为全面建设社会主义现代化国家、实现中华民族伟大复兴的强大力量。

“物有甘苦，尝之者识；道有夷险，履之者知。”[3] 在这场波澜壮阔的抗疫斗争中，我们积累了重要经验，收获了深刻启示。

——抗疫斗争伟大实践再次证明，中国共产党所具有的无比坚强的领导力，是风雨来袭时中国人民最可靠的主心骨。中国共产党来自人民、植根人民，始终坚持一切为了人民、一切依靠人民，得到了最广大人民衷心拥护和坚定支持，这是中国共产党领导力和执政力的广大而深厚的基础。这次抗疫斗争伊始，党中央就号召全党，让党旗在防控疫情斗争第一线高高飘扬，充分体现了中国共产党人的担当和风骨！在抗疫斗争中，广大共产党员不忘初心、牢记使命，充分发挥先锋模范作用，25000 多名优秀分子在火线上宣誓入党。正是因为有中国共产党领导、有全国各族人民对中国共产党的拥护和支持，中国才能创造出世所罕见的经济快速发展奇迹和社会长期稳定奇迹，我们才能成功战洪水、防非典、抗地震、化危机、应变局，才能打赢这次抗疫斗争。历史和现实都告诉我们，只要毫不动摇坚持和加强党的全面领导，不断增强党的政治领导力、思想引领力、群众组织力、社会号召力，永远保持党同人民群众的血肉联系，我们就一定能够形成强大合力，从容应对各种复杂局面和风险挑战。

——抗疫斗争伟大实践再次证明，中国人民所具有的不屈不挠的意志力，是战胜前进道路上一切艰难险阻的力量源泉。苦难考验了中国人民，也锻炼了中国人民。正是因为中国人民经千难而前仆后继，历万险而锲而不舍，我们才能在列强侵略时顽强抗争，在山河破碎时浴血奋战，在一穷二白时发愤图强，在时代发展时与时俱进，中华民族才能始终屹立于世界民族之林。千百年来，中国人民就以生命力的顽强、凝聚力的深厚、忍耐力的坚韧、创造力的巨大而闻名于世，我们都为自己是中国人感到骄傲和自豪！历史和现实都告诉我们，只要紧紧依靠人民、一切为了人民，充分激发广大人民顽强不屈的意志和坚忍不拔的毅力，我们就一定能够使最广大人民紧密团结在一起，不断创造中华民族新的历史辉煌。

——抗疫斗争伟大实践再次证明，中国特色社会主义制度所具有的显著优势，是抵御风险挑战、提高国家治理效能的根本保证。衡量一个国家的制度是否成功、是否优越，一个重要方面就是看其在重大风险挑战面前，能不能号令四面、组织八方共同应对。我国社会主义制度具有非凡的组织动员能力、统筹协调能力、贯彻执行能力，能够充分发挥集中力量办大事、办难事、办急事的独特优势，这次抗疫斗争有力彰显了我国国家制度和国家治理体系的优越性。历史和现实都告诉我们，只要坚持和完善中国特色社会主义制度、推进国家治理体系和治理能力现代化，善于运用制度力量应对风险挑战冲击，我们就一定能够经受住一次次压力测试，不断化危为机、浴火重生。

——抗疫斗争伟大实践再次证明，新中国成立以来所积累的坚实国力，是从容应对惊涛骇浪的深厚底气。我们长期积累的雄厚物质基础、建立的完整产业体系、形成的强大科技实力、储备的丰富医疗资源为疫情防控提供了坚强支撑。我们在疫情发生后迅速开展全方位的人力组织战、物资保障战、科技突击战、资源运动战。在抗疫形势最严峻的时候，经济社会发展不少方面一度按下“暂停键”，但群众生活没有受到太大影响，社会秩序总体正常，这从根本上得益于新中国成立以来特别是改革开放以来长期积累的综合国力，得益于危急时刻能够最大限度运用我们的综合国力。历史和现实都告诉我们，只要不断解放和发展社会生产力，不断增强经济实力、科技实力、综合国力，不断让广大人民的获得感、幸福感、安全感日益充实起来，不断让坚持和发展中国特色社会主义、实现中华民族伟大复兴的物质基础日益坚实起来，我们就一定能够使中国特色社会主义航船乘风破浪、行稳致远。

——抗疫斗争伟大实践再次证明，社会主义核心价值观[4]、中华优秀传统文化所具有的强大精神动力，是凝聚人心、汇聚民力的强大力量。文化自信是一个国家、一个民族发展中最基本、最深沉、最持久的力量。向上向善的文化是一个国家、一个民族休戚与共、血脉相连的重要纽带。中国人历来抱有家国情怀，崇尚天下为公、克己奉公，信奉天下兴亡、匹夫有责，强调和衷共济、风雨同舟，倡导守望相助、尊老爱幼，讲求自由和自律统一、权利和责任统一。在这次抗疫斗争中，14 亿中国人民显示出高度的责任意识、自律观念、奉献精神、友爱情怀，铸就起团结一心、众志成城的强大精神防线。历史和现实都告诉我们，只要不断培育和践行社会主义核心价值观，始终继承和弘扬中华优秀传统文化，我们就一定能够建设好全国各族人民的精神家园，筑牢中华儿女团结奋进、一往无前的思想基础。

——抗疫斗争伟大实践再次证明，构建人类命运共同体所具有的广泛感召力，是应对人类共同挑战、建设更加繁荣美好世界的人间正道。新冠肺炎疫情以一种特殊形式告诫世人，人类是荣辱与共的命运共同体，重大危机面前没有任何一个国家可以独善其身，团结合作才是人间正道。任何自私自利、嫁祸他人、颠倒是非、混淆黑白的做法，不仅会对本国和本国人民造成伤害，而且会给世界各国人民带来伤害。历史和现实都告诉我们，只要国际社会秉持人类命运共同体理念，坚持多边主义、走团结合作之路，世界各国人民就一定能够携手应对各种全球性问题，共建美好地球家园。

当前，世界百年未有之大变局加速演进，国内改革发展稳定任务艰巨繁重。站在“两个一百年”奋斗目标的历史交汇点上，我们必须全面贯彻党的基本理论、基本路线、基本方略，坚持稳中求进工作总基调，坚定不移贯彻新发展理念，着力构建新发展格局，统筹国内国际两个大局，办好发展安全两件大事，推进国家治理体系和治理能力现代化，不断开创党和国家事业发展新局面。

——我们要毫不放松抓好常态化疫情防控，奋力夺取抗疫斗争全面胜利。当前，疫情仍在全球蔓延，国内零星散发病例和局部暴发疫情的风险仍然存在，夺取抗疫斗争全面胜利还需要付出持续努力。要慎终如始、再接再厉，全面做好外防输入、内防反弹工作，坚持常态化精准防控和局部应急处置有机结合，决不能让来之不易的疫情防控成果前功尽弃。要加大药品和疫苗科研攻关力度，深入开展爱国卫生运动，加强公共卫生设施建设，提升全社会文明程度，用千千万万个文明健康的小环境筑牢常态化疫情防控的社会大防线。

——我们要扎实做好“六稳”工作、全面落实“六保”〔5〕任务，确保完成决胜全面建成小康社会、决战脱贫攻坚目标任务。要增强信心、鼓足干劲，奋力把失去的时间抢回来、把疫情造成的损失补回来。要积极构建疫情防控和经济社会发展工作中长期协调机制。要坚持以供给侧结构性改革为主线，坚持深化改革开放，牢牢把握扩大内需这个战略基点，保护和激发市场主体活力，确保宏观政策落地见效，提高产业链供应链稳定性和竞争力。要瞄准脱贫攻坚突出问题和薄弱环节，一鼓作气、尽锐出战。要始终把人民安危冷暖放在心上，帮助群众解决就业、收入、就学、社保、医保、住房等方面的实际困难，扎扎实实做好保障和改善民生各项工作。

——我们要加快补齐治理体系的短板弱项，为保障人民生命安全和身体健康夯实制度保障。这场抗疫斗争是对国家治理体系和治理能力的一次集中检验。要抓紧补短板、堵漏洞、强弱项，加快完善各方面体制机制，着力提高应对重大突发公共卫生事件的能力和水平。要构筑强大的公共卫生体系，完善疾病预防控制体系，建设平战结合的重大疫情防控救治体系，强化公共卫生法治保障和科技支撑，提升应急物资储备和保障能力，夯实联防联控、群防群控的基层基础。要完善城市治理体系和城乡基层治理体系，树立全周期的城市健康管理理念，增强社会治理总体效能。要重视生物安全风险，提升国家生物安全防御能力。

——我们要秉持人类命运共同体理念，同国际社会携手应对日益严峻的全球性挑战。中国将继续推进疫情防控国际合作，支持世界卫生组织发挥全球抗疫领导作用，同各国分享防控和救治经验，继续向应对疫情能力薄弱的国家和地区提供帮助，发挥全球抗疫物资最大供应国作用，推动构建人类卫生健康共同体。我们将拓展同世界各国的互利互惠合作，继续推进经济全球化，坚定维护多边贸易体制，维护全球产业链供应链安全畅通运转，共同推动世界经济早日重现繁荣。我们愿同各国一道推动形成更加包容的全球治理、更加有效的多边机制、更加积极的区域合作，共同应对地区争端和恐怖主义、气候变化、网络安全、生物安全等全球性问题，共同创造人类更加美好的未来。

——我们要坚持底线思维、增强忧患意识，有效防范和化解前进道路上的各种风险。彩虹和风雨共生，机遇和挑战并存，这是亘古不变的辩证法则。我们党建党近百年、新中国成立70多年、改革开放40多年的历史，从来都不是一帆风顺的。志不求易者成，事不避难者进。我们要辩证认识和把握国内外大势，加强战略性、系统性、前瞻性研究谋划，做好较长时间应对外部环境变化的思想准备和工作准备，善于在危机中育新机、于变局中开新局。要发扬斗争精神，敢于斗争、善于斗争，根据形势变化及时调整斗争策略，团结一切可以团结的力量，调动一切积极因素，不断夺取具有许多新的历史特点的伟大斗争新胜利。

“天行健，君子以自强不息。”〔6〕一个民族之所以伟大，根本就在于在任何困难和风险面前都从来不放弃、不退缩、不止步，百折不挠为自己的前途命运而奋斗。从5000多年文明发展的苦难辉煌中走来的中国人民和中华民族，必将在新时代的伟大征程上一路向前，任何人任何势力都不能阻挡中国人民实现更加美好生活的前进步伐！

让我们更加紧密地团结起来，大力弘扬伟大抗疫精神，勠力同心、锐意进取，奋力实现决胜全面建成小康社会、决战脱贫攻坚目标任务，在全面建设社会主义现代化国家的新征程上创造新的历史伟业！

注　　释

〔1〕见《庄子·天地》。

〔2〕“三药三方”，指金花清感颗粒、连花清瘟胶囊（颗粒）、血必净注射液和清肺排毒汤、化湿败毒方、宣肺败毒方。

〔3〕见明代刘基《拟连珠》。

〔4〕社会主义核心价值观的基本内容是：富强、民主、文明、和谐，自由、平等、公正、法治，爱国、敬业、诚信、友善。富强、民主、文明、和谐是国家层面的价值要求，自由、平等、公正、法治是社会层面的价值要求，爱国、敬业、诚信、友善是公民层面的价值要求。

〔5〕“六保”，指保居民就业、保基本民生、保市场主体、保粮食能源安全、保产业链供应链稳定、保基层运转。

〔6〕见《周易·乾》。

保持战略定力，抓细抓实各项防疫工作*

（2022 年 3 月 17 日）

常态化疫情防控以来，我们坚持“外防输入、内防反弹”，不断提升分区分级差异化精准防控水平，快速有效处置局部地区聚集性疫情，最大限度保护了人民生命安全和身体健康，我国经济发展和疫情防控保持全球领先地位，充分体现了我国防控疫情的坚实实力和强大能力，充分彰显了中国共产党领导和我国社会主义制度的显著优势。

坚持就是胜利。各地区各部门各方面要深刻认识当前国内外疫情防控的复杂性、艰巨性、反复性，进一步动员起来，统一思想，坚定信心，坚持不懈，抓细抓实各项防疫工作。要始终坚持人民至上、生命至上，坚持科学精准、动态清零，尽快遏制疫情扩散蔓延势头。要提高科学精准防控水平，不断优化疫情防控举措，加强疫苗、快速检测试剂和药物研发等科技攻关，使防控工作更有针对性。要保持战略定力，坚

---

* 这是习近平在主持中共中央政治局常务委员会会议时的讲话要点。

持稳中求进，统筹好疫情防控和经济社会发展，采取更加有效措施，努力用最小的代价实现最大的防控效果，最大限度减少疫情对经济社会发展的影响。

六、全面建成小康社会，开启全面建设社会主义现代化国家新征程

关于《中共中央关于制定国民经济和社会发展第十四个五年规划和二〇三五年远景目标的建议》需要说明的几个重点问题*

（2020 年 10 月 26 日）

建议稿提出了一些重要观点和论述。这里，就其中几点作个简要说明。

第一，关于以推动高质量发展为主题。建议稿提出，“十四五”时期经济社会发展要以推动高质量发展为主题，这是根据我国发展阶段、发展环境、发展条件变化作出的科学判断。我国仍处于并将长期处于社会主义初级阶段，我国仍然是世界上最大的发展中国家，发展仍然是我们党执政兴国的第一要务。必须强调的是，新时代新阶段的发展必须贯彻新发展理念，必须是高质量发展。当前，我国社会主要矛盾已

* 这是习近平在中共十九届五中全会上所作的《关于〈中共中央关于制定国民经济和社会发展第十四个五年规划和二〇三五年远景目标的建议〉的说明》的一部分。

经转化为人民日益增长的美好生活需要和不平衡不充分的发展之间的矛盾，发展中的矛盾和问题集中体现在发展质量上。这就要求我们必须把发展质量问题摆在更为突出的位置，着力提升发展质量和效益。

当今世界正经历百年未有之大变局，我国发展的外部环境日趋复杂。防范化解各类风险隐患，积极应对外部环境变化带来的冲击挑战，关键在于办好自己的事，提高发展质量，提高国际竞争力，增强国家综合实力和抵御风险能力，有效维护国家安全，实现经济行稳致远、社会和谐安定。经济、社会、文化、生态等各领域都要体现高质量发展的要求。

以推动高质量发展为主题，必须坚定不移贯彻新发展理念，以深化供给侧结构性改革为主线，坚持质量第一、效益优先，切实转变发展方式，推动质量变革、效率变革、动力变革，使发展成果更好惠及全体人民，不断实现人民对美好生活的向往。

第二，关于构建以国内大循环为主体、国内国际双循环相互促进的新发展格局。构建新发展格局，是与时俱进提升我国经济发展水平的战略抉择，也是塑造我国国际经济合作和竞争新优势的战略抉择。改革开放以来特别是加入世贸组织后，我国加入国际大循环，市场和资源“两头在外”，形成“世界工厂”发展模式，对我国快速提升经济实力、改善人民生活发挥了重要作用。近几年，随着全球政治经济环境变化，逆全球化趋势加剧，有的国家大搞单边主义、保护主义，传统国际循环明显弱化。在这种情况下，必须把发展立足点放在国内，更多依靠国内市场实现经济发展。我国有 14 亿人口，人均国内生产总值已经突破1万美元，是全球最大和最有潜力的消费市场，具有巨大增长空间。改革开放以来，我们遭遇过很多外部风险冲击，最终都能化险为夷，靠的就是办好自己的事、把发展立足点放在国内。

构建新发展格局，要坚持扩大内需这个战略基点，使生产、分配、流通、消费更多依托国内市场，形成国民经济良性循环。要坚持供给侧结构性改革的战略方向，提升供给体系对国内需求的适配性，打通经济循环堵点，提升产业链、供应链的完整性，使国内市场成为最终需求的主要来源，形成需求牵引供给、供给创造需求的更高水平动态平衡。新发展格局决不是封闭的国内循环，而是开放的国内国际双循环。推动形成宏大顺畅的国内经济循环，就能更好吸引全球资源要素，既满足国内需求，又提升我国产业技术发展水平，形成参与国际经济合作和竞争新优势。

第三，关于“十四五”和到2035年经济发展目标。在征求意见过程中，一些地方和部门建议，明确提出“十四五”经济增长速度目标，明确提出到2035年实现经济总量或人均收入翻一番目标。文件起草组经过认真研究和测算，认为从经济发展能力和条件看，我国经济有希望、有潜力保持长期平稳发展，到“十四五”末达到现行的高收入国家标准、到2035年实现经济总量或人均收入翻一番，是完全有可能的。同时，考虑到未来一个时期外部环境中不稳定不确定因素较多，存在不少可能冲击国内经济发展的风险隐患，新冠肺炎疫情全球大流行影响深远，世界经济可能持续低迷，中长期规划目标要更加注重经济结构优化，引导各方面把工作重点放在提高发展质量和效益上。

党中央的建议主要是管大方向、定大战略的。综合考虑各方面因素，建议稿对“十四五”和到2035年经济发展目标采取了以定性表述为主、蕴含定量的方式。编制规划《纲要》〔1〕时可以在认真测算基础上提出相应的量化目标。

第四，关于促进全体人民共同富裕。共同富裕是社会主义的本质要求，是人民群众的共同期盼。我们推动经济社会发展，归根结底是要实现全体人民共同富裕。新中国成立以来特别是改革开放以来，我们党团结带领人民向着实现共同富裕的目标不懈努力，人民生活水平不断提高。党的十八大以来，我们把脱贫攻坚作为重中之重，使现行标准下农村贫困人口全部脱贫，就是促进全体人民共同富裕的一项重大举措。当前，我国发展不平衡不充分问题仍然突出，城乡区域发展和收入分配差距较大，促进全体人民共同富裕是一项长期任务，但随着我国全面建成小康社会、开启全面建设社会主义现代化国家新征程，我们必须把促进全体人民共同富裕摆在更加重要的位置，脚踏实地，久久为功，向着这个目标更加积极有为地进行努力。为此，建议稿在到2035年基本实现社会主义现代化远景目标中提出“全体人民共同富裕取得更为明显的实质性进展”，在改善人民生活品质部分突出强调了“扎实推动共同富裕”，提出了一些重要要求和重大举措。这样表述，在党的全会文件中还是第一次，既指明了前进方向和奋斗目标，也是实事求是、符合发展规律的，兼顾了需要和可能，有利于在工作中积极稳妥把握，在促进全体人民共同富裕的道路上不断向前迈进。

第五，关于统筹发展和安全。我们越来越深刻地认识到，安全是发展的前提，发展是安全的保障。当前和今后一个时期是我国各类矛盾和风险易发期，各种可以预见和难以预见的风险因素明显增多。我们必须坚持统筹发展和安全，增强机遇意识和风险意识，树立底线思维，把困难估计得更充分一些，把风险思考得更深入一些，注重堵漏洞、强弱项，下好先手棋、打好主动仗，有效防范化解各类风险挑战，确保社会主义现代化事业顺利推进。

基于上述认识，建议稿设置专章对统筹发展和安全、加快国防和军队现代化等作出战略部署，强调要坚持总体国家安全观，加强国家安全体系和能力建设，筑牢国家安全屏障。

第六，关于坚持系统观念。建议稿提出，"十四五"时期经济社会发展必须遵循坚持系统观念的原则。党的十八大以来，党中央坚持系统谋划、统筹推进党和国家各项事业，根据新的实践需要，形成一系列新布局和新方略，带领全党全国各族人民取得了历史性成就。在这个过程中，系统观念是具有基础性的思想和工作方法。

全面建成小康社会后，我们将开启全面建设社会主义现代化国家新征程，我国发展环境面临深刻复杂变化，发展不平衡不充分问题仍然突出，经济社会发展中矛盾错综复杂，必须从系统观念出发加以谋划和解决，全面协调推动各领域工作和社会主义现代化建设。

第七，关于全面建成小康社会的完成情况和宣布时机。到建党 100 周年时，全面建成惠及十几亿人口的更高水平的小康社会，是我们党进入新世纪后，在基本建成小康社会基础上提出的奋斗目标，是对人民的庄严承诺。自改革开放之初党中央提出小康社会的战略构想以来，我们把人民对美好生活的向往作为奋斗目标，几代人一以贯之、接续奋斗。“十三五”时期是全面建成小康社会决胜阶段，我们突出抓重点、补短板、强弱项，坚决打好防范化解重大风险、精准脱贫、污染防治的攻坚战，取得一系列新的重大成就。突如其来的新冠肺炎疫情对我国经济社会发展带来了很大不利影响。在党中央坚强领导下，经过全国人民共同努力，新冠肺炎疫情防控取得重大战略成果，我国经济社会恢复走在全球前列，主要经济指标趋好，社会民生得到有效保障。预计今年我国国内生产总值超过100万亿元人民币，人民生活水平显著提高，现行标准下农村贫困人口全面脱贫，“十三五”规划确定的发展目标可以如期完成，全面建成小康社会目标可以如期实现。

考虑到目前仍是全面建成小康社会进行时，建议稿表述为“决胜全面建成小康社会取得决定性成就”。明年上半年党中央将对全面建成小康社会进行系统评估和总结，然后正式宣布我国全面建成小康社会。

注　　释

〔1〕《纲要》，这里指《中华人民共和国国民经济和社会发展第十四个五年规划和2035年远景目标纲要》。

向第二个百年奋斗目标进军*

（2020 年 10 月 29 日）

经过几代人接续奋斗，我们即将全面建成小康社会、完成脱贫攻坚任务、实现第一个百年奋斗目标，从明年起将开始向第二个百年奋斗目标进军。

在这个重要时刻，我们既要看到我国发展总体态势是好的，我们完全有基础、有条件、有能力取得新的伟大胜利，也要看到当前诸多矛盾叠加、风险挑战显著增多，我国发展面临着前所未有的复杂环境。我们必须坚持正确的历史观、大局观、发展观，看清当前国际国内形势纷繁复杂现象下的本质，做到临危不乱、危中寻机、开拓进取、开辟新局，更好统筹中华民族伟大复兴战略全局和世界百年未有之大变局。

从国际看，世界百年未有之大变局进入加速演变期，国际环境日趋错综复杂。一方面，和平与发展仍然是时代主题，新一轮科技革命和产业变革深入发展，国际力量对比深刻调整，人类命运共同体理念深入人心。另一方面，国际形势的不稳定性不确定性明显增加，新冠肺炎疫情大流行影响广泛深远，经济全球化遭遇逆流，民粹主义、排外主义抬头，单

---

* 这是习近平在中共十九届五中全会第二次全体会议上讲话的一部分。

边主义、保护主义、霸权主义对世界和平与发展构成威胁，国际经济、科技、文化、安全、政治等格局都在发生深刻复杂变化。我们要准确认识决定世界百年未有之大变局走向的关键因素，牢牢把握战略主动。

从国内看，我国继续发展具有多方面优势和条件，也面临不少困难和挑战。关键是要用全面、辩证、长远的眼光看问题，积极拓展发展新空间。

第一，深刻认识社会主要矛盾变化，增强解决发展不平衡不充分问题的系统性。当前，我国发展面临的主要问题是，创新能力不适应高质量发展要求，农业基础还不稳固，城乡区域发展和收入分配差距较大，生态环保任重道远，民生保障存在短板，社会治理还有弱项。归结起来，就是发展不平衡发展不充分。发展不平衡，主要是各区域各领域各方面存在失衡现象，制约了整体发展水平提升；发展不充分，主要是我国全面实现社会主义现代化还有相当长的路要走，发展任务仍然很重。推动解决这些问题，要坚持辩证唯物主义和历史唯物主义的世界观、方法论。既然是社会主要矛盾的反映，解决起来就不可能一蹴而就，必须既积极有为又持之以恒努力。要坚持问题导向和目标导向，坚持系统观念，着力固根基、扬优势、补短板、强弱项，推动经济社会全面协调可持续发展。

第二，深刻认识人民对美好生活的向往，增强解决发展不平衡不充分问题的针对性。我国长期所处的短缺经济和供给不足的状况已经发生根本性改变，人民对美好生活的向往总体上已经从“有没有”转向“好不好”，呈现多样化、多层次、多方面的特点，其中有很多需求过去并不是紧迫的问题，现在人民群众要求高了，我们对这些问题的认识和工作水平也要相应提高。我们要坚持在发展中保障和改善民生，解决好人民最关心最直接最现实的利益问题，更好满足人民对美好生活的向往，推动人的全面发展、社会全面进步，努力促进全体人民共同富裕取得更为明显的实质性进展。

第三，深刻认识经济长期向好的基本面，增强解决发展不平衡不充分问题的信心。当前，我国经济面临周期性因素和结构性因素叠加、短期问题和长期问题交织、外部冲击和新冠肺炎疫情冲击碰头等多重影响，可以说困难前所未有。疫情的冲击是一时的、总体上是可控的，外部冲击倒逼我们加快了自主创新步伐，我国经济长期向好的基本面没有改变。党的坚强领导，我国社会主义制度能够集中力量办大事的制度优势，是实现经济行稳致远、社会安定的根本保证。长期以来，我国积累的雄厚物质基础、丰富人力资源、完整产业体系、强大科技实力，以及我国全球最大最有潜力的市场，是我们推动经济发展和抵御外部风险的根本依托。

综合分析国内外形势，当前和今后一个时期，我国发展仍然处于重要战略机遇期，但机遇和挑战都有新的发展变化。战略机遇期这个概念，当时提出来时指的是本世纪头 20 年。在 20 年后的今天，对战略机遇期如何判断，是一个重大问题。过去我们是顺势而上，机遇比较好把握；现在要顶风而上，把握机遇的难度就不一样了。过去大环境相对平稳，风险挑战比较容易看清楚；现在世界形势动荡复杂，地缘政治挑战风高浪急，暗礁和潜流又多，对应变能力提出了更高要求。过去我们发展水平低，同别人的互补性就多一些；现在我们发展水平提高了，同别人的竞争性就多起来了。

我们的判断是危和机并存、危中有机、危可转机，机遇更具有战略性、可塑性，挑战更具有复杂性、全局性，挑战前所未有，应对好了，机遇也就前所未有。这次新冠肺炎疫情防控是转危为安、化危为机的一个典型例子。回想年初疫情刚刚暴发时，情况是多么危急、压力多么巨大。现在大半年过去，我们不仅没有被疫情击倒，反而成为全球抗疫成功的典范，今年我国将是全球唯一恢复经济正增长的主要经济体，我国综合实力和国际影响力反而实现更快跃升。其中的经验和道理，要好好思考和把握。

总之，“十四五”时期是我国实现新的更大发展的关键时期。我们要增强机遇意识、风险意识，准确识变、科学应变、主动求变，勇于开顶风船，善于化危为机，为全面建设社会主义现代化国家开好局、起好步。

坚定不移推进中国式现代化*

（2020 年 10 月 29 日）

我国建设社会主义现代化具有许多重要特征。世界上既不存在定于一尊的现代化模式，也不存在放之四海而皆准的现代化标准。邓小平同志说过：“我们搞的现代化，是中国式的现代化。我们建设的社会主义，是有中国特色的社会主义。”〔1〕我们所推进的现代化，既有各国现代化的共同特征，更有基于国情的中国特色。第一点，我国现代化是人口规模巨大的现代化。我国 14 亿人口要整体迈入现代化社会，其规模超过现有发达国家的总和，将彻底改写现代化的世界版图，在人类历史上是一件有深远影响的大事。第二点，我国现代化是全体人民共同富裕的现代化。共同富裕是中国特色社会主义的本质要求，我国现代化坚持以人民为中心的发展思想，自觉主动解决地区差距、城乡差距、收入分配差距，促进社会公平正义，逐步实现全体人民共同富裕，坚决防止两极分化。第三点，我国现代化是物质文明和精神文明相协调的现代化。我国现代化坚持社会主义核心价值观，加强理想信念教育，弘扬中华优秀传统文化，增强人民精神力量，促进物

* 这是习近平在中共十九届五中全会第二次全体会议上讲话的一部分。

的全面丰富和人的全面发展。第四点，我国现代化是人与自然和谐共生的现代化。我国现代化注重同步推进物质文明建设和生态文明建设，走生产发展、生活富裕、生态良好的文明发展道路，否则资源环境的压力不可承受。第五点，我国现代化是走和平发展道路的现代化。一些老牌资本主义国家走的是暴力掠夺殖民地的道路，是以其他国家落后为代价的现代化。我国现代化强调同世界各国互利共赢，推动构建人类命运共同体，努力为人类和平与发展作出贡献。实践表明，中国式现代化既切合中国实际，体现了社会主义建设规律，也体现了人类社会发展规律。我国要坚定不移推进中国式现代化，以中国式现代化推进中华民族伟大复兴，不断为人类作出新的更大贡献。

注　释

〔**1**〕见邓小平《路子走对了，政策不会变》(《邓小平文选》第3卷，人民出版社1993年版，第29页)。

在全国脱贫攻坚总结表彰大会上的讲话

（2021 年 2 月 25 日）

同志们，朋友们：

今天，我们隆重召开大会，庄严宣告，经过全党全国各族人民共同努力，在迎来中国共产党成立一百周年的重要时刻，我国脱贫攻坚战取得了全面胜利，现行标准下 9899 万农村贫困人口全部脱贫，832 个贫困县全部摘帽，12.8 万个贫困村全部出列，区域性整体贫困得到解决，完成了消除绝对贫困的艰巨任务，创造了又一个彪炳史册的人间奇迹！这是中国人民的伟大光荣，是中国共产党的伟大光荣，是中华民族的伟大光荣！

在这里，我代表党中央，向受到表彰的先进个人和先进集体，表示热烈的祝贺！向为脱贫攻坚作出贡献的各级党政军机关和企事业单位，农村广大基层组织和党员、干部、群众，驻村第一书记和工作队员、志愿者，各民主党派、工商联和无党派人士，人民团体以及社会各界，致以崇高的敬意！向积极参与和支持脱贫攻坚的香港特别行政区同胞、澳门特别行政区同胞、台湾同胞以及海外侨胞，向关心和帮助中国减贫事业的各国政府、国际组织、外国友人，表示衷心的感谢！

同志们、朋友们！

贫困是人类社会的顽疾。反贫困始终是古今中外治国安邦的一件大事。一部中国史，就是一部中华民族同贫困作斗争的历史。从屈原[1]“长太息以掩涕兮，哀民生之多艰”[2]的感慨，到杜甫[3]“安得广厦千万间，大庇天下寒士俱欢颜”[4]的憧憬，再到孙中山“家给人足，四海之内无一夫不获其所”[5]的夙愿，都反映了中华民族对摆脱贫困、丰衣足食的深深渴望。近代以后，由于封建统治的腐朽和西方列强的入侵，中国政局动荡、战乱不已、民不聊生，贫困的梦魇更为严重地困扰着中国人民。摆脱贫困，成了中国人民孜孜以求的梦想，也是实现中华民族伟大复兴中国梦的重要内容。

中国共产党从成立之日起，就坚持把为中国人民谋幸福、为中华民族谋复兴作为初心使命，团结带领中国人民为创造自己的美好生活进行了长期艰辛奋斗。新民主主义革命时期，党团结带领广大农民“打土豪、分田地”，实行“耕者有其田”，帮助穷苦人翻身得解放，赢得了最广大人民广泛支持和拥护，夺取了中国革命胜利，建立了新中国，为摆脱贫困创造了根本政治条件。新中国成立后，党团结带领人民完成社会主义革命，确立社会主义基本制度，推进社会主义建设，组织人民自力更生、发愤图强、重整山河，为摆脱贫困、改善人民生活打下了坚实基础。改革开放以来，党团结带领人民实施了大规模、有计划、有组织的扶贫开发，着力解放和发展社会生产力，着力保障和改善民生，取得了前所未有的伟大成就。

党的十八大以来，党中央鲜明提出，全面建成小康社会最艰巨最繁重的任务在农村特别是在贫困地区，没有农村的小康特别是没有贫困地区的小康，就没有全面建成小康社会；强调贫穷不是社会主义，如果贫困地区长期贫困，面貌长期得不到改变，群众生活水平长期得不到明显提高，那就没有体现我国社会主义制度的优越性，那也不是社会主义，必须时不我待抓好脱贫攻坚工作。2012 年年底，党的十八大召开后不久，党中央就突出强调，“小康不小康，关键看老乡，关键在贫困的老乡能不能脱贫”，承诺“决不能落下一个贫困地区、一个贫困群众”，拉开了新时代脱贫攻坚的序幕。2013 年，党中央提出精准扶贫理念，创新扶贫工作机制。2015 年，党中央召开扶贫开发工作会议，提出实现脱贫攻坚目标的总体要求，实行扶持对象、项目安排、资金使用、措施到户、因村派人、脱贫成效“六个精准”，实行发展生产、易地搬迁、生态补偿、发展教育、社会保障兜底“五个一批”，发出打赢脱贫攻坚战的总攻令。2017 年，党的十九大把精准脱贫作为三大攻坚战〔6〕之一进行全面部署，锚定全面建成小康社会目标，聚力攻克深度贫困堡垒，决战决胜脱贫攻坚。2020 年，为有力应对新冠肺炎疫情和特大洪涝灾情带来的影响，党中央要求全党全国以更大的决心、更强的力度，做好“加试题”、打好收官战，信心百倍向着脱贫攻坚的最后胜利进军。

8 年来，党中央把脱贫攻坚摆在治国理政的突出位置，把脱贫攻坚作为全面建成小康社会的底线任务，组织开展了声势浩大的脱贫攻坚人民战争。党和人民披荆斩棘、栉风沐雨，发扬钉钉子精神，敢于啃硬骨头，攻克了一个又一个贫中之贫、坚中之坚，脱贫攻坚取得了重大历史性成就。

——农村贫困人口全部脱贫，为实现全面建成小康社会目标任务作出了关键性贡献。党的十八大以来，平均每年1000多万人脱贫，相当于一个中等国家的人口脱贫。贫困人口收入水平显著提高，全部实现“两不愁三保障”，脱贫群众不愁吃、不愁穿，义务教育、基本医疗、住房安全有保障，饮水安全也都有了保障。2000多万贫困患者得到分类救治，曾经被病魔困扰的家庭挺起了生活的脊梁。近2000万贫困群众享受低保和特困救助供养，2400多万困难和重度残疾人拿到了生活和护理补贴。110多万贫困群众当上护林员，守护绿水青山，换来了金山银山。无论是雪域高原、戈壁沙漠，还是悬崖绝壁、大石山区，脱贫攻坚的阳光照耀到了每一个角落，无数人的命运因此而改变，无数人的梦想因此而实现，无数人的幸福因此而成就！

——脱贫地区经济社会发展大踏步赶上来，整体面貌发生历史性巨变。贫困地区发展步伐显著加快，经济实力不断增强，基础设施建设突飞猛进，社会事业长足进步，行路难、吃水难、用电难、通信难、上学难、就医难等问题得到历史性解决。义务教育阶段建档立卡贫困家庭辍学学生实现动态清零。具备条件的乡镇和建制村全部通硬化路、通客车、通邮路。新改建农村公路110万公里，新增铁路里程3.5万公里。贫困地区农网供电可靠率达到99%，大电网覆盖范围内贫困村通动力电比例达到100%，贫困村通光纤和4G比例均超过98%。790万户、2568万贫困群众的危房得到改造，累计建成集中安置区3.5万个、安置住房266万套，960多万人“挪穷窝”，摆脱了闭塞和落后，搬入了新家园。许多乡亲告别溜索桥、天堑变成了通途，告别苦咸水、喝上了清洁水，告别四面漏风的泥草屋、住上了宽敞明亮的砖瓦房。千百万贫困家庭的孩子享受到更公平的教育机会，孩子们告别了天天跋山涉水上学，实现了住学校、吃食堂。28个人口较少民族全部整族脱贫，一些新中国成立后“一步跨千年”进入社会主义社会的“直过民族”，又实现了从贫穷落后到全面小康的第二次历史性跨越。所有深度贫困地区的最后堡垒被全部攻克。脱贫地区处处呈现山乡巨变、山河锦绣的时代画卷！

——脱贫群众精神风貌焕然一新，增添了自立自强的信心勇气。脱贫攻坚，取得了物质上的累累硕果，也取得了精神上的累累硕果。广大脱贫群众激发了奋发向上的精气神，社会主义核心价值观得到广泛传播，文明新风得到广泛弘扬，艰苦奋斗、苦干实干、用自己的双手创造幸福生活的精神在广大贫困地区蔚然成风。带领乡亲们历时7年在绝壁上凿出一条通向外界道路的重庆市巫山县竹贤乡下庄村党支部书记毛相林说：“山凿一尺宽一尺，路修一丈长一丈，就算我们这代人穷十年苦十年，也一定要让下辈人过上好日子。”身残志坚的云南省昆明市东川区乌龙镇坪子村芭蕉箐小组村民张顺东说：“我们虽然残疾了，但我们精神上不残，我们还有脑还有手，去想去做。”贫困群众的精神世界在脱贫攻坚中得到充实和升华，信心更坚、脑子更活、心气更足，发生了从内而外的深刻改变！

——党群干群关系明显改善，党在农村的执政基础更加牢固。各级党组织和广大共产党员坚决响应党中央号召，以热血赴使命、以行动践诺言，在脱贫攻坚这个没有硝烟的战场上呕心沥血、建功立业。广大扶贫干部舍小家为大家，同贫困群众结对子、认亲戚，常年加班加点、任劳任怨，困难面前豁得出，关键时候顶得上，把心血和汗水洒遍千山万水、千家万户。他们爬过最高的山，走过最险的路，去过最偏远的村寨，住过最穷的人家，哪里有需要，他们就战斗在哪里。有的村干部说："只要我还干得动，我都永远为村里的老百姓做事！带上我们村的老百姓，过上更美好的生活。""我是一个共产党员，我必须带领群众，拔掉老百姓的穷根。"基层党组织充分发挥战斗堡垒作用，在抓党建促脱贫中得到锻造，凝聚力、战斗力不断增强，基层治理能力明显提升。贫困地区广大群众听党话、感党恩、跟党走，都说"党员带头上、我们跟着干、脱贫有盼头"，"我们爱挂国旗，因为国旗最吉祥"，"吃水不忘挖井人，脱贫不忘共产党"，党群关系、干群关系得到极大巩固和发展！

——创造了减贫治理的中国样本，为全球减贫事业作出了重大贡献。摆脱贫困一直是困扰全球发展和治理的突出难题。改革开放以来，按照现行贫困标准计算，我国7.7亿农村贫困人口摆脱贫困；按照世界银行国际贫困标准，我国减贫人口占同期全球减贫人口70%以上。特别是在全球贫困状况依然严峻、一些国家贫富分化加剧的背景下，我国提前10年实现《联合国2030年可持续发展议程》减贫目标，赢得国际社会广泛赞誉。我们积极开展国际减贫合作，履行减贫国际责任，为发展中国家提供力所能及的帮助，做世界减贫事业的有力推动者。纵览古今、环顾全球，没有哪一个国家能在这么短的时间内实现几亿人脱贫，这个成绩属于中国，也属于世界，为推动构建人类命运共同体贡献了中国力量！

8年来，我先后7次主持召开中央扶贫工作座谈会，50多次调研扶贫工作，走遍14个集中连片特困地区，坚持看真贫，坚持了解真扶贫、扶真贫、脱真贫的实际情况，面对面同贫困群众聊家常、算细账，亲身感受脱贫攻坚带来的巨大变化。我在各地都看到，广大脱贫群众露出了真诚笑脸，这是对脱贫攻坚的最大肯定，是对广大党员、干部倾情付出的最高褒奖，也是对革命先辈和英烈的最好告慰。

同志们、朋友们！

时代造就英雄，伟大来自平凡。在脱贫攻坚工作中，数百万扶贫干部倾力奉献、苦干实干，同贫困群众想在一起、过在一起、干在一起，将最美的年华无私奉献给了脱贫事业，涌现出许多感人肺腑的先进事迹。35年坚守太行山的“新愚公”李保国，献身教育扶贫、点燃大山女孩希望的张桂梅，用实干兑现“水过不去、拿命来铺”誓言的黄大发，回乡奉献、谱写新时代青春之歌的黄文秀，扎根脱贫一线、鞠躬尽瘁的黄诗燕等同志，以及这次受到表彰的先进个人和先进集体，就是他们中的杰出代表。他们有的说：“脱贫攻坚路上有千千万万的人，我真的就是其中一个小小的石子。其实走到最后，走到今天，虽然有苦，还是甜多。”有的说：“不为钱来，不为利往，农民才能信你，才能听你。”有的说：“把论文写在大地上，真正来地里面写，那才叫真本事。”

在脱贫攻坚斗争中，1800多名同志将生命定格在了脱贫攻坚征程上，生动诠释了共产党人的初心使命。脱贫攻坚殉职人员的付出和贡献彪炳史册，党和人民不会忘记！共和国不会忘记！各级党委和政府要关心关爱每一位牺牲者亲属，大力宣传脱贫攻坚英模的感人事迹和崇高精神，激励广大干部群众为全面建设社会主义现代化国家、实现第二个百年奋斗目标而披坚执锐、勇立新功。

同志们、朋友们！

脱贫攻坚取得举世瞩目的成就，靠的是党的坚强领导，靠的是中华民族自力更生、艰苦奋斗的精神品质，靠的是新中国成立以来特别是改革开放以来积累的坚实物质基础，靠的是一任接着一任干的坚守执着，靠的是全党全国各族人民的团结奋斗。我们立足我国国情，把握减贫规律，出台一系列超常规政策举措，构建了一整套行之有效的政策体系、工作体系、制度体系，走出了一条中国特色减贫道路，形成了中国特色反贫困理论。

——坚持党的领导，为脱贫攻坚提供坚强政治和组织保证。我们坚持党中央对脱贫攻坚的集中统一领导，把脱贫攻坚纳入“五位一体”总体布局、“四个全面”战略布局，统筹谋划，强力推进。我们强化中央统筹、省负总责、市县抓落实的工作机制，构建五级书记抓扶贫、全党动员促攻坚的局面。我们执行脱贫攻坚一把手负责制，中西部22个省份党政主要负责同志向中央签署脱贫攻坚责任书、立下“军令状”，脱贫攻坚期内保持贫困县党政正职稳定。我们抓好以村党组织为核心的村级组织配套建设，把基层党组织建设成为带领群众脱贫致富的坚强战斗堡垒。我们集中精锐力量投向脱贫攻坚主战场，全国累计选派25.5万个驻村工作队、300多万名第一书记和驻村干部，同近200万名乡镇干部和数百万村干部一道奋战在扶贫一线，鲜红的党旗始终在脱贫攻坚主战场上高高飘扬。

事实充分证明，中国共产党具有无比坚强的领导力、组织力、执行力，是团结带领人民攻坚克难、开拓前进最可靠的领导力量。只要我们始终不渝坚持党的领导，就一定能够战胜前进道路上的任何艰难险阻，不断满足人民对美好生活的向往！

——坚持以人民为中心的发展思想，坚定不移走共同富裕道路。“治国之道，富民为始。”[7]我们始终坚定人民立场，强调消除贫困、改善民生、实现共同富裕是社会主义的本质要求，是我们党坚持全心全意为人民服务根本宗旨的重要体现，是党和政府的重大责任。我们把群众满意度作为衡量脱贫成效的重要尺度，集中力量解决贫困群众基本民生需求。我们发挥政府投入的主体和主导作用，宁肯少上几个大项目，也优先保障脱贫攻坚资金投入。8年来，中央、省、市县财政专项扶贫资金累计投入近1.6万亿元，其中中央财政累计投入6601亿元。打响脱贫攻坚战以来，土地增减挂指标跨省域调剂和省域内流转资金4400多亿元，扶贫小额信贷累计发放7100多亿元，扶贫再贷款累计发放6688亿元，金融精准扶贫贷款发放9.2万亿元，东部9省市共向扶贫协作地区投入财政援助和社会帮扶资金1005亿多元，东部地区企业赴扶贫协作地区累计投资1万多亿元，等等。我们统筹整合使用财政涉农资金，强化扶贫资金监管，确保把钱用到刀刃上。真金白银的投入，为打赢脱贫攻坚战提供了强大资金保障。

事实充分证明，做好党和国家各项工作，必须把实现好、维护好、发展好最广大人民根本利益作为一切工作的出发点和落脚点，更加自觉地使改革发展成果更多更公平惠及全体人民。只要我们始终坚持以人民为中心的发展思想，一件事情接着一件事情办，一年接着一年干，就一定能够不断推动全体人民共同富裕取得更为明显的实质性进展！

——坚持发挥我国社会主义制度能够集中力量办大事的政治优势，形成脱贫攻坚的共同意志、共同行动。我们广泛动员全党全国各族人民以及社会各方面力量共同向贫困宣战，举国同心，合力攻坚，党政军民学劲往一处使，东西南北中拧成一股绳。我们强化东西部扶贫协作，推动省市县各层面结对帮扶，促进人才、资金、技术向贫困地区流动。我们组织开展定点扶贫，中央和国家机关各部门、民主党派、人民团体、国有企业和人民军队等都积极行动，所有的国家扶贫开发工作重点县都有帮扶单位。各行各业发挥专业优势，开展产业扶贫、科技扶贫、教育扶贫、文化扶贫、健康扶贫、消费扶贫。民营企业、社会组织和公民个人热情参与，“万企帮万村”行动蓬勃开展。我们构建专项扶贫、行业扶贫、社会扶贫互为补充的大扶贫格局，形成跨地区、跨部门、跨单位、全社会共同参与的社会扶贫体系。千千万万的扶贫善举彰显了社会大爱，汇聚起排山倒海的磅礴力量。

事实充分证明，中国共产党领导和我国社会主义制度是抵御风险挑战、聚力攻坚克难的根本保证。只要我们坚持党的领导、坚定走中国特色社会主义道路，就一定能够办成更多像脱贫攻坚这样的大事难事，不断从胜利走向新的胜利！

——坚持精准扶贫方略，用发展的办法消除贫困根源。我们始终强调，脱贫攻坚，贵在精准，重在精准。我们坚持对扶贫对象实行精细化管理、对扶贫资源实行精确化配置、对扶贫对象实行精准化扶持，建立了全国建档立卡信息系统，确保扶贫资源真正用在扶贫对象上、真正用在贫困地区。围绕扶持谁、谁来扶、怎么扶、如何退等问题，我们打出了一套政策组合拳，因村因户因人施策，因贫困原因施策，因贫困类型施策，对症下药、精准滴灌、靶向治疗，真正发挥拔穷根的作用。我们要求下足绣花功夫，扶贫扶到点上、扶到根上、扶到家庭，防止平均数掩盖大多数。我们坚持开发式扶贫方针，坚持把发展作为解决贫困的根本途径，改善发展条件，增强发展能力，实现由“输血式”扶贫向“造血式”帮扶转变，让发展成为消除贫困最有效的办法、创造幸福生活最稳定的途径。我们紧紧扭住教育这个脱贫致富的根本之策，强调再穷不能穷教育、再穷不能穷孩子，不让孩子输在起跑线上，努力让每个孩子都有人生出彩的机会，尽力阻断贫困代际传递。

事实充分证明，精准扶贫是打赢脱贫攻坚战的制胜法宝，开发式扶贫方针是中国特色减贫道路的鲜明特征。只要我们坚持精准的科学方法、落实精准的工作要求，坚持用发展的办法解决发展不平衡不充分问题，就一定能够为经济社会发展和民生改善提供科学路径和持久动力！

——坚持调动广大贫困群众积极性、主动性、创造性，激发脱贫内生动力。“志之难也，不在胜人，在自胜。”[8]脱贫必须摆脱思想意识上的贫困。我们注重把人民群众对美好生活的向往转化成脱贫攻坚的强大动能，实行扶贫和扶志扶智相结合，既富口袋也富脑袋，引导贫困群众依靠勤劳双手和顽强意志摆脱贫困、改变命运。我们引导贫困群众树立“宁愿苦干、不愿苦熬”的观念，鼓足“只要有信心，黄土变成金”的干劲，增强“弱鸟先飞、滴水穿石”的韧性，让他们心热起来、行动起来。脱贫群众说：“现在国家政策好了，只要我们不等待、不观望，发扬‘让我来’的精神，一定能过上好日子。”“生活改变了我，我也改变了生活。”

事实充分证明，人民是真正的英雄，激励人民群众自力更生、艰苦奋斗的内生动力，对人民群众创造自己的美好生活至关重要。只要我们始终坚持为了人民、依靠人民，尊重人民群众主体地位和首创精神，把人民群众中蕴藏着的智慧和力量充分激发出来，就一定能够不断创造出更多令人刮目相看的人间奇迹！

——坚持弘扬和衷共济、团结互助美德，营造全社会扶危济困的浓厚氛围。我们推动全社会践行社会主义核心价值观，传承中华民族守望相助、和衷共济、扶贫济困的传统美德，引导社会各界关爱贫困群众、关心减贫事业、投身脱贫行动。我们完善社会动员机制，搭建社会参与平台，创新社会帮扶方式，形成了人人愿为、人人可为、人人能为的社会帮扶格局。

事实充分证明，社会主义核心价值观、中华优秀传统文化是凝聚人心、汇聚民力的强大力量。只要我们坚定道德追求，不断激发全社会向上向善的正能量，就一定能够为中华民族乘风破浪、阔步前行提供不竭的精神力量！

——坚持求真务实、较真碰硬，做到真扶贫、扶真贫、脱真贫。我们把全面从严治党要求贯穿脱贫攻坚全过程和各环节，拿出抓铁有痕、踏石留印的劲头，把脱贫攻坚一抓到底。我们突出实的导向、严的规矩，不搞花拳绣腿，不搞繁文缛节，不做表面文章，坚决反对大而化之、撒胡椒面，坚决反对搞不符合实际的“面子工程”，坚决反对形式主义、官僚主义，把一切工作都落实到为贫困群众解决实际问题上。我们实行最严格的考核评估，开展扶贫领域腐败和作风问题专项治理，建立全方位监督体系，真正让脱贫成效经得起历史和人民检验。

事实充分证明，一分部署，九分落实，真抓实干、埋头苦干保证了脱贫攻坚战打得赢、打得好。只要我们坚持实干兴邦、实干惠民，就一定能够把全面建设社会主义现代化国家的宏伟蓝图一步步变成现实！

这些重要经验和认识，是我国脱贫攻坚的理论结晶，是马克思主义反贫困理论中国化最新成果，必须长期坚持并不断发展。

同志们、朋友们！

伟大事业孕育伟大精神，伟大精神引领伟大事业。脱贫攻坚伟大斗争，锻造形成了“上下同心、尽锐出战、精准务实、开拓创新、攻坚克难、不负人民”的脱贫攻坚精神。脱贫攻坚精神，是中国共产党性质宗旨、中国人民意志品质、中华民族精神的生动写照，是爱国主义、集体主义、社会主义思想的集中体现，是中国精神、中国价值、中国力量的充分彰显，赓续传承了伟大民族精神和时代精神。全党全国全社会都要大力弘扬脱贫攻坚精神，团结一心，英勇奋斗，坚决战胜前进道路上的一切困难和风险，不断夺取坚持和发展中国特色社会主义新的更大的胜利！

同志们、朋友们！

脱贫攻坚战的全面胜利，标志着我们党在团结带领人民创造美好生活、实现共同富裕的道路上迈出了坚实的一大步。同时，脱贫摘帽不是终点，而是新生活、新奋斗的起点。解决发展不平衡不充分问题、缩小城乡区域发展差距、实现人的全面发展和全体人民共同富裕仍然任重道远。我们没有任何理由骄傲自满、松劲歇脚，必须乘势而上、再接再厉、接续奋斗。

“胜非其难也，持之者其难也。”[9]我们要切实做好巩固拓展脱贫攻坚成果同乡村振兴有效衔接各项工作，让脱贫基础更加稳固、成效更可持续。对易返贫致贫人口要加强监测，做到早发现、早干预、早帮扶。对脱贫地区产业要长期培育和支持，促进内生可持续发展。对易地扶贫搬迁群众要搞好后续扶持，多渠道促进就业，强化社会管理，促进社会融入。对脱贫县要扶上马送一程，设立过渡期，保持主要帮扶政策总体稳定。要坚持和完善驻村第一书记和工作队、东西部协作、对口支援、社会帮扶等制度，并根据形势和任务变化进行完善。党中央决定，适时组织开展巩固脱贫成果后评估工作，压紧压实各级党委和政府巩固脱贫攻坚成果责任，坚决守住不发生规模性返贫的底线。

乡村振兴是实现中华民族伟大复兴的一项重大任务。要围绕立足新发展阶段、贯彻新发展理念、构建新发展格局带来的新形势、提出的新要求，坚持把解决好“三农”问题作为全党工作重中之重，坚持农业农村优先发展，走中国特色社会主义乡村振兴道路，持续缩小城乡区域发展差距，让低收入人口和欠发达地区共享发展成果，在现代化进程中不掉队、赶上来。全面实施乡村振兴战略的深度、广度、难度都不亚于脱贫攻坚，要完善政策体系、工作体系、制度体系，以更有力的举措、汇聚更强大的力量，加快农业农村现代化步伐，促进农业高质高效、乡村宜居宜业、农民富裕富足。

在全面建设社会主义现代化国家新征程中，我们必须把促进全体人民共同富裕摆在更加重要的位置，脚踏实地、久久为功，向着这个目标更加积极有为地进行努力，促进人的全面发展和社会全面进步，让广大人民群众获得感、幸福感、安全感更加充实、更有保障、更可持续。

同志们、朋友们！

回首过去，我们在解决困扰中华民族几千年的绝对贫困问题上取得了伟大历史性成就，创造了人类减贫史上的奇迹。展望未来，我们正在为全面建设社会主义现代化国家的历史宏愿而奋斗。征途漫漫，惟有奋斗。全党全国各族人民要更加紧密地团结在党中央周围，坚定信心决心，以永不懈怠的精神状态、一往无前的奋斗姿态，真抓实干、埋头苦干，向着实现第二个百年奋斗目标奋勇前进！

注　　释

〔**1**〕屈原（约前 339—约前 278），战国时期楚国诗人、政治家。

〔**2**〕见战国时期屈原《离骚》。

〔**3**〕杜甫（712—770），生于巩县（今河南巩义市）。唐代诗人。

〔**4**〕见唐代杜甫《茅屋为秋风所破歌》。

〔**5**〕见孙中山《军政府宣言》（《孙中山选集》上册，人民出版社 2011 年版，第 82 页）。

〔**6**〕三大攻坚战，指防范化解重大风险、精准脱贫、污染防治攻坚战。

〔**7**〕见西汉司马迁《史记·平津侯主父列传》。

〔**8**〕见《韩非子·喻老》。

〔**9**〕见《淮南子·道应训》。

扎实推动共同富裕*

（2021年8月17日）

改革开放后，我们党深刻总结正反两方面历史经验，认识到贫穷不是社会主义，打破传统体制束缚，允许一部分人、一部分地区先富起来，推动解放和发展社会生产力。

党的十八大以来，党中央把握发展阶段新变化，把逐步实现全体人民共同富裕摆在更加重要的位置上，推动区域协调发展，采取有力措施保障和改善民生，打赢脱贫攻坚战，全面建成小康社会，为促进共同富裕创造了良好条件。现在，已经到了扎实推动共同富裕的历史阶段。

现在，我们正在向第二个百年奋斗目标迈进。适应我国社会主要矛盾的变化，更好满足人民日益增长的美好生活需要，必须把促进全体人民共同富裕作为为人民谋幸福的着力点，不断夯实党长期执政基础。高质量发展需要高素质劳动者，只有促进共同富裕，提高城乡居民收入，提升人力资本，才能提高全要素生产率，夯实高质量发展的动力基础。当前，全球收入不平等问题突出，一些国家贫富分化，中产阶层塌陷，导致社会撕裂、政治极化、民粹主义泛滥，教训十分深

---

* 这是习近平在中央财经委员会第十次会议上讲话的一部分。

刻！我国必须坚决防止两极分化，促进共同富裕，实现社会和谐安定。

同时，必须清醒认识到，我国发展不平衡不充分问题仍然突出，城乡区域发展和收入分配差距较大。新一轮科技革命和产业变革有力推动了经济发展，也对就业和收入分配带来深刻影响，包括一些负面影响，需要有效应对和解决。

共同富裕是社会主义的本质要求，是中国式现代化的重要特征。我们说的共同富裕是全体人民共同富裕，是人民群众物质生活和精神生活都富裕，不是少数人的富裕，也不是整齐划一的平均主义。

要深入研究不同阶段的目标，分阶段促进共同富裕：到“十四五”末，全体人民共同富裕迈出坚实步伐，居民收入和实际消费水平差距逐步缩小。到2035年，全体人民共同富裕取得更为明显的实质性进展，基本公共服务实现均等化。到本世纪中叶，全体人民共同富裕基本实现，居民收入和实际消费水平差距缩小到合理区间。要抓紧制定促进共同富裕行动纲要，提出科学可行、符合国情的指标体系和考核评估办法。

促进共同富裕，要把握好以下原则。

——鼓励勤劳创新致富。幸福生活都是奋斗出来的，共同富裕要靠勤劳智慧来创造。要坚持在发展中保障和改善民生，把推动高质量发展放在首位，为人民提高受教育程度、增强发展能力创造更加普惠公平的条件，提升全社会人力资本和专业技能，提高就业创业能力，增强致富本领。要防止社会阶层固化，畅通向上流动通道，给更多人创造致富机会，形成人人参与的发展环境，避免“内卷”、“躺平”。

——坚持基本经济制度。要立足社会主义初级阶段，坚持“两个毫不动摇”[1]。要坚持公有制为主体、多种所有制经济共同发展，大力发挥公有制经济在促进共同富裕中的重要作用，同时要促进非公有制经济健康发展、非公有制经济人士健康成长。要允许一部分人先富起来，同时要强调先富带后富、帮后富，重点鼓励辛勤劳动、合法经营、敢于创业的致富带头人。靠偏门致富不能提倡，违法违规的要依法处理。

——尽力而为量力而行。要建立科学的公共政策体系，把蛋糕分好，形成人人享有的合理分配格局。要以更大的力度、更实的举措让人民群众有更多获得感。同时，也要看到，我国发展水平离发达国家还有很大差距。要统筹需要和可能，把保障和改善民生建立在经济发展和财力可持续的基础之上，不要好高骛远，吊高胃口，作兑现不了的承诺。政府不能什么都包，重点是加强基础性、普惠性、兜底性民生保障建设。即使将来发展水平更高、财力更雄厚了，也不能提过高的目标，搞过头的保障，坚决防止落入“福利主义”养懒汉的陷阱。

——坚持循序渐进。共同富裕是一个长远目标，需要一个过程，不可能一蹴而就，对其长期性、艰巨性、复杂性要有充分估计，办好这件事，等不得，也急不得。一些发达国家工业化搞了几百年，但由于社会制度原因，到现在共同富裕问题仍未解决，贫富悬殊问题反而越来越严重。我们要有耐心，实打实地一件事一件事办好，提高实效。要抓好浙江共同富裕示范区建设，鼓励各地因地制宜探索有效路径，总结经验，逐步推开。

总的思路是，坚持以人民为中心的发展思想，在高质量发展中促进共同富裕，正确处理效率和公平的关系，构建初次分配、再分配、三次分配协调配套的基础性制度安排，加大税收、社保、转移支付等调节力度并提高精准性，扩大中等收入群体比重，增加低收入群体收入，合理调节高收入，取缔非法收入，形成中间大、两头小的橄榄型分配结构，促进社会公平正义，促进人的全面发展，使全体人民朝着共同富裕目标扎实迈进。

第一，提高发展的平衡性、协调性、包容性。要加快完善社会主义市场经济体制，推动发展更平衡、更协调、更包容。要增强区域发展的平衡性，实施区域重大战略和区域协调发展战略，健全转移支付制度，缩小区域人均财政支出差异，加大对欠发达地区的支持力度。要强化行业发展的协调性，加快垄断行业改革，推动金融、房地产同实体经济协调发展。要支持中小企业发展，构建大中小企业相互依存、相互促进的企业发展生态。

第二，着力扩大中等收入群体规模。要抓住重点、精准施策，推动更多低收入人群迈入中等收入行列。高校毕业生是有望进入中等收入群体的重要方面，要提高高等教育质量，做到学有专长、学有所用，帮助他们尽快适应社会发展需要。技术工人也是中等收入群体的重要组成部分，要加大技能人才培养力度，提高技术工人工资待遇，吸引更多高素质人才加入技术工人队伍。中小企业主和个体工商户是创业致富的重要群体，要改善营商环境，减轻税费负担，提供更多市场化的金融服务，帮助他们稳定经营、持续增收。进城农民工是中等收入群体的重要来源，要深化户籍制度改革，解决好农业转移人口随迁子女教育等问题，让他们安心进城，稳定就业。要适当提高公务员特别是基层一线公务员及国有企事业单位基层职工工资待遇。要增加城乡居民住房、农村土地、金融资产等各类财产性收入。

第三，促进基本公共服务均等化。低收入群体是促进共同富裕的重点帮扶保障人群。要加大普惠性人力资本投入，有效减轻困难家庭教育负担，提高低收入群众子女受教育水平。要完善养老和医疗保障体系，逐步缩小职工与居民、城市与农村的筹资和保障待遇差距，逐步提高城乡居民基本养老金水平。要完善兜底救助体系，加快缩小社会救助的城乡标准差异，逐步提高城乡最低生活保障水平，兜住基本生活底线。要完善住房供应和保障体系，坚持房子是用来住的、不是用来炒的定位，租购并举，因城施策，完善长租房政策，扩大保障性租赁住房供给，重点解决好新市民住房问题。

第四，加强对高收入的规范和调节。在依法保护合法收入的同时，要防止两极分化、消除分配不公。要合理调节过高收入，完善个人所得税制度，规范资本性所得管理。要积极稳妥推进房地产税立法和改革，做好试点工作。要加大消费环节税收调节力度，研究扩大消费税征收范围。要加强公益慈善事业规范管理，完善税收优惠政策，鼓励高收入人群和企业更多回报社会。要清理规范不合理收入，加大对垄断行业和国有企业的收入分配管理，整顿收入分配秩序，清理借改革之名变相增加高管收入等分配乱象。要坚决取缔非法收入，坚决遏制权钱交易，坚决打击内幕交易、操纵股市、财务造假、偷税漏税等获取非法收入行为。

经过多年探索，我们对解决贫困问题有了完整的办法，但在如何致富问题上还要探索积累经验。要保护产权和知识产权，保护合法致富。要坚决反对资本无序扩张，对敏感领域准入划出负面清单，加强反垄断监管。同时，也要调动企业家积极性，促进各类资本规范健康发展。

第五，促进人民精神生活共同富裕。促进共同富裕与促进人的全面发展是高度统一的。要强化社会主义核心价值观引领，加强爱国主义、集体主义、社会主义教育，发展公共文化事业，完善公共文化服务体系，不断满足人民群众多样化、多层次、多方面的精神文化需求。要加强促进共同富裕舆论引导，澄清各种模糊认识，防止急于求成和畏难情绪，为促进共同富裕提供良好舆论环境。

第六，促进农民农村共同富裕。促进共同富裕，最艰巨最繁重的任务仍然在农村。农村共同富裕工作要抓紧，但不宜像脱贫攻坚那样提出统一的量化指标。要巩固拓展脱贫攻坚成果，对易返贫致贫人口要加强监测、及早干预，对脱贫县要扶上马送一程，确保不发生规模性返贫和新的致贫。要全面推进乡村振兴，加快农业产业化，盘活农村资产，增加农民财产性收入，使更多农村居民勤劳致富。要加强农村基础设施和公共服务体系建设，改善农村人居环境。

我总的认为，像全面建成小康社会一样，全体人民共同富裕是一个总体概念，是对全社会而言的，不要分成城市一块、农村一块，或者东部、中部、西部地区各一块，各提各的指标，要从全局上来看。我们要实现 14 亿人共同富裕，必须脚踏实地、久久为功，不是所有人都同时富裕，也不是所有地区同时达到一个富裕水准，不同人群不仅实现富裕的程度有高有低，时间上也会有先有后，不同地区富裕程度还会存在一定差异，不可能齐头并进。这是一个在动态中向前发展的过程，要持续推动，不断取得成效。

注　　释

〔**1**〕“两个毫不动摇”，指毫不动摇巩固和发展公有制经济，毫不动摇鼓励、支持、引导非公有制经济发展。

七、把握新发展阶段，贯彻新发展理念，构建新发展格局

中华民族伟大复兴历史进程的大跨越*

（2020年10月29日）

进入新发展阶段，是中华民族伟大复兴历史进程的大跨越。我说过，实现中华民族伟大复兴，是近代以来中国人民最伟大的梦想。近代以来，在外国列强入侵和封建腐朽统治下，我国错失了工业革命的机遇，大幅落后于时代，中华民族也遭受了前所未有的苦难。鸦片战争之后，中国人民和无数仁人志士不屈不挠，苦苦寻求中国现代化之路。孙中山先生的《建国方略》被称为近代中国谋求现代化的第一份蓝图，但在半殖民地半封建社会的条件下，中国现代化没有也不可能取得成功。

中国共产党建立近百年来，团结带领中国人民所进行的一切奋斗，就是为了把我国建设成为现代化强国，实现中华民族伟大复兴。新中国成立以后，我们党孜孜以求，带领人民对中国现代化建设进行了艰辛探索。1954年，周恩来同志在第一届全国人民代表大会上所作的《政府工作报告》中就

---

* 这是习近平在中共十九届五中全会第二次全体会议上讲话的一部分。

明确指出:“如果我们不建设起强大的现代化的工业、现代化的农业、现代化的交通运输业和现代化的国防,我们就不能摆脱落后和贫困,我们的革命就不能达到目的。”1956年,毛泽东同志提出:“我国人民应该有一个远大的规划,要在几十年内,努力改变我国在经济上和科学文化上的落后状况,迅速达到世界上的先进水平。”[1]他还警示,如果搞得不好就会被开除“球籍”。1964年12月,周恩来同志在第三届全国人民代表大会上所作的《政府工作报告》中再次提出:“从第三个五年计划开始,我国的国民经济发展,可以按两步来考虑:第一步,建立一个独立的比较完整的工业体系和国民经济体系;第二步,全面实现农业、工业、国防和科学技术的现代化,使我国经济走在世界的前列。”由于后来发生了“文化大革命”,当时提出的四个现代化建设没有完全展开。尽管如此,从1949年到1978年,我们党领导人民在旧中国一穷二白的基础上建立起独立的比较完整的工业体系和国民经济体系,有效维护了国家主权和安全,我国社会主义建设事业迈出了坚实步伐。

改革开放以后,邓小平同志提出“三步走”战略,即到上世纪80年代末解决人民温饱问题,到上世纪末使人民生活达到小康水平,到21世纪中叶基本实现现代化,达到中等发达国家水平。进入新世纪,在人民生活总体上达到小康水平之后,我们党又提出,到建党一百年时全面建成惠及十几亿人口的更高水平的小康社会,然后再奋斗30年,到新中国成立一百年时,基本实现现代化,把我国建成社会主义现代化国家。

党的十八大以来，中国特色社会主义进入新时代，中华民族迎来了从站起来、富起来到强起来的伟大飞跃。党的十九大站在新的更高的历史起点上，对实现第二个百年奋斗目标作出分两个阶段推进的战略安排，提出到2035年基本实现社会主义现代化，到本世纪中叶把我国建成富强民主文明和谐美丽的社会主义现代化强国。

从第一个五年计划到第十四个五年规划，一以贯之的主题是把我国建设成为社会主义现代化国家。我们走过弯路，也遭遇过一些意想不到的困难和挫折，但建设社会主义现代化国家的意志和决心始终没有动摇。在这个过程中，我们党对建设社会主义现代化国家在认识上不断深入、在战略上不断成熟、在实践上不断丰富，加速了我国现代化发展进程，为新发展阶段全面建设社会主义现代化国家奠定了实践基础、理论基础、制度基础。

注　　释

〔**1**〕见毛泽东《社会主义革命的目的是解放生产力》（《毛泽东文集》第7卷，人民出版社1999年版，第2页）。

构建新发展格局、重塑新竞争优势*

（2020 年 10 月 29 日）

着力构建新发展格局

构建以国内大循环为主体、国内国际双循环相互促进的新发展格局，是根据我国发展阶段、环境、条件变化，特别是基于我国比较优势变化，审时度势作出的重大决策。构建新发展格局是事关全局的系统性、深层次变革，是立足当前、着眼长远的战略谋划。我们要从全局和战略的高度准确把握加快构建新发展格局的战略构想。

从根本上说，构建新发展格局是适应我国发展新阶段要求、塑造国际合作和竞争新优势的必然选择。改革开放前，我国经济以国内循环为主，进出口占国民经济的比重很小。改革开放后，我们打开国门，扩大对外贸易和吸引外资。特别是 2001 年加入世贸组织后，我国深度参与国际分工，融入国际大循环，形成市场和资源“两头在外”的发展格局，对

* 这是习近平在中共十九届五中全会第二次全体会议上讲话的一部分。

我们抓住经济全球化机遇快速提升经济实力、改善人民生活发挥了重要作用。

2008 年国际金融危机是我国发展格局演变的一个重要分水岭。面对严重的外部危机冲击，我们把扩大内需作为保持经济平稳较快发展的基本立足点，推动经济发展向内需主导转变，国内循环在我国经济中的作用开始显著上升。党的十八大以来，我们坚持实施扩大内需战略，使发展更多依靠内需特别是消费需求拉动。我国对外贸易依存度从 2006 年峰值的 67% 下降到 2019 年的近 32%，经常项目顺差占国内生产总值比重由最高时的 10% 以上降至目前的 1% 左右，内需对经济增长的贡献率有 7 个年份超过 100%。我们提出构建新发展格局，是对我国客观经济规律和发展趋势的自觉把握，是有实践基础的。

未来一个时期，我国国内市场主导经济循环的特征会更加明显，经济增长的内需潜力会不断释放。从需求看，我国拥有 14 亿人口，其中有 4 亿多中等收入人群，我国商品零售额即将超过美国，位居世界首位，今后还有稳步增长空间。从供给看，我国基于国内大市场形成的强大生产能力，能够促进全球要素资源整合创新，使规模效应和集聚效应最大化发挥。只要顺势而为、精准施策，我们完全有条件构建新发展格局、重塑新竞争优势。

第一，构建新发展格局是把握发展主动权的先手棋，不是被迫之举和权宜之计。从国际比较看，大国经济的特征都是内需为主导、内部可循环。我国作为全球第二大经济体和制造业第一大国，国内经济循环同国际经济循环的关系客观上早有调整的要求。这是我们提出构建新发展格局的首要考虑。在当前国际形势充满不稳定性不确定性的背景下，立足国内、依托国内大市场优势，充分挖掘内需潜力，有利于化解外部冲击和外需下降带来的影响，也有利于在极端情况下保证我国经济基本正常运行和社会大局总体稳定。

第二，构建新发展格局是开放的国内国际双循环，不是封闭的国内单循环。我国经济已经深度融入世界经济，同全球很多国家的产业关联和相互依赖程度都比较高，内外需市场本身是相互依存、相互促进的。以国内大循环为主体，绝不是关起门来封闭运行，而是通过发挥内需潜力，使国内市场和国际市场更好联通，以国内大循环吸引全球资源要素，更好利用国内国际两个市场两种资源，提高在全球配置资源能力，更好争取开放发展中的战略主动。我国开放的大门不会关闭，只会越开越大。要科学认识国内大循环和国内国际双循环的关系，主动作为、善于作为，建设更高水平开放型经济新体制，实施更大范围、更宽领域、更深层次的对外开放。

第三，构建新发展格局是以全国统一大市场基础上的国内大循环为主体，不是各地都搞自我小循环。党中央作出构建新发展格局的战略安排，提出以国内大循环为主体，是针对全国而言的，不是要求各地都搞省内、市内、县内的自我小循环。各地区要找准自己在国内大循环和国内国际双循环中的位置和比较优势，把构建新发展格局同实施区域重大战略、区域协调发展战略、主体功能区战略、建设自由贸易试验区等有机衔接起来，打造改革开放新高地，不能搞“小而全”，更不能以“内循环”的名义搞地区封锁。有条件的地区可以率先探索有利于促进全国构建新发展格局的有效路径，发挥引领和带动作用。

构建新发展格局必须坚定不移贯彻新发展理念。我们提出新发展理念已有5年，各方面已形成高度共识，实践也在不断深化。贯彻新发展理念，必然要求构建新发展格局，这是历史逻辑和现实逻辑共同作用使然。要坚持系统观念，加强对各领域发展的前瞻性思考、全局性谋划、战略性布局、整体性推进，加强政策协调配合，使发展的各方面相互促进，把贯彻新发展理念的实践不断引向深入。

构建新发展格局要把握好几个重要着力点

构建新发展格局是一个系统工程，既要“操其要于上”，加强战略谋划和顶层设计，也要“分其详于下”，[1]把握工作着力点。

一是要加快培育完整内需体系。这是畅通国民经济循环、增强国内大循环主体地位的重要基础。经济活动是一个动态的周而复始的循环过程。要推进深层次改革和强化政策引导，着力打通制约经济循环的关键堵点。要以满足国内需求为基本立足点，把实施扩大内需战略同深化供给侧结构性改革有机结合起来，着力提升供给体系对国内需求的适配性，形成需求牵引供给、供给创造需求的更高水平动态平衡。要加强现代流通体系建设，完善硬件和软件、渠道和平台，夯实国内国际双循环的重要基础。

二是要加快科技自立自强。这是确保国内大循环畅通、塑造我国在国际大循环中新优势的关键。要增强责任感和危机感，丢掉幻想，正视现实，打好关键核心技术攻坚战，加快攻克重要领域“卡脖子”技术。要充分激发人才创新活力，全方位培养、引进、用好人才，造就更多国际一流的科技领军人才和创新团队，培养具有国际竞争力的青年科技人才后备军。要为科学家和留学生回国从事研究开发、学习、工作和生活提供良好环境和服务保障，让他们人尽其才、才尽其用、为国效力。

三是要推动产业链供应链优化升级。这是稳固国内大循环主体地位、增强在国际大循环中带动能力的迫切需要。制造业是我国经济命脉所系，是立国之本、强国之基。这次抗击新冠肺炎疫情，我国完备的制造业体系发挥了至关重要的支撑作用，再次证明制造业对国家特别是大国发展和安全的重要意义。要把增强产业链韧性和竞争力放在更加重要的位置，着力构建自主可控、安全高效的产业链供应链。要对重点行业产业链供应链进行系统梳理，摸清薄弱环节、找准风险点，分行业做好战略设计和精准施策，加快补齐产业链供应链短板，逐步在关系国家安全的领域和节点实现自主可控。要采取有力措施提高企业根植性，促进产业在国内有序转移，即使向外转移也要想方设法把产业链关键环节留在国内。

四是要推进农业农村现代化。城乡经济循环是国内大循环的重要方面，也是确保国内国际两个循环比例关系健康的关键因素。实现农业农村现代化是全面建设社会主义现代化国家的重大任务，是解决发展不平衡不充分问题的必然要求。

要坚持把解决好“三农”问题作为全党工作重中之重，全面实施乡村振兴战略。要实现巩固拓展脱贫攻坚成果同乡村振兴有效衔接，接续推动脱贫摘帽地区乡村全面振兴，促进经济社会发展和群众生活改善。保障粮食等重要农产品供给安全，是“三农”工作头等大事。在粮食安全问题上千万不可掉以轻心。要确保谷物基本自给、口粮绝对安全，确保中国人的饭碗牢牢端在自己手中。要坚持推动农业供给侧结构性改革，优化农业生产结构，优化农业生产区域布局，加强粮食生产功能区、重要农产品生产保护区和特色农产品优势区建设。

五是要提高人民生活品质。这是畅通国内大循环的出发点和落脚点，也是国内国际双循环相互促进的关键联结点。适应人民群众需求变化，努力办好各项民生事业，让老百姓的日子越过越好，是社会主义生产的根本目的。优化分配结构，发展壮大中等收入群体，有利于增强高质量发展的内生动力，是畅通国民经济循环的一个关键环节。要坚持按劳分配为主体、多种分配方式并存，提高劳动报酬在初次分配中的比重，健全工资合理增长机制，探索通过土地、资本等要素使用权、收益权增加中低收入群体要素收入，切实保障劳动者待遇和权益，不断壮大中等收入群体。要坚持问题导向，多谋民生之利、多解民生之忧，坚持尽力而为、量力而行，加快补齐短板弱项，扎实推动共同富裕，不断增强人民群众获得感、幸福感、安全感。

六是要牢牢守住安全发展这条底线。这是构建新发展格局的重要前提和保障，也是畅通国内大循环的题中应有之义。

这次中央全会对统筹发展和安全作出战略部署，对在复杂环境下更好推进我国经济社会发展具有重大指导意义。要坚持总体国家安全观，坚持国家利益至上，以人民安全为宗旨，以政治安全为根本，加强国家安全体系和能力建设。要把握好开放和安全的关系，织密织牢开放安全网，增强在对外开放环境中动态维护国家安全的本领。要把保护人民生命安全摆在首位，全面提高公共安全保障能力，促进人民安居乐业、社会安定有序、国家长治久安。

注　　释

〔**1**〕见南宋陈亮《论执要之道》。

准确把握新发展阶段*

（2021年1月11日）

正确认识党和人民事业所处的历史方位和发展阶段，是我们党明确阶段性中心任务、制定路线方针政策的根本依据，也是我们党领导革命、建设、改革不断取得胜利的重要经验。

新民主主义革命时期，我们党经过艰辛探索，逐步认识到中国革命必须经过新民主主义革命这个历史阶段，在此基础上提出了中国革命的任务和战略策略，领导人民取得中国革命胜利。新中国成立之初，我们党深刻认识到，从新民主主义社会进入社会主义社会需要经历一个过渡阶段，由此形成了党在过渡时期的总路线，胜利完成了社会主义革命任务，进入了社会主义建设阶段。改革开放以后，我们党深刻总结世界社会主义特别是我国社会主义建设正反两方面经验，作出我国正处于并将长期处于社会主义初级阶段的重大判断，并据此提出了党的基本路线，开辟了改革开放和社会主义现代化建设的崭新局面。党的十八大以来，我们在前人长期奋斗的基础上统筹推进“五位一体”总体布局、协调推进“四

---

* 这是习近平在省部级主要领导干部学习贯彻党的十九届五中全会精神专题研讨班上讲话的一部分。

个全面”战略布局，推动党和国家事业取得历史性成就、发生历史性变革，推动中国特色社会主义进入了新时代。

党的十九届五中全会提出，全面建成小康社会、实现第一个百年奋斗目标之后，我们要乘势而上开启全面建设社会主义现代化国家新征程、向第二个百年奋斗目标进军，这标志着我国进入了一个新发展阶段。作出这样的战略判断，有着深刻的依据。

就理论依据而言，马克思主义是远大理想和现实目标相结合、历史必然性和发展阶段性相统一的统一论者，坚信人类社会必然走向共产主义，但实现这一崇高目标必然经历若干历史阶段。我们党在运用马克思主义基本原理解决中国实际问题的实践中逐步认识到，发展社会主义不仅是一个长期历史过程，而且是需要划分为不同历史阶段的过程。1959 年底至 1960 年初，毛泽东同志在读苏联《政治经济学教科书》时就提出：“社会主义这个阶段，又可能分为两个阶段，第一个阶段是不发达的社会主义，第二个阶段是比较发达的社会主义。后一阶段可能比前一阶段需要更长的时间。”[1] 1987 年，邓小平同志讲：“社会主义本身是共产主义的初级阶段，而我们中国又处在社会主义的初级阶段，就是不发达的阶段。一切都要从这个实际出发，根据这个实际来制订规划。”[2] 今天我们所处的新发展阶段，就是社会主义初级阶段中的一个阶段，同时是其中经过几十年积累、站到了新的起点上的一个阶段。

从历史依据来看，新发展阶段是我们党带领人民迎来从站起来、富起来到强起来历史性跨越的新阶段。我们党成立后，团结带领人民经过28年浴血奋战和顽强奋斗，建立了中华人民共和国，实现了从新民主主义革命到社会主义革命的历史性跨越。新中国成立后，我们党团结带领人民创造性完成社会主义改造，确立社会主义基本制度，大规模开展社会主义经济文化建设，中国人民不仅站起来了，而且站住了、站稳了，实现了从社会主义革命到社会主义建设的历史性跨越。进入历史新时期，我们党带领人民进行改革开放新的伟大革命，极大激发广大人民群众的积极性、主动性、创造性，成功开辟了中国特色社会主义道路，使中国大踏步赶上时代，实现了社会主义现代化进程中新的历史性跨越，迎来了中华民族伟大复兴的光明前景。今天，我们正在此前发展的基础上续写全面建设社会主义现代化国家新的历史。

就现实依据来讲，我们已经拥有开启新征程、实现新的更高目标的雄厚物质基础。经过新中国成立以来特别是改革开放40多年的不懈奋斗，到“十三五”规划收官之时，我国经济实力、科技实力、综合国力和人民生活水平跃上了新的大台阶，成为世界第二大经济体、第一大工业国、第一大货物贸易国、第一大外汇储备国，国内生产总值超过100万亿元，人均国内生产总值超过1万美元，城镇化率超过60%，中等收入群体超过4亿人。特别是全面建成小康社会取得伟大历史成果，解决困扰中华民族几千年的绝对贫困问题取得历史性成就。这在我国社会主义现代化建设进程中具有里程碑意义，为我国进入新发展阶段、朝着第二个百年奋斗目标进军奠定了坚实基础。

新中国成立不久，我们党就提出建设社会主义现代化国家的目标，经过 13 个五年规划（计划），我们已经为实现这个目标奠定了坚实基础，未来 30 年将是我们完成这个历史宏愿的新发展阶段。我们已经明确了未来发展的路线图和时间表。这就是，到 2035 年，用 3 个五年规划期，基本实现社会主义现代化。然后，再用 3 个五年规划期，到本世纪中叶，把我国建成富强民主文明和谐美丽的社会主义现代化强国。

当今世界正经历百年未有之大变局。最近一段时间以来，世界最主要的特点就是一个“乱”字，而这个趋势看来会延续下去。这次应对新冠肺炎疫情全球大流行，各国的领导力和制度优越性如何，高下立判。时与势在我们一边，这是我们定力和底气所在，也是我们的决心和信心所在。

同时，我们必须清醒看到，当前和今后一个时期，虽然我国发展仍然处于重要战略机遇期，但机遇和挑战都有新的发展变化，机遇和挑战之大都前所未有，总体上机遇大于挑战。古人说：“慎易以避难，敬细以远大。”〔3〕全党必须继续谦虚谨慎、艰苦奋斗，调动一切可以调动的积极因素，团结一切可以团结的力量，全力办好自己的事，锲而不舍实现我们的既定目标。

我们的任务是全面建设社会主义现代化国家，当然我们建设的现代化必须是具有中国特色、符合中国实际的，我在党的十九届五中全会上特别强调了 5 点，就是我国现代化是人口规模巨大的现代化，是全体人民共同富裕的现代化，是物质文明和精神文明相协调的现代化，是人与自然和谐共生的现代化，是走和平发展道路的现代化。这是我国现代化建设必须坚持的方向，要在我国发展的方针政策、战略战术、政策举措、工作部署中得到体现，推动全党全国各族人民共同为之努力。

新发展阶段是我国社会主义发展进程中的一个重要阶段。1992 年，邓小平同志说："我们搞社会主义才几十年，还处在初级阶段。巩固和发展社会主义制度，还需要一个很长的历史阶段，需要我们几代人、十几代人，甚至几十代人坚持不懈地努力奋斗，决不能掉以轻心。"[4] 我体会，邓小平同志当年说这个话，主要是从政治上讲的，强调的是在当时我国经济基础薄弱的条件下，需要很长时间的艰苦奋斗才能实现现代化，同时强调即使实现了现代化，要把我国社会主义制度世世代代坚持下去，仍然要一以贯之地把巩固和发展社会主义制度的问题解决好，不可能一劳永逸。毛泽东同志说过："一切事物总是有'边'的。事物的发展是一个阶段接着一个阶段不断地进行的，每一个阶段也是有'边'的。不承认'边'，就是否认质变或部分质变。"[5] 社会主义初级阶段不是一个静态、一成不变、停滞不前的阶段，也不是一个自发、被动、不用费多大气力自然而然就可以跨过的阶段，而是一个动态、积极有为、始终洋溢着蓬勃生机活力的过程，是一个阶梯式递进、不断发展进步、日益接近质的飞跃的量的积累和发展变化的过程。全面建设社会主义现代化国家、基本实现社会主义现代化，既是社会主义初级阶段我国发展的要求，也是我国社会主义从初级阶段向更高阶段迈进的要求。

注　　释

〔**1**〕见毛泽东《读苏联〈政治经济学教科书〉的谈话（节选）》（《毛泽东文集》第 8 卷，人民出版社 1999 年版，第 116 页）。

〔**2**〕见邓小平《一切从社会主义初级阶段的实际出发》（《邓小平文选》第 3 卷，人民出版社 1993 年版，第 252 页）。

〔**3**〕见《韩非子·喻老》。

〔**4**〕见邓小平《在武昌、深圳、珠海、上海等地的谈话要点》（《邓小平文选》第 3 卷，人民出版社 1993 年版，第 379—380 页）。

〔**5**〕见毛泽东《读苏联〈政治经济学教科书〉的谈话（节选）》（《毛泽东文集》第 8 卷，人民出版社 1999 年版，第 108 页）。

深入贯彻新发展理念*

（2021 年 1 月 11 日）

我们党领导人民治国理政，很重要的一个方面就是要回答好实现什么样的发展、怎样实现发展这个重大问题。2015 年 10 月 29 日，我在党的十八届五中全会上说过："理念是行动的先导，一定的发展实践都是由一定的发展理念来引领的。发展理念是否对头，从根本上决定着发展成效乃至成败。实践告诉我们，发展是一个不断变化的进程，发展环境不会一成不变，发展条件不会一成不变，发展理念自然也不会一成不变。"

党的十八大以来，我们党对经济形势进行科学判断，对发展理念和思路作出及时调整，引导我国经济发展取得了历史性成就、发生了历史性变革。这里，我概要讲一下其中主要的方面。一是坚持以人民为中心的发展思想。2012 年 11 月 15 日，在十八届中央政治局常委同中外记者见面时，我就强调人民对美好生活的向往就是我们的奋斗目标，强调要坚定不移走共同富裕的道路。2015 年 10 月 29 日，在党的十八

* 这是习近平在省部级主要领导干部学习贯彻党的十九届五中全会精神专题研讨班上讲话的一部分。

届五中全会上，我明确提出了坚持以人民为中心的发展思想。2020 年 10 月 29 日，在党的十九届五中全会上，我进一步强调要努力促进全体人民共同富裕取得更为明显的实质性进展。二是不再简单以国内生产总值增长率论英雄。2012 年 12 月 15 日，在中央经济工作会议上，我强调不能不顾客观条件、违背规律盲目追求高速度。2013 年 4 月 25 日，在中央政治局常委会会议上，我强调不要把国家确定的调控目标作为各地经济增长的底线，更不要相互攀比甚至层层加码，要立足提高质量和效益来推动经济持续健康发展，追求实实在在、没有水分的生产总值，追求有效益、有质量、可持续的经济发展。三是我国经济处于“三期叠加”时期。2013 年 7 月 25 日，在中央政治局常委会会议上，我强调我国经济正处于增长速度换挡期、结构调整阵痛期、前期刺激政策消化期叠加的阶段，加上世界经济也在深度调整，发展环境十分复杂，要准确认识我国经济发展阶段性特征，实事求是进行改革调整。四是经济发展进入新常态。2013 年 12 月 10 日，在中央经济工作会议上，我提出“新常态”。2014 年 12 月 9 日，也是在中央经济工作会议上，我从 9 个方面的趋势性变化分析了我国经济发展进入新常态的原因，强调认识新常态、适应新常态、引领新常态是当前和今后一个时期我国经济发展的大逻辑。五是使市场在资源配置中起决定性作用、更好发挥政府作用。2013 年 11 月，在党的十八届三中全会上，我强调市场配置资源是最有效率的形式，市场决定资源配置是市场经济的一般规律，强调要使市场在资源配置中起决定性作用，对市场作用作了全新定位。六是绿水青山就是金山银山。2013 年 9 月 7 日，在纳扎尔巴耶夫大学发表演讲时，我明确提出这个观点，强调建设生态文明、建设美丽中国是我们的一项战略任务，要给子孙后代留下天蓝、地绿、水净的美好家园。2014 年 3 月 7 日，在参加十二届全国人大二次会议贵州代表团审议时，我进一步强调了这个观点。七是坚持新发展理念。2015 年 10 月，在党的十八届五中全会上，我提出了创新、协调、绿色、开放、共享的发展理念，强调创新发展注重的是解决发展动力问题，协调发展注重的是解决发展不平衡问题，绿色发展注重的是解决人与自然和谐问题，开放发展注重的是解决发展内外联动问题，共享发展注重的是解决社会公平正义问题，强调坚持新发展理念是关系我国发展全局的一场深刻变革。八是推进供给侧结构性改革。2015 年 11 月 10 日，在中央财经领导小组会议上，我提出要着力加强供给侧结构性改革。2015 年 12 月 18 日，在中央经济工作会议上，我强调供给侧结构性改革的关键是抓好“去产能、去库存、去杠杆、降成本、补短板”。2018 年 12 月 19 日，在中央经济工作会议上，我提出了“巩固、增强、提升、畅通”的 8 字新要求，强调这八字方针是当前和今后一个时期深化供给侧结构性改革、推动经济高质量发展管总的要求。九是发展不平衡不充分。2017 年 10 月，在党的十九大上，我强调我国社会主要矛盾已经转化为人民日益增长的美好生活需要和不平衡不充分的发展之间的矛盾，强调这是关系全局的历史性变化。十是推动高质量发展。2017 年 10 月，在党的十九大上，我强调基于我国社会主要矛盾已经转化为人民日益增长的美好生活需要和不平衡不充分的发展之间的矛盾这一事实，以及新发展理念的要求，我国经济已由高速增长阶段转向高质量发展阶段。十一是建设现代化经济体系。2017 年 10 月，在党的十九大上，我强调建设现代化经济体系是跨越关口的迫切要求和我国发展的战略目标。十二是构建以国内大循环为主体、国内国际双循环相互促进的新发展格局。2020 年 4 月 10 日，在中央财经委会议上，我强调要构建以国内大循环为主体、国内国际双循环相互促进的新发展格局。十三是统筹发展和安全。2015 年 5 月 29 日，在中央政治局集体学习时，我强调要牢固树立安全发展理念。2016 年 1 月 18 日，在省部级主要领导干部专题研讨班上，我从 4 个方面分析了我们搞开放发展所面临的风险挑战。2018 年 1 月 5 日，在新进中央委员会的委员、候补委员和省部级主要领导干部研讨班上，我从 8 个方面列举了 16 个需要高度重视的风险。2019 年 1 月 21 日，我们专门举办了省部级主要领导干部坚持底线思维着力防范化解重大风险专题研讨班，我在开班式上分析了要防范化解政治、意识形态、经济、对美经贸斗争、科技、社会、对外工作、党自身等 8 个领域的重大风险并提出了明确要求，强调我们必须始终保持高度警惕，既要高度警惕“黑天鹅”事件，也要防范“灰犀牛”事件。

我回顾这个过程是要强调，党的十八大以来我们对经济社会发展提出了许多重大理论和理念，其中新发展理念是最重要、最主要的。新发展理念是一个系统的理论体系，回答了关于发展的目的、动力、方式、路径等一系列理论和实践问题，阐明了我们党关于发展的政治立场、价值导向、发展模式、发展道路等重大政治问题。全党必须完整、准确、全面贯彻新发展理念。要注意把握好以下几点。

第一，从根本宗旨把握新发展理念。古人说："天地之大，黎元为本。"[1] 人民是我们党执政的最深厚基础和最大底气。为人民谋幸福、为民族谋复兴，这既是我们党领导现代化建设的出发点和落脚点，也是新发展理念的"根"和"魂"。只有坚持以人民为中心的发展思想，坚持发展为了人民、发展依靠人民、发展成果由人民共享，才会有正确的发展观、现代化观。苏联是世界上第一个社会主义国家，取得过辉煌成就，但后来失败了、解体了，其中一个重要原因是苏联共产党脱离了人民，成为一个只维护自身利益的特权官僚集团。即使是实现了现代化的国家，如果执政党背离人民，也会损害现代化成果。

实现共同富裕不仅是经济问题，而且是关系党的执政基础的重大政治问题。我们决不能允许贫富差距越来越大、穷者愈穷富者愈富，决不能在富的人和穷的人之间出现一道不可逾越的鸿沟。当然，实现共同富裕，要统筹考虑需要和可能，按照经济社会发展规律循序渐进。同时，这项工作也不能等，要自觉主动解决地区差距、城乡差距、收入差距等问题，推动社会全面进步和人的全面发展，促进社会公平正义，让发展成果更多更公平惠及全体人民，不断增强人民群众获得感、幸福感、安全感，让人民群众真真切切感受到共同富裕不仅仅是一个口号，而是看得见、摸得着、真实可感的事实。

第二，从问题导向把握新发展理念。我国发展已经站在新的历史起点上，要根据新发展阶段的新要求，坚持问题导向，更加精准地贯彻新发展理念，切实解决好发展不平衡不充分的问题，推动高质量发展。比如，科技自立自强成为决定我国生存和发展的基础能力，存在诸多“卡脖子”问题。比如，我国城乡区域发展差距较大，而究竟怎样解决这个问题，有很多新的问题需要深入研究，尤其是区域板块分化重组、人口跨区域转移加快、农民落户城市意愿下降等问题要抓紧研究、明确思路。比如，加快推动经济社会发展全面绿色转型已经形成高度共识，而我国能源体系高度依赖煤炭等化石能源，生产和生活体系向绿色低碳转型的压力都很大，实现2030年前碳排放达峰、2060年前碳中和的目标任务极其艰巨。比如，随着经济全球化出现逆流，外部环境越来越复杂多变，大家认识到必须处理好自立自强和开放合作的关系，处理好积极参与国际分工和保障国家安全的关系，处理好利用外资和安全审查的关系，在确保安全前提下扩大开放。总之，进入新发展阶段，对新发展理念的理解要不断深化，举措要更加精准务实，真正实现高质量发展。

第三，从忧患意识把握新发展理念。“不困在于早虑，不穷在于早豫。”〔2〕随着我国社会主要矛盾变化和国际力量对比深刻调整，我国发展面临的内外部风险空前上升，必须增强忧患意识、坚持底线思维，随时准备应对更加复杂困难的局面。“十四五”规划《建议》把安全问题摆在非常突出的位置，强调要把安全发展贯穿国家发展各领域和全过程。如果安全这个基础不牢，发展的大厦就会地动山摇。要坚持政治安全、人民安全、国家利益至上有机统一，既要敢于斗争，也要善于斗争，全面做强自己，特别是要增强威慑的实力。

宏观经济方面要防止大起大落，资本市场上要防止外资大进大出，粮食、能源、重要资源上要确保供给安全，要确保产业链供应链稳定安全，要防止资本无序扩张、野蛮生长，还要确保生态环境安全，坚决抓好安全生产。在社会领域，要防止大规模失业风险，加强公共卫生安全，有效化解各类群体性事件。要加强保障国家安全的制度性建设，借鉴其他国家经验，研究如何设置必要的“玻璃门”，在不同阶段加不同的锁，有效处理各类涉及国家安全的问题。

注　　释

〔**1**〕见唐代房玄龄等《晋书·宣帝纪》。

〔**2**〕见西汉刘向《说苑·谈丛》。

加快构建新发展格局*

（2021 年 1 月 11 日）

加快构建以国内大循环为主体、国内国际双循环相互促进的新发展格局，是"十四五"规划《建议》提出的一项关系我国发展全局的重大战略任务，需要从全局高度准确把握和积极推进。

近年来，经济全球化遭遇逆流，国际经济循环格局发生深度调整。新冠肺炎疫情也加剧了逆全球化趋势，各国内顾倾向上升。新冠肺炎疫情期间，我到几个省进行调查研究，深入了解抗疫情况，调研复工复产中出现的问题。我在浙江考察时发现，在疫情冲击下全球产业链供应链发生局部断裂，直接影响到我国国内经济循环。当地不少企业需要的国外原材料进不来、海外人员来不了、货物出不去，不得不停工停产。我感觉到，现在的形势已经很不一样了，大进大出的环境条件已经变化，必须根据新的形势提出引领发展的新思路。所以，去年 4 月，我就提出要建立以国内大循环为主体、国内国际双循环相互促进的新发展格局，党的十九届五中全会

---

* 这是习近平在省部级主要领导干部学习贯彻党的十九届五中全会精神专题研讨班上讲话的一部分。

对构建新发展格局作出全面部署。这是把握未来发展主动权的战略性布局和先手棋，是新发展阶段要着力推动完成的重大历史任务，也是贯彻新发展理念的重大举措。

我国作为一个人口众多和超大市场规模的社会主义国家，在迈向现代化的历史进程中，必然要承受其他国家都不曾遇到的各种压力和严峻挑战。毛泽东同志1936年的一段话，至今都对我们有启示意义。他说："无论处于怎样复杂、严重、惨苦的环境，军事指导者首先需要的是独立自主地组织和使用自己的力量。被敌逼迫到被动地位的事是常有的，重要的是要迅速地恢复主动地位。如果不能恢复到这种地位，下文就是失败。""主动地位不是空想的，而是具体的，物质的。"〔1〕我们只有立足自身，把国内大循环畅通起来，努力炼就百毒不侵、金刚不坏之身，才能任由国际风云变幻，始终充满朝气生存和发展下去，没有任何人能打倒我们、卡死我们！加快构建新发展格局，就是要在各种可以预见和难以预见的狂风暴雨、惊涛骇浪中，增强我们的生存力、竞争力、发展力、持续力，确保中华民族伟大复兴进程不被迟滞甚至中断。

在实践中，我们要注意防范一些认识误区：一是只讲前半句，片面强调"以国内大循环为主"，主张在对外开放上进行大幅度收缩；二是只讲后半句，片面强调"国内国际双循环"，不顾国际格局和形势变化，固守"两头在外、大进大出"的旧思路；三是各自为政、画地为牢，不关心建设全国统一的大市场、畅通全国大循环，只考虑建设本地区本区域小市场、搞自己的小循环；四是认为畅通经济循环就是畅通物流，搞低层次物流循环；五是一讲解决"卡脖子"技术难题，什么都自己干、搞重复建设，专盯“高大上”项目，不顾客观实际和产业基础，结果成了烂尾项目；六是讲扩大内需、形成国内大市场，又开始搞盲目借贷扩大投资、过度刺激消费，甚至又去大搞高能耗、高排放的项目；七是不重视供给侧结构性改革，只注重需求侧管理，无法形成供给创造需求的更高水平动态平衡；八是认为这只是经济科技部门的事，同自己部门关系不大，等等。这些认识都是片面的甚至是错误的，必须加以防范和纠正。

构建新发展格局的关键在于经济循环的畅通无阻，就像人们讲的要调理好统摄全身阴阳气血的任督二脉。经济活动需要各种生产要素的组合在生产、分配、流通、消费各环节有机衔接，从而实现循环流转。在正常情况下，如果经济循环顺畅，物质产品会增加，社会财富会积聚，人民福祉会增进，国家实力会增强，从而形成一个螺旋式上升的发展过程。如果经济循环过程中出现堵点、断点，循环就会受阻，在宏观上就会表现为增长速度下降、失业增加、风险积累、国际收支失衡等情况，在微观上就会表现为产能过剩、企业效益下降、居民收入下降等问题。在我国发展现阶段，畅通经济循环最主要的任务是供给侧有效畅通，有效供给能力强可以穿透循环堵点、消除瓶颈制约，可以创造就业和提供收入，从而形成需求能力。因此，我们必须坚持深化供给侧结构性改革这条主线，继续完成“三去一降一补”[2]的重要任务，全面优化升级产业结构，提升创新能力、竞争力和综合实力，增强供给体系的韧性，形成更高效率和更高质量的投入产出关系，实现经济在高水平上的动态平衡。

我讲过，构建新发展格局最本质的特征是实现高水平的自立自强。当前，我国经济发展环境出现了变化，特别是生产要素相对优势出现了变化。劳动力成本在逐步上升，资源环境承载能力达到了瓶颈，旧的生产函数组合方式已经难以持续，科学技术的重要性全面上升。在这种情况下，我们必须更强调自主创新。因此，在“十四五”规划《建议》中，第一条重大举措就是科技创新，第二条就是突破产业瓶颈。我们必须把这个问题放在能不能生存和发展的高度加以认识，全面加强对科技创新的部署，集合优势资源，有力有序推进创新攻关的“揭榜挂帅”体制机制，加强创新链和产业链对接，明确路线图、时间表、责任制，适合部门和地方政府牵头的要牵好头，适合企业牵头的政府要全力支持。中央企业等国有企业要勇挑重担、敢打头阵，勇当原创技术的“策源地”、现代产业链的“链长”。

当今世界，最稀缺的资源是市场。市场资源是我国的巨大优势，必须充分利用和发挥这个优势，不断巩固和增强这个优势，形成构建新发展格局的雄厚支撑。扩大内需并不是应对金融风险和外部冲击的一时之策，也不是要搞大水漫灌，更不是只加大政府投入力度，而是要根据我国经济发展实际情况，建立起扩大内需的有效制度，释放内需潜力，加快培育完整内需体系，加强需求侧管理，扩大居民消费，提升消费层次，使建设超大规模的国内市场成为一个可持续的历史过程。

构建新发展格局，实行高水平对外开放，必须具备强大的国内经济循环体系和稳固的基本盘，并以此形成对全球要素资源的强大吸引力、在激烈国际竞争中的强大竞争力、在全球资源配置中的强大推动力。既要持续深化商品、服务、资金、人才等要素流动型开放，又要稳步拓展规则、规制、管理、标准等制度型开放。要加强国内大循环在双循环中的主导作用，塑造我国参与国际合作和竞争新优势。要重视以国际循环提升国内大循环效率和水平，改善我国生产要素质量和配置水平。要通过参与国际市场竞争，增强我国出口产品和服务竞争力，推动我国产业转型升级，增强我国在全球产业链供应链创新链中的影响力。我国企业的利益已延伸到全球各个角落，大家要注重了解国际事务，深入研究利益攸关国、贸易伙伴国、投资对象国的情况，做到心中有数、趋利避害。

总之，进入新发展阶段、贯彻新发展理念、构建新发展格局，是由我国经济社会发展的理论逻辑、历史逻辑、现实逻辑决定的，三者紧密关联。进入新发展阶段明确了我国发展的历史方位，贯彻新发展理念明确了我国现代化建设的指导原则，构建新发展格局明确了我国经济现代化的路径选择。把握新发展阶段是贯彻新发展理念、构建新发展格局的现实依据，贯彻新发展理念为把握新发展阶段、构建新发展格局提供了行动指南，构建新发展格局则是应对新发展阶段机遇和挑战、贯彻新发展理念的战略选择。

注　释

〔1〕见毛泽东《中国革命战争的战略问题》(《毛泽东选集》第1卷，人民出版社1991年版，第222—223页)。

〔2〕“三去一降一补”，指去产能、去库存、去杠杆、降成本、补短板。

2020 年 1 月 19 日至 21 日，习近平来到云南，看望慰问各族干部群众。这是 19 日，习近平在腾冲市清水乡三家村中寨司莫拉佤族村与乡亲们在一起。

2020 年 1 月 19 日，习近平视察驻云南部队时，同某边防营官兵交谈。

2020 年 1 月 25 日，习近平主持召开中共中央政治局常务委员会会议，专门听取新型冠状病毒感染的肺炎疫情防控工作汇报，对疫情防控特别是患者治疗工作进行再研究、再部署、再动员。

2020 年 2 月 10 日，习近平在北京调研指导新冠肺炎疫情防控工作。这是习近平来到首都医科大学附属北京地坛医院门诊楼一层运行监控中心，通过监控画面察看患者住院诊疗情况，并视频连线正在病房值班的医务人员。

2020 年 3 月 10 日，习近平专门赴湖北武汉市考察新冠肺炎疫情防控工作。这是习近平在东湖新城社区考察时，向在家隔离居住的居民挥手致意、表示慰问。

2020 年 4 月 20 日至 23 日，习近平在陕西考察。这是 21 日，习近平在安康市平利县老县镇蒋家坪村女娲凤凰茶业现代示范园区，同茶农们交谈。

2020 年 5 月 11 日至 12 日，习近平在山西考察。这是 11 日，习近平在大同市云冈石窟考察历史文化遗产保护情况。

2020 年 8 月 18 日至 21 日，习近平在安徽考察。这是 19 日，习近平在马鞍山市中国宝武马钢集团，同企业劳动模范、工人代表交流。

2020 年 9 月 8 日，全国抗击新冠肺炎疫情表彰大会在北京人民大会堂举行，习近平出席并发表讲话。这是会前，习近平会见国家勋章和国家荣誉称号获得者，全国抗击新冠肺炎疫情先进个人、先进集体代表等。

2020 年 9 月 16 日至 18 日，习近平在湖南考察。这是 16 日，习近平在郴州市汝城县文明瑶族乡第一片小学，与师生们步出校园。

2020 年 10 月 14 日，深圳经济特区建立 40 周年庆祝大会在广东深圳市举行，习近平出席并发表讲话。这是当天下午，习近平来到莲花山公园，向邓小平同志铜像敬献花篮。

2020 年 10 月 26 日至 29 日，中国共产党第十九届中央委员会第五次全体会议在北京举行。习近平在会上发表讲话。

2021 年 1 月 18 日至 20 日，习近平在北京、河北考察，并主持召开北京 2022 年冬奥会和冬残奥会筹办工作汇报会。这是 18 日，习近平在位于北京延庆区的国家高山滑雪中心，同赛场保障工作人员、运动员、教练员等交流。

2021年2月3日至5日，习近平在贵州考察调研。这是3日，习近平在毕节市黔西县新仁苗族乡化屋村文化广场上，向全国各族人民、港澳台同胞和海外侨胞拜年。

2021 年 2 月 20 日，党史学习教育动员大会在北京召开。习近平出席会议并发表讲话。

2021 年 2 月 25 日，全国脱贫攻坚总结表彰大会在北京人民大会堂举行，习近平出席并发表讲话。这是会前，习近平会见全国脱贫攻坚楷模荣誉称号获得者，全国脱贫攻坚先进个人、先进集体代表，全国脱贫攻坚楷模荣誉称号个人获得者和因公牺牲全国脱贫攻坚先进个人亲属代表等。

2021 年 4 月 25 日至 27 日，习近平在广西考察。这是 25 日，习近平在桂林市全州县参观红军长征湘江战役纪念馆时，同工作人员交谈。

2021 年 6 月 18 日，习近平、李克强、栗战书、汪洋、王沪宁、赵乐际、韩正、王岐山等在中国共产党历史展览馆参观“‘不忘初心、牢记使命’中国共产党历史展览”。这是参观结束后，习近平带领党员领导同志一起重温入党誓词。

2021 年 6 月 23 日，习近平来到北京航天飞行控制中心，同正在天和核心舱执行任务的神舟十二号航天员聂海胜、刘伯明、汤洪波通话。

2021 年 6 月 29 日，庆祝中国共产党成立 100 周年“七一勋章”颁授仪式在北京人民大会堂举行。这是习近平同“七一勋章”获得者一同步入会场。

2021 年 7 月 1 日，庆祝中国共产党成立 100 周年大会在北京天安门广场举行，习近平发表讲话。

2021 年 7 月 21 日至 23 日，习近平来到西藏，祝贺西藏和平解放 70 周年。这是 21 日，习近平抵达林芝米林机场，受到西藏各族干部群众欢迎。

2021 年 9 月 13 日至 14 日，习近平在陕西榆林市考察。这是 13 日，习近平在米脂县银州街道高西沟村临时下车，察看粮食作物长势，同正在田间劳作的老乡交谈。

2021 年 10 月 9 日，纪念辛亥革命 110 周年大会在北京人民大会堂举行。习近平出席大会并发表讲话。

2021 年 10 月 22 日，习近平在山东济南市主持召开深入推动黄河流域生态保护和高质量发展座谈会并发表讲话。这是 20 日，习近平在东营市黄河入海口考察。

2021 年 11 月 8 日至 11 日，中国共产党第十九届中央委员会第六次全体会议在北京举行。这是习近平、李克强、栗战书、汪洋、王沪宁、赵乐际、韩正等在主席台上。

2021 年 12 月 22 日，习近平在中南海会见来京述职的香港特别行政区行政长官林郑月娥。

2021 年 12 月 22 日，习近平在中南海会见来京述职的澳门特别行政区行政长官贺一诚。

2021 年 12 月 31 日，习近平通过中央广播电视总台和互联网，发表二〇二二年新年贺词。

2022 年 1 月 28 日，习近平到中部战区视察慰问。这是习近平来到中部战区联合作战指挥中心，同战区海外维和步兵营、工兵分队和医疗分队、直升机分队进行视频通话。

2022 年 4 月 10 日至 13 日，习近平在海南考察。这是 11 日，习近平在五指山市水满乡毛纳村向村民们挥手致意。

2022 年 4 月 25 日，习近平来到中国人民大学考察调研。这是习近平在立德楼观摩思政课智慧教室现场教学并参与讨论。

八、坚定不移
走高质量发展之路

努力在危机中育新机、于变局中开新局*

（2020 年 5 月 23 日）

要坚持用全面、辩证、长远的眼光分析当前经济形势，努力在危机中育新机、于变局中开新局，发挥我国作为世界最大市场的潜力和作用，明确供给侧结构性改革战略方向，巩固我国经济稳中向好、长期向好的基本趋势，巩固农业基础性地位，落实“六稳”、“六保”任务，确保各项决策部署落地生根，确保完成决胜全面建成小康社会、决战脱贫攻坚目标任务，推动我国经济乘风破浪、行稳致远。

要科学分析形势、把握发展大势，坚持用全面、辩证、长远的眼光看待当前的困难、风险、挑战，积极引导全社会特别是各类市场主体增强信心，巩固我国经济稳中向好、长期向好的基本趋势。

我国经济正处在转变发展方式、优化经济结构、转换增长动力的攻关期，经济发展前景向好，但也面临着结构性、体制性、周期性问题相互交织所带来的困难和挑战，加上新

* 这是习近平在参加全国政协十三届三次会议经济界委员联组会时的讲话要点。

冠肺炎疫情冲击，目前我国经济运行面临较大压力。我们还要面对世界经济深度衰退、国际贸易和投资大幅萎缩、国际金融市场动荡、国际交往受限、经济全球化遭遇逆流、一些国家保护主义和单边主义盛行、地缘政治风险上升等不利局面，必须在一个更加不稳定不确定的世界中谋求我国发展。要看到，我国经济潜力足、韧性强、回旋空间大、政策工具多的基本特点没有变。我国具有全球最完整、规模最大的工业体系、强大的生产能力、完善的配套能力，拥有1亿多市场主体和1.7亿多受过高等教育或拥有各类专业技能的人才，还有包括4亿多中等收入群体在内的14亿人口所形成的超大规模内需市场，正处于新型工业化、信息化、城镇化、农业现代化快速发展阶段，投资需求潜力巨大。公有制为主体、多种所有制经济共同发展，按劳分配为主体、多种分配方式并存，社会主义市场经济体制等社会主义基本经济制度，既有利于激发各类市场主体活力、解放和发展社会生产力，又有利于促进效率和公平有机统一、不断实现共同富裕。面向未来，我们要把满足国内需求作为发展的出发点和落脚点，加快构建完整的内需体系，大力推进科技创新及其他各方面创新，加快推进数字经济、智能制造、生命健康、新材料等战略性新兴产业，形成更多新的增长点、增长极，着力打通生产、分配、流通、消费各个环节，逐步形成以国内大循环为主体、国内国际双循环相互促进的新发展格局，培育新形势下我国参与国际合作和竞争新优势。

现在国际上保护主义思潮上升，但我们要站在历史正确的一边，坚持多边主义和国际关系民主化，以开放、合作、共赢胸怀谋划发展，坚定不移推动经济全球化朝着开放、包容、普惠、平衡、共赢的方向发展，推动建设开放型世界经济。同时，要牢固树立安全发展理念，加快完善安全发展体制机制，补齐相关短板，维护产业链、供应链安全，积极做好防范化解重大风险工作。

扎实推进长三角一体化高质量发展*

（2020年8月20日）

要深刻认识长三角区域在国家经济社会发展中的地位和作用，结合长三角一体化发展面临的新形势新要求，坚持目标导向、问题导向相统一，紧扣一体化和高质量两个关键词抓好重点工作，真抓实干、埋头苦干，推动长三角一体化发展不断取得成效。

长三角一体化发展战略实施一年多以来，三省一市[1]和有关部门贯彻落实党中央决策部署，工作抓得紧，有不少亮点。一是对党中央战略意图领会到位，把长三角一体化发展放在国家区域发展总体战略全局中进行统筹谋划，扣紧了全国发展强劲活跃增长极、高质量发展样板区、率先基本实现现代化引领区、区域一体化发展示范区、改革开放新高地的战略定位。二是创新方式方法，围绕重点领域和重点区域进行突破，以点带面加快一体化进程。三是战略实施成果已经显现，规划政策体系“四梁八柱”初步构建，多层次工作机

* 这是习近平在扎实推进长三角一体化发展座谈会上的讲话要点。

制发挥实效，在这次疫情防控和恢复经济过程中，一体化机制和互联互通基础设施发挥了作用。总的来说，长三角一体化发展新局面正在形成。这说明，党中央决策部署是正确的，各方面落实是有力的。

面对严峻复杂的形势，要更好推动长三角一体化发展，必须深刻认识长三角区域在国家经济社会发展中的地位和作用。第一，率先形成新发展格局。在当前全球市场萎缩的外部环境下，我们必须集中力量办好自己的事，发挥国内超大规模市场优势，加快形成以国内大循环为主体、国内国际双循环相互促进的新发展格局。长三角区域要发挥人才富集、科技水平高、制造业发达、产业链供应链相对完备和市场潜力大等诸多优势，积极探索形成新发展格局的路径。第二，勇当我国科技和产业创新的开路先锋。当前，新一轮科技革命和产业变革加速演变，更加凸显了加快提高我国科技创新能力的紧迫性。上海和长三角区域不仅要提供优质产品，更要提供高水平科技供给，支撑全国高质量发展。第三，加快打造改革开放新高地。近来，经济全球化遭遇倒流逆风，越是这样我们越是要高举构建人类命运共同体旗帜，坚定不移维护和引领经济全球化。长三角区域一直是改革开放前沿。要对标国际一流标准改善营商环境，以开放、服务、创新、高效的发展环境吸引海内外人才和企业安家落户，推动贸易和投资便利化，努力成为联通国际市场和国内市场的重要桥梁。

实施长三角一体化发展战略要紧扣一体化和高质量两个关键词，以一体化的思路和举措打破行政壁垒、提高政策协同，让要素在更大范围畅通流动，有利于发挥各地区比较优势，实现更合理分工，凝聚更强大的合力，促进高质量发展。

第一，推动长三角区域经济高质量发展。三省一市要在抓好常态化疫情防控的前提下，落实好党中央出台的各项政策，在扎实做好“六稳”工作、全面落实“六保”任务上走在全国前列。要确保各项纾困措施直达基层、直接惠及市场主体，引导金融资本重点支持制造业和中小微企业。要发挥数字经济优势，加快产业数字化、智能化转型，提高产业链供应链稳定性和竞争力。要加快推进重大项目建设，释放有效投资需求。

第二，加大科技攻关力度。创新主动权、发展主动权必须牢牢掌握在自己手中。三省一市要集合科技力量，聚焦集成电路、生物医药、人工智能等重点领域和关键环节，尽早取得突破。要支持一批中小微科技型企业创新发展。

第三，提升长三角城市发展质量。长三角区域城市开发建设早、旧城区多，改造任务很重，这件事涉及群众切身利益和城市长远发展，再难也要想办法解决。同时，不能一律大拆大建，要注意保护好历史文化和城市风貌，避免“千城一面、万楼一貌”。要坚决防止借机炒作房地产，毫不动摇坚持房子是用来住的、不是用来炒的定位，落实长效机制，确保房地产市场平稳健康发展。

第四，增强欠发达区域高质量发展动能。一体化的一个重要目的是要解决区域发展不平衡问题。发展落差往往是发展空间。有关部门要针对欠发达地区出台实施更精准的举措，推动这些地区跟上长三角一体化高质量发展步伐。海纳百川，有容乃大。不同地区的经济条件、自然条件不均衡是客观存在的，如城市和乡村、平原和山区、产业发展区和生态保护区之间的差异，不能简单、机械地理解均衡性。解决发展不平衡问题，要符合经济规律、自然规律，因地制宜、分类指导，承认客观差异，不能搞一刀切。

第五，推动浦东高水平改革开放。今年是上海浦东开发开放30周年，支持浦东在改革系统集成协同高效、高水平制度型开放、增强配置全球资源能力、提升城市现代化治理水平等方面先行先试、积极探索、创造经验，对上海以及长三角一体化高质量发展乃至我国社会主义现代化建设具有战略意义。要继续做好上海自由贸易试验区临港新片区建设工作，充分发挥试验田作用。要抓好上海国际金融中心建设，支持长三角和全国经济高质量发展。

第六，夯实长三角地区绿色发展基础。长三角地区是长江经济带的龙头，不仅要在经济发展上走在前列，也要在生态保护和建设上带好头。要把保护修复长江生态环境摆在突出位置，狠抓生态环境突出问题整改，推进城镇污水垃圾处理，加强化工污染、农业面源污染、船舶污染和尾矿库治理。要推进环太湖地区城乡有机废弃物处理利用，形成系列配套保障措施，为长三角地区生态环境共保联治提供借鉴，为全国有机废弃物处理利用作出示范。长江禁渔是为全局计、为子孙谋的重要决策。沿江各省市和有关部门要加强统筹协调，细化政策措施，压实主体责任，保障退捕渔民就业和生活。要强化执法监管，严厉打击非法捕捞行为，务求禁渔工作取得扎实成效。

第七，促进基本公共服务便利共享。要多谋民生之利、多解民生之忧，在一体化发展中补齐民生短板。三省一市要结合这次新冠肺炎疫情防控的经验，利用长三角地区合作机制，建立公共卫生等重大突发事件应急体系，强化医疗卫生物资储备。要推进实施统一的基本医疗保险政策，有计划逐步实现药品目录、诊疗项目、医疗服务设施目录的统一。要探索以社会保障卡为载体建立居民服务“一卡通”，在交通出行、旅游观光、文化体验等方面率先实现“同城待遇”。同时，要在补齐城乡基层治理短板、提高防御自然灾害能力上下功夫、见实效。

要提高党把方向、谋大局、定政策、促改革的能力和定力，为长三角一体化发展提供坚强政治保障。要在一体化发展战略实施的过程中发现人才、培育人才、使用人才。要坚持把政治标准作为第一标准，确保干部队伍政治上信得过、靠得住、能放心。要深化干部制度改革，推动形成能者上、优者奖、庸者下、劣者汰的正确导向。要探索建立同长三角一体化发展相适应的干部交流机制。要加强企业党组织规范化建设，发挥党组织在服务企业决策、开拓市场、革新技术、提高效益等方面的作用，把党的政治优势、组织优势转化为企业发展优势。要注重在非公有制经济组织中发展党员，做好党员教育管理工作，引导他们发挥先锋模范作用。

长三角一体化发展不是一日之功，我们既要有历史耐心，又要有只争朝夕的紧迫感，既谋划长远，又干在当下。领导小组要把好大方向、大原则的关，确保党中央决策部署落实到位。三省一市和有关部门要按照党中央决策部署，勇于担当，主动作为，大胆突破。要从实际出发，制定“十四五”时期长三角一体化发展规划实施方案，不断取得更加丰硕的成果。

注　释

〔1〕三省一市，这里指江苏省、浙江省、安徽省、上海市。

真抓实干做好新发展阶段“三农”工作*

（2020 年 12 月 28 日）

我常讲，领导干部要胸怀党和国家工作大局。在向第二个百年奋斗目标迈进的历史关口，在脱贫攻坚目标任务已经完成的形势下，在新冠肺炎疫情加剧世界动荡变革的特殊时刻，巩固拓展脱贫攻坚成果，全面推进乡村振兴，加快农业农村现代化，是需要全党高度重视的一个关系大局的重大问题。

——从中华民族伟大复兴战略全局看，民族要复兴，乡村必振兴。我国自古以农立国，创造了源远流长、灿烂辉煌的农耕文明，长期领先世界。纵览历朝历代，农业兴旺、农民安定，则国家统一、社会稳定；农业凋敝、农民不稳，则国家分裂、社会动荡。到了近代，列强入侵，内忧外患，农村荒凉，民不聊生。我们党成立以后，充分认识到中国革命的基本问题是农民问题，把为广大农民谋幸福作为重要使命，致力于使农民从政治压迫和经济剥削下解放出来。早在大革

* 这是习近平在中央农村工作会议上讲话的一部分。

命时期，毛泽东同志就指出，农民是中国无产阶级的最广大和最忠实的同盟军；农民问题乃国民革命的中心问题。1936年，他在延安会见美国作家斯诺时说到，谁赢得了农民，谁就会赢得了中国，谁解决土地问题，谁就会赢得农民。新民主主义革命时期，我们党带领农民打土豪、分田地，经过艰苦卓绝的武装斗争，实现了亿万农民翻身得解放。

新中国成立后，我们党组织农民重整山河、发展生产，进行了艰辛探索。改革开放以来，我们党领导农民率先拉开改革大幕，不断解放和发展农村社会生产力，推动农村全面进步，实现了由温饱不足向全面小康迈进的历史性跨越。

党的十八大以来，我们坚持把解决好“三农”问题作为全党工作的重中之重，把脱贫攻坚作为全面建成小康社会的标志性工程，组织推进人类历史上规模空前、力度最大、惠及人口最多的脱贫攻坚战，启动实施乡村振兴战略，推动农业农村取得历史性成就、发生历史性变革。农业综合生产能力上了大台阶，粮食产量连续6年稳定在1.3万亿斤以上。农民人均收入较2010年翻一番多，农村民生显著改善，乡村面貌焕然一新。贫困地区发生翻天覆地的变化，解决困扰中华民族几千年的绝对贫困问题取得历史性成就，为全面建成小康社会作出了重大贡献，为开启全面建设社会主义现代化国家新征程奠定了坚实基础。这些成绩是全党全国共同奋斗的结果，大家都付出了艰辛努力。

“农，天下之本，务莫大焉。”〔1〕“务农重本，国之大纲。”〔2〕历史和现实都告诉我们，农为邦本，本固邦宁。我们要坚持用大历史观来看待农业、农村、农民问题，只有深刻理解了

“三农”问题，才能更好理解我们这个党、这个国家、这个民族。必须看到，全面建设社会主义现代化国家，实现中华民族伟大复兴，最艰巨最繁重的任务依然在农村，最广泛最深厚的基础依然在农村。

尽管我们的“三农”工作取得了显著成就，但农业基础还不稳固，城乡区域发展和居民收入差距仍然较大，城乡发展不平衡、农村发展不充分仍是社会主要矛盾的集中体现。从现在到 2035 年，也就 3 个五年规划期，要抓紧行动起来。对农业农村现代化到 2035 年、本世纪中叶的目标任务，要科学分析、深化研究，把概念的内涵和外延搞清楚，科学提出我国农业农村现代化的目标任务。当前，首先要把“十四五”时期农业农村发展规划制定好。

——从世界百年未有之大变局看，稳住农业基本盘、守好“三农”基础是应变局、开新局的“压舱石”。对我们这样一个拥有 14 亿人口的大国来说，“三农”向好，全局主动。当前，国际环境日趋复杂，不稳定性不确定性日益增加，新冠肺炎疫情影响广泛深远，经济全球化遭遇逆流，世界进入动荡变革期。对此，我们要有清醒认识，做好打持久战的准备。

我反复强调要办好自己的事，其中很重要的一个任务就是始终立足自身抓好农业生产，以国内稳产保供的确定性来应对外部环境的不确定性。

应对风险挑战，不仅要稳住农业这一块，还要稳住农村这一头。经济一有波动，首当其冲受影响的是农民工。2008 年国际金融危机爆发，2000 多万农民工返乡。今年受新冠肺炎疫情冲击和国际经济下行影响，一度有近3000万农民工留乡返乡。在这种情况下，社会大局能够保持稳定，没有出什么乱子，关键是农民在老家还有块地、有栋房，回去有地种、有饭吃、有事干，即使不回去心里也踏实。全面建设社会主义现代化国家是一个长期过程，农民在城里没有彻底扎根之前，不要急着断了他们在农村的后路，让农民在城乡间可进可退。这就是中国城镇化道路的特色，也是我们应对风险挑战的回旋余地和特殊优势。

构建新发展格局是我们应对世界大变局的战略举措，也是我们顺应国内发展阶段变化、把握发展主动权的先手棋。把战略基点放在扩大内需上，农村有巨大空间，可以大有作为。几亿农民同步迈向全面现代化，能够释放出巨量的消费和投资需求。城乡经济循环是国内大循环的题中应有之义，也是确保国内国际双循环比例关系健康的关键因素。

全党务必充分认识新发展阶段做好“三农”工作的重要性和紧迫性，坚持把解决好“三农”问题作为全党工作重中之重，举全党全社会之力推动乡村振兴，促进农业高质高效、乡村宜居宜业、农民富裕富足。

注　释

〔1〕见西汉司马迁《史记·孝文本纪》。

〔2〕见唐代房玄龄等《晋书·文六王传》。

努力实现高水平科技自立自强*

（2021 年 5 月 28 日）

当今世界百年未有之大变局加速演进，国际环境错综复杂，世界经济陷入低迷期，全球产业链供应链面临重塑，不稳定性不确定性明显增加。新冠肺炎疫情影响广泛深远，逆全球化、单边主义、保护主义思潮暗流涌动。科技创新成为国际战略博弈的主要战场，围绕科技制高点的竞争空前激烈。我们必须保持强烈的忧患意识，做好充分的思想准备和工作准备。

当前，新一轮科技革命和产业变革突飞猛进，科学研究范式正在发生深刻变革，学科交叉融合不断发展，科学技术和经济社会发展加速渗透融合。科技创新广度显著加大，宏观世界大至天体运行、星系演化、宇宙起源，微观世界小至基因编辑、粒子结构、量子调控，都是当今世界科技发展的最前沿。科技创新深度显著加深，深空探测成为科技竞争的制高点，深海、深地探测为人类认识自然不断拓展新的视野。科技创新速度显著加快，以信息技术、人工智能为代表的新

---

* 这是习近平在中国科学院第二十次院士大会、中国工程院第十五次院士大会和中国科学技术协会第十次全国代表大会上讲话的一部分。

兴科技快速发展，大大拓展了时间、空间和人们认知范围，人类正在进入一个“人机物”三元融合的万物智能互联时代。生物科学基础研究和应用研究快速发展。科技创新精度显著加强，对生物大分子和基因的研究进入精准调控阶段，从认识生命、改造生命走向合成生命、设计生命，在给人类带来福祉的同时，也带来生命伦理的挑战。

经过多年努力，我国科技整体水平大幅提升，我们完全有基础、有底气、有信心、有能力抓住新一轮科技革命和产业变革的机遇，乘势而上，大展宏图。同时，也要看到，我国原始创新能力还不强，创新体系整体效能还不高，科技创新资源整合还不够，科技创新力量布局有待优化，科技投入产出效益较低，科技人才队伍结构有待优化，科技评价体系还不适应科技发展要求，科技生态需要进一步完善。这些问题，很多是长期存在的难点，需要继续下大气力加以解决。

党的十九大确立了到2035年跻身创新型国家前列的战略目标，党的十九届五中全会提出了坚持创新在我国现代化建设全局中的核心地位，把科技自立自强作为国家发展的战略支撑。立足新发展阶段、贯彻新发展理念、构建新发展格局、推动高质量发展，必须深入实施科教兴国战略、人才强国战略、创新驱动发展战略，完善国家创新体系，加快建设科技强国，实现高水平科技自立自强。

第一，加强原创性、引领性科技攻关，坚决打赢关键核心技术攻坚战。科技立则民族立，科技强则国家强。加强基础研究是科技自立自强的必然要求，是我们从未知到已知、从不确定性到确定性的必然选择。要加快制定基础研究十年行动方案。基础研究要勇于探索、突出原创，推进对宇宙演化、意识本质、物质结构、生命起源等的探索和发现，拓展认识自然的边界，开辟新的认知疆域。基础研究更要应用牵引、突破瓶颈，从经济社会发展和国家安全面临的实际问题中凝练科学问题，弄通“卡脖子”技术的基础理论和技术原理。要加大基础研究财政投入力度、优化支出结构，对企业基础研究投入实行税收优惠，鼓励社会以捐赠和建立基金等方式多渠道投入，形成持续稳定的投入机制。

科技攻关要坚持问题导向，奔着最紧急、最紧迫的问题去。要从国家急迫需要和长远需求出发，在石油天然气、基础原材料、高端芯片、工业软件、农作物种子、科学试验用仪器设备、化学制剂等方面关键核心技术上全力攻坚，加快突破一批药品、医疗器械、医用设备、疫苗等领域关键核心技术。要在事关发展全局和国家安全的基础核心领域，瞄准人工智能、量子信息、集成电路、先进制造、生命健康、脑科学、生物育种、空天科技、深地深海等前沿领域，前瞻部署一批战略性、储备性技术研发项目，瞄准未来科技和产业发展的制高点。要优化财政科技投入，重点投向战略性、关键性领域。

创新链产业链融合，关键是要确立企业创新主体地位。要增强企业创新动力，正向激励企业创新，反向倒逼企业创新。要发挥企业出题者作用，推进重点项目协同和研发活动一体化，加快构建龙头企业牵头、高校院所支撑、各创新主体相互协同的创新联合体，发展高效强大的共性技术供给体系，提高科技成果转移转化成效。

现代工程和技术科学是科学原理和产业发展、工程研制之间不可缺少的桥梁，在现代科学技术体系中发挥着关键作用。要大力加强多学科融合的现代工程和技术科学研究，带动基础科学和工程技术发展，形成完整的现代科学技术体系。

第二，强化国家战略科技力量，提升国家创新体系整体效能。世界科技强国竞争，比拼的是国家战略科技力量。国家实验室、国家科研机构、高水平研究型大学、科技领军企业都是国家战略科技力量的重要组成部分，要自觉履行高水平科技自立自强的使命担当。

国家实验室要按照“四个面向”[1]的要求，紧跟世界科技发展大势，适应我国发展对科技发展提出的使命任务，多出战略性、关键性重大科技成果，并同国家重点实验室结合，形成中国特色国家实验室体系。

国家科研机构要以国家战略需求为导向，着力解决影响制约国家发展全局和长远利益的重大科技问题，加快建设原始创新策源地，加快突破关键核心技术。

高水平研究型大学要把发展科技第一生产力、培养人才第一资源、增强创新第一动力更好结合起来，发挥基础研究深厚、学科交叉融合的优势，成为基础研究的主力军和重大科技突破的生力军。要强化研究型大学建设同国家战略目标、战略任务的对接，加强基础前沿探索和关键技术突破，努力构建中国特色、中国风格、中国气派的学科体系、学术体系、话语体系，为培养更多杰出人才作出贡献。

科技领军企业要发挥市场需求、集成创新、组织平台的优势，打通从科技强到企业强、产业强、经济强的通道。要以企业牵头，整合集聚创新资源，形成跨领域、大协作、高强度的创新基地，开展产业共性关键技术研发、科技成果转化及产业化、科技资源共享服务，推动重点领域项目、基地、人才、资金一体化配置，提升我国产业基础能力和产业链现代化水平。

各地区要立足自身优势，结合产业发展需求，科学合理布局科技创新。要支持有条件的地方建设综合性国家科学中心或区域科技创新中心，使之成为世界科学前沿领域和新兴产业技术创新、全球科技创新要素的汇聚地。

第三，推进科技体制改革，形成支持全面创新的基础制度。要健全社会主义市场经济条件下新型举国体制，充分发挥国家作为重大科技创新组织者的作用，支持周期长、风险大、难度高、前景好的战略性科学计划和科学工程，抓系统布局、系统组织、跨界集成，把政府、市场、社会等各方面力量拧成一股绳，形成未来的整体优势。要推动有效市场和有为政府更好结合，充分发挥市场在资源配置中的决定性作用，通过市场需求引导创新资源有效配置，形成推进科技创新的强大合力。

要重点抓好完善评价制度等基础改革，坚持质量、绩效、贡献为核心的评价导向，全面准确反映成果创新水平、转化应用绩效和对经济社会发展的实际贡献。在项目评价上，要建立健全符合科研活动规律的评价制度，完善自由探索型和任务导向型科技项目分类评价制度，建立非共识科技项目的评价机制。在人才评价上，要“破四唯”〔2〕和“立新标”并举，加快建立以创新价值、能力、贡献为导向的科技人才评价体系。要支持科研事业单位探索试行更灵活的薪酬制度，稳定并强化从事基础性、前沿性、公益性研究的科研人员队伍，为其安心科研提供保障。

科技管理改革不能只做“加法”，要善于做“减法”。要拿出更大的勇气推动科技管理职能转变，按照抓战略、抓改革、抓规划、抓服务的定位，转变作风，提升能力，减少分钱、分物、定项目等直接干预，强化规划政策引导，给予科研单位更多自主权，赋予科学家更大技术路线决定权和经费使用权，让科研单位和科研人员从繁琐、不必要的体制机制束缚中解放出来！

创新不问出身，英雄不论出处。要改革重大科技项目立项和组织管理方式，实行“揭榜挂帅”、“赛马”等制度。要研究真问题，形成真榜、实榜。要真研究问题，让那些想干事、能干事、干成事的科技领军人才挂帅出征，推行技术总师负责制、经费包干制、信用承诺制，做到不论资历、不设门槛，让有真才实学的科技人员英雄有用武之地！

第四，构建开放创新生态，参与全球科技治理。科学技术具有世界性、时代性，是人类共同的财富。要统筹发展和安全，以全球视野谋划和推动创新，积极融入全球创新网络，聚焦气候变化、人类健康等问题，加强同各国科研人员的联合研发。要主动设计和牵头发起国际大科学计划和大科学工程，设立面向全球的科学研究基金。

科技是发展的利器，也可能成为风险的源头。要前瞻研判科技发展带来的规则冲突、社会风险、伦理挑战，完善相关法律法规、伦理审查规则及监管框架。要深度参与全球科技治理，贡献中国智慧，塑造科技向善的文化理念，让科技更好增进人类福祉，让中国科技为推动构建人类命运共同体作出更大贡献！

第五，激发各类人才创新活力，建设全球人才高地。世界科技强国必须能够在全球范围内吸引人才、留住人才、用好人才。我国要实现高水平科技自立自强，归根结底要靠高水平创新人才。

培养创新型人才是国家、民族长远发展的大计。当今世界的竞争说到底是人才竞争、教育竞争。要更加重视人才自主培养，更加重视科学精神、创新能力、批判性思维的培养培育。要更加重视青年人才培养，努力造就一批具有世界影响力的顶尖科技人才，稳定支持一批创新团队，培养更多高素质技术技能人才、能工巧匠、大国工匠。我国教育是能够培养出大师来的，我们要有这个自信！要在全社会营造尊重劳动、尊重知识、尊重人才、尊重创造的环境，形成崇尚科学的风尚，让更多的青少年心怀科学梦想、树立创新志向。“栽下梧桐树，引来金凤凰。”要构筑集聚全球优秀人才的科研创新高地，完善高端人才、专业人才来华工作、科研、交流的政策。

科技创新离不开科技人员持久的时间投入。为了保证科研人员的时间，1961 年中央就曾提出“保证科技人员每周有 5 天时间搞科研工作”。保障时间就是保护创新能力！要建立让科研人员把主要精力放在科研上的保障机制，让科技人员把主要精力投入科技创新和研发活动。各类应景性、应酬性活动少一点科技人员参加，不会带来什么损失！决不能让科技人员把大量时间花在一些无谓的迎来送往活动上，花在不必要的评审评价活动上，花在形式主义、官僚主义的种种活动上！

注　释

〔1〕“四个面向”，这里指面向世界科技前沿、面向经济主战场、面向国家重大需求、面向人民生命健康。

〔2〕“破四唯”，这里指破除唯论文、唯职称、唯学历、唯奖项。

不断做强做优做大我国数字经济*

（2021年10月18日）

近年来，互联网、大数据、云计算、人工智能、区块链等技术加速创新，日益融入经济社会发展各领域全过程，各国竞相制定数字经济发展战略、出台鼓励政策，数字经济发展速度之快、辐射范围之广、影响程度之深前所未有，正在成为重组全球要素资源、重塑全球经济结构、改变全球竞争格局的关键力量。

长期以来，我一直重视发展数字技术、数字经济。2000年我在福建工作期间就提出建设“数字福建”，2003年在浙江工作期间又提出建设“数字浙江”。党的十八大以来，我多次强调要发展数字经济。2016年在十八届中央政治局第三十六次集体学习时强调要做大做强数字经济、拓展经济发展新空间；同年在二十国集团领导人杭州峰会上首次提出发展数字经济的倡议，得到各国领导人和企业家的普遍认同；2017年在十九届中央政治局第二次集体学习时强调要加快建设数字中国，构建以数据为关键要素的数字经济，推动实体经济和数字经济融合发展；2018年在中央经济工作会议上强调要

* 这是习近平在主持中共十九届中央政治局第三十四次集体学习时讲话的主要部分。

加快5G、人工智能、工业互联网等新型基础设施建设；2021年在致世界互联网大会乌镇峰会的贺信中指出，要激发数字经济活力，增强数字政府效能，优化数字社会环境，构建数字合作格局，筑牢数字安全屏障，让数字文明造福各国人民。

党的十八大以来，党中央高度重视发展数字经济，将其上升为国家战略。党的十八届五中全会提出，实施网络强国战略和国家大数据战略，拓展网络经济空间，促进互联网和经济社会融合发展，支持基于互联网的各类创新。党的十九大提出，推动互联网、大数据、人工智能和实体经济深度融合，建设数字中国、智慧社会。党的十九届五中全会提出，发展数字经济，推进数字产业化和产业数字化，推动数字经济和实体经济深度融合，打造具有国际竞争力的数字产业集群。我们出台了《网络强国战略实施纲要》、《数字经济发展战略纲要》，从国家层面部署推动数字经济发展。这些年来，我国数字经济发展较快、成就显著。根据2021全球数字经济大会的数据，我国数字经济规模已经连续多年位居世界第二。特别是新冠肺炎疫情暴发以来，数字技术、数字经济在支持抗击新冠肺炎疫情、恢复生产生活方面发挥了重要作用。

同时，我们要看到，同世界数字经济大国、强国相比，我国数字经济大而不强、快而不优。还要看到，我国数字经济在快速发展中也出现了一些不健康、不规范的苗头和趋势，这些问题不仅影响数字经济健康发展，而且违反法律法规、对国家经济金融安全构成威胁，必须坚决纠正和治理。

综合判断，发展数字经济意义重大，是把握新一轮科技革命和产业变革新机遇的战略选择。一是数字经济健康发展，有利于推动构建新发展格局。构建新发展格局的重要任务是增强经济发展动能、畅通经济循环。数字技术、数字经济可以推动各类资源要素快捷流动、各类市场主体加速融合，帮助市场主体重构组织模式，实现跨界发展，打破时空限制，延伸产业链条，畅通国内外经济循环。二是数字经济健康发展，有利于推动建设现代化经济体系。数据作为新型生产要素，对传统生产方式变革具有重大影响。数字经济具有高创新性、强渗透性、广覆盖性，不仅是新的经济增长点，而且是改造提升传统产业的支点，可以成为构建现代化经济体系的重要引擎。三是数字经济健康发展，有利于推动构筑国家竞争新优势。当今时代，数字技术、数字经济是世界科技革命和产业变革的先机，是新一轮国际竞争重点领域，我们一定要抓住先机、抢占未来发展制高点。

面向未来，我们要站在统筹中华民族伟大复兴战略全局和世界百年未有之大变局的高度，统筹国内国际两个大局、发展安全两件大事，充分发挥海量数据和丰富应用场景优势，促进数字技术和实体经济深度融合，赋能传统产业转型升级，催生新产业新业态新模式，不断做强做优做大我国数字经济。

第一，加强关键核心技术攻关。要牵住数字关键核心技术自主创新这个“牛鼻子”，发挥我国社会主义制度优势、新型举国体制优势、超大规模市场优势，提高数字技术基础研发能力，打好关键核心技术攻坚战，尽快实现高水平自立自强，把发展数字经济自主权牢牢掌握在自己手中。

第二，加快新型基础设施建设。要加强战略布局，加快建设以 5G 网络、全国一体化数据中心体系、国家产业互联网等为抓手的高速泛在、天地一体、云网融合、智能敏捷、绿色低碳、安全可控的智能化综合性数字信息基础设施，打通经济社会发展的信息“大动脉”。要全面推进产业化、规模化应用，培育具有国际影响力的大型软件企业，重点突破关键软件，推动软件产业做大做强，提升关键软件技术创新和供给能力。

第三，推动数字经济和实体经济融合发展。要把握数字化、网络化、智能化方向，推动制造业、服务业、农业等产业数字化，利用互联网新技术对传统产业进行全方位、全链条的改造，提高全要素生产率，发挥数字技术对经济发展的放大、叠加、倍增作用。要推动互联网、大数据、人工智能同产业深度融合，加快培育一批“专精特新”企业和制造业单项冠军企业。当然，要脚踏实地、因企制宜，不能为数字化而数字化。

第四，推进重点领域数字产业发展。要聚焦战略前沿和制高点领域，立足重大技术突破和重大发展需求，增强产业链关键环节竞争力，完善重点产业供应链体系，加速产品和服务迭代。要聚焦集成电路、新型显示、通信设备、智能硬件等重点领域，加快锻造长板、补齐短板，培育一批具有国际竞争力的大企业和具有产业链控制力的生态主导型企业，构建自主可控产业生态。要促进集群化发展，打造世界级数字产业集群。

第五，规范数字经济发展。推动数字经济健康发展，要坚持促进发展和监管规范两手抓、两手都要硬，在发展中规范、在规范中发展。要健全市场准入制度、公平竞争审查制度、公平竞争监管制度，建立全方位、多层次、立体化监管体系，实现事前事中事后全链条全领域监管，堵塞监管漏洞，提高监管效能。要纠正和规范发展过程中损害群众利益、妨碍公平竞争的行为和做法，防止平台垄断和资本无序扩张，依法查处垄断和不正当竞争行为。要保护平台从业人员和消费者合法权益。要加强税收监管和税务稽查。

第六，完善数字经济治理体系。要健全法律法规和政策制度，完善体制机制，提高我国数字经济治理体系和治理能力现代化水平。要完善主管部门、监管机构职责，分工合作、相互配合。要改进提高监管技术和手段，把监管和治理贯穿创新、生产、经营、投资全过程。要明确平台企业主体责任和义务，建设行业自律机制。要开展社会监督、媒体监督、公众监督，形成监督合力。要完善国家安全制度体系，重点加强数字经济安全风险预警、防控机制和能力建设，实现核心技术、重要产业、关键设施、战略资源、重大科技、头部企业等安全可控。要加强数字经济发展的理论研究。

第七，积极参与数字经济国际合作。要密切观察、主动作为，主动参与国际组织数字经济议题谈判，开展双多边数字治理合作，维护和完善多边数字经济治理机制，及时提出中国方案，发出中国声音。

数字经济事关国家发展大局。我们要结合我国发展需要和可能，做好我国数字经济发展顶层设计和体制机制建设。要加强形势研判，抓住机遇，赢得主动。各级领导干部要提高数字经济思维能力和专业素质，增强发展数字经济本领，强化安全意识，推动数字经济更好服务和融入新发展格局。要提高全民全社会数字素养和技能，夯实我国数字经济发展社会基础。

正确认识和把握我国发展重大理论和实践问题*

（2021 年 12 月 8 日）

进入新发展阶段，我国发展内外环境发生深刻变化，面临许多新的重大问题，需要正确认识和把握。这里，我重点讲几个问题。

第一个问题：正确认识和把握实现共同富裕的战略目标和实践途径。“国之称富者，在乎丰民。”[1] 财富的创造和分配是各国都面对的重大问题。一些西方国家在社会财富不断增长的同时长期存在贫富悬殊、两极分化。有的拉美国家收入不算高，但分配差距很大。在我国社会主义制度下，既要不断解放和发展社会生产力，不断创造和积累社会财富，又要防止两极分化，切实推动人的全面发展、全体人民共同富裕取得更为明显的实质性进展。过去我们是低收入水平下的平均主义，改革开放后一部分地区、一部分人先富起来了，同时收入差距也逐步拉大，一些财富不当聚集给经济社会健康运行带来了风险挑战。

---

* 这是习近平在中央经济工作会议上讲话的一部分。

共同富裕是中国特色社会主义的本质要求。共同富裕路子应当怎么走？我们正在进行探索。实现共同富裕的目标，首先要通过全国人民共同奋斗把“蛋糕”做大做好，然后通过合理的制度安排正确处理增长和分配关系，把“蛋糕”切好分好。这是一个长期的历史过程，我们要创造条件、完善制度，稳步朝着这个目标迈进。

要在推动高质量发展中强化就业优先导向。就业是民生之本。要提高经济增长的就业带动力，不断促进就业量的扩大和质的提升。要支持中小微企业发展，发挥其就业主渠道作用。要吸取一些西方国家经济“脱实向虚”的教训，不断壮大实体经济，创造更多高质量就业岗位。要加大人力资本投入，提升教育质量，加强职业教育和技能培训，提高劳动者素质，更好适应高质量发展需要，切实防范规模性失业风险。

要发挥分配的功能和作用。要处理好效率和公平关系，构建初次分配、再分配、三次分配协调配套的基础性制度安排。要坚持按劳分配为主体，提高劳动报酬在初次分配中的比重，完善按要素分配政策。要发挥再分配的调节作用，加大税收、社保、转移支付等的调节力度，提高精准性。要发挥好第三次分配作用，引导、支持有意愿有能力的企业和社会群体积极参与公益慈善事业，但不能搞道德绑架式“逼捐”。

要完善公共服务政策制度体系。促进共同富裕，不能搞“福利主义”那一套。当年一些国家搞民粹主义，高福利养了一批“懒人”和不劳而获者，结果国家财政不堪重负，落入“中等收入陷阱”，长期不能自拔。福利待遇上去了就下不来了，搞超出能力的“福利主义”是不可持续的，必然会带来严重的经济和政治问题！我们要坚持尽力而为、量力而行，重在提升公共服务水平，在教育、医疗、养老、住房等人民群众最关心的领域精准提供基本公共服务，兜住困难群众基本生活底线，不吊高胃口、不空头许诺。

第二个问题：正确认识和把握资本的特性和行为规律。马克思、恩格斯没有设想社会主义条件下可以搞市场经济，当然也就无法预见社会主义国家如何对待资本。列宁、斯大林虽然领导了苏联社会主义建设，但当时苏联实行的是高度集中的计划经济体制，基本上没有遇到大规模资本问题。搞社会主义市场经济是我们党的一个伟大创造。既然是社会主义市场经济，就必然会产生各种形态的资本。资本主义社会的资本和社会主义社会的资本固然有很多不同，但资本都是要追逐利润的。“合天下之众者财，理天下之财者法。”〔2〕我们要探索如何在社会主义市场经济条件下发挥资本的积极作用，同时有效控制资本的消极作用。近年来，由于认识不足、监管缺位，我国一些领域出现资本无序扩张，肆意操纵，牟取暴利。这就要求规范资本行为，趋利避害，既不让“资本大鳄”恣意妄为，又要发挥资本作为生产要素的功能。这是一个不容回避的重大政治和经济问题。

实际工作中，要抓好以下几点。要为资本设置“红绿灯”。“红绿灯”适用于道路上行驶的所有交通工具，对待资本也一样，各类资本都不能横冲直撞。要防止有些资本野蛮生长。要反垄断、反暴利、反天价、反恶意炒作、反不正当竞争。要依法加强对资本的有效监管。社会主义市场经济是法治经济，资本活动要依法进行。遏制资本无序扩张，不是不要资本，而是要资本有序发展。相关法律法规不健全的要抓紧完善，已有法律法规的要严格执法监管。要支持和引导资本规范健康发展。要坚持和完善社会主义基本经济制度，毫不动摇巩固和发展公有制经济，毫不动摇鼓励、支持、引导非公有制经济发展，促进非公有制经济健康发展和非公有制经济人士健康成长。

第三个问题：正确认识和把握初级产品供给保障。对我们这样一个大国来说，保障好初级产品供给是一个重大的战略性问题。必须加强战略谋划，及早作出调整，确保供给安全。

要坚持节约优先。“取之有制、用之有节则裕，取之无制、用之不节则乏。”[3]要实施全面节约战略，推进各领域节约行动。在生产领域，要推进资源全面节约、集约、循环利用，降低单位产品能耗物耗，加快制造业技术改造，提高投入产出效率。在消费领域，要增强全民节约意识，倡导简约适度、绿色低碳的生活方式，反对奢侈浪费和过度消费，深入开展“光盘”等粮食节约行动，广泛开展创建绿色机关、绿色家庭、绿色社区、绿色出行等行动。

要增强国内资源生产保障能力。要加大勘查力度，实施新一轮找矿突破战略行动，提高海洋资源、矿产资源开发保护水平。要明确重要能源资源国内生产自给的战略底线，发挥国有企业支撑托底作用，加快油气等资源先进开采技术开发应用。要加强国家战略物资储备制度建设，在关键时刻发挥保底线的调节作用。要推行垃圾分类和资源化，扩大国内固体废弃物的使用，加快构建废弃物循环利用体系。

要优化海外资源保障能力。要以互利共赢的方式充分利用国际国内两个市场、两种资源，在有效防范对外投资风险的前提下加强同有关国家的能源资源合作，扩大海外优质资源权益。

这里，我要特别强调农产品供给安全问题。从最新的国土调查结果看，耕地面积还在减少，一些地方的基本农田不种粮食种果树，或者其他高附加值作物。我反复讲，中国人的饭碗任何时候都要牢牢端在自己手中，我们的饭碗应该主要装中国粮。要把提高农业综合生产能力放在更加突出的位置，持续推进高标准农田建设，深入实施种业振兴行动，提高农机装备水平，保障种粮农民合理收益，确保口粮绝对安全、谷物基本自给，提高油料、大豆产能和自给率。

第四个问题：正确认识和把握防范化解重大风险。上世纪 90 年代以来，我国有效应对了亚洲金融危机、国际金融危机、新冠肺炎疫情等重大考验。现在，我国经济金融领域风险隐患很多，但总体可控。要坚持底线思维。古人说："祸几始作，当杜其萌；疾证方形，当绝其根。"[4]我们要发挥好党的领导和我国社会主义制度优势，见微知著，抓早抓小，着力避免发生重大风险或危机。

前一阶段，我们有效处置了影子银行风险、互联网金融风险。同时，也要看到，新的风险仍在发生，"黑天鹅"、"灰犀牛"事件不断。分析这些现象，有几个重要原因。一是长期累积的结果。"三期叠加"影响还没有结束，前期风险仍要消化。二是监管能力和制度缺陷。对金融机构公司治理问题严重失察，金融监管能力和水平不适应。对地方债务管理松弛，有的地方变相违规举债，债务负担持续增加。三是借债人野蛮行为。一些大企业盲目冲动，非理性多元化扩张，过度依赖金融杠杆，产业资本过度进入金融行业。一些股东和实际控制人违法违规经营管理金融企业，存在内部人控制、大股东操纵，财务造假，大肆挪用资金。四是官商勾结和腐败行为。一些金融机构负责人和政府官员失职渎职、贪污腐败、中饱私囊，慷国家之慨，造成重大损失。五是经济周期变化。经济增速下行使原本隐藏的各类风险水落石出，局部风险引发系统风险的概率加大，以企业资不抵债为特征的风险突出。

下一步，要继续按照稳定大局、统筹协调、分类施策、精准拆弹的基本方针，抓好风险处置工作。要依法合规，加强金融法治建设，探索建立定期修法制度。要压实责任，“谁家孩子谁抱”，压实地方党政同责，负责属地维稳和化解风险；压实金融监管、行业主管、纪检监察等部门责任，按照各自职责推动风险化解；压实企业自救主体责任，制定可行的风险化解方案。要强化能力建设，提升监管科技水平，补齐监管短板，加强金融监管干部队伍建设。要有充足资源，抓紧设立金融稳定保障基金，发挥存款保险制度和行业保障基金在风险处置中的作用，研究制定促进金融机构兼并收购和化解不良资产的支持政策。地方要主动盘活存量资产，化解风险。企业股东要首先承担风险损失，直至股本清零。要各方广泛配合，金融业建立一体化风险处置机制，充分授权，统筹协调，提高跨市场跨行业统筹应对能力。

对一些房地产企业的风险要格外重视。各地要切实担起责任、强化监管，守住不发生系统性风险的底线，保持房地产市场平稳健康发展。

第五个问题：正确认识和把握碳达峰碳中和。推进碳达峰碳中和是党中央经过深思熟虑作出的重大战略决策，是我们对国际社会的庄严承诺，也是推动高质量发展的内在要求。近来在实际工作中出现一些问题，有的搞“碳冲锋”，有的搞“一刀切”、运动式“减碳”，甚至出现“拉闸限电”现象，这些都不符合党中央要求。绿色低碳发展是经济社会发展全面转型的复杂工程和长期任务，能源结构、产业结构调整不可能一蹴而就，更不能脱离实际。如果传统能源逐步退出不是建立在新能源安全可靠的替代基础上，就会对经济发展和社会稳定造成冲击。减污降碳是经济结构调整的有机组成部分，要先立后破、通盘谋划。

我在中央财经委员会第九次会议上对“双碳”工作作了全面部署，强调要坚持全国统筹、节约优先、双轮驱动、内外畅通、防范风险的原则。党中央已经出台做好碳达峰碳中和工作的意见，批准了碳达峰行动方案。实现碳达峰碳中和目标要坚定不移，但不可能毕其功于一役，要坚持稳中求进，逐步实现。要立足国情，以煤为主是我们的基本国情，实现碳达峰必须立足这个实际。在抓好煤炭清洁高效利用的同时，加快煤电机组灵活性改造，发展可再生能源，推动煤炭和新能源优化组合，增加新能源消纳能力。要狠抓绿色低碳技术攻关，加快先进技术推广应用。要科学考核，完善能耗“双控”制度，创造条件尽早实现能耗“双控”向碳排放总量和强度“双控”转变，加快形成减污降碳的激励约束机制。各地区各有关部门要统筹做好“双控”、“双碳”工作，防止简单层层分解。要确保能源供应，实现多目标平衡，多渠道增加能源供应，大企业特别是国有企业要带头保供稳价，决不允许再次发生大面积“拉闸限电”这类重大事件。要深入推动能源革命，促进能源消费、供给、技术、体制改革，加强国际合作，加快建设能源强国。

注　　释

〔1〕见三国时期钟会《刍荛论》。

〔2〕见北宋王安石《度支副使厅壁题名记》。

〔3〕见明代张居正《论时政疏》。

〔4〕见南宋何坦《西畴老人常言·原治》。

依法规范和引导我国资本健康发展，发挥资本作为重要生产要素的积极作用*

（2022 年 4 月 29 日）

资本是社会主义市场经济的重要生产要素，在社会主义市场经济条件下规范和引导资本发展，既是一个重大经济问题、也是一个重大政治问题，既是一个重大实践问题、也是一个重大理论问题，关系坚持社会主义基本经济制度，关系改革开放基本国策，关系高质量发展和共同富裕，关系国家安全和社会稳定。必须深化对新的时代条件下我国各类资本及其作用的认识，规范和引导资本健康发展，发挥其作为重要生产要素的积极作用。

在党的百年奋斗历程中，我们坚持马克思主义基本原理，从我国国情和不同时期主要任务出发，不断深化对资本的认识，不断探索规范和引导资本健康发展的方针政策。党的十一届三中全会实行改革开放以后，我们破除所有制问题上的传统观念束缚，认为资本作为重要生产要素，是市场配置资

* 这是习近平在主持中共十九届中央政治局第三十八次集体学习时的讲话要点。

源的工具，是发展经济的方式和手段，社会主义国家也可以利用各类资本推动经济社会发展，逐步确立了公有制为主体、多种所有制经济共同发展，按劳分配为主体、多种分配方式并存，社会主义市场经济体制等社会主义基本经济制度，提出并坚持毫不动摇巩固和发展公有制经济，毫不动摇鼓励、支持、引导非公有制经济发展。

党的十八大以来，我们坚持和完善社会主义基本经济制度，并把“两个毫不动摇”写入新时代坚持和发展中国特色社会主义的基本方略，作为党和国家一项大政方针进一步确定下来。我们全面深化改革，强调使市场在资源配置中起决定性作用、更好发挥政府作用，为各类资本发展营造更加有利的市场环境和法治环境。我们强化反垄断，防止资本无序扩张，有效防范风险，维护市场公平竞争。我们着力防范和化解金融风险，克服经济脱实向虚的倾向，重点解决不良资产风险、泡沫风险等。我们持续扩大对外开放，着力构建以国内大循环为主体、国内国际双循环相互促进的新发展格局，建设更高水平开放型经济新体制。我们对资本性质的理解逐步深化，对资本作用的认识更趋全面，对资本规律的把握更加深入，对资本运行的治理能力不断提高。

我国改革开放40多年来，资本同土地、劳动力、技术、数据等生产要素共同为社会主义市场经济繁荣发展作出了贡献，各类资本的积极作用必须充分肯定。现阶段，我国存在国有资本、集体资本、民营资本、外国资本、混合资本等各种形态资本，并呈现出规模显著增加、主体更加多元、运行速度加快、国际资本大量进入等明显特征。

必须坚持党的领导和我国社会主义制度，牢牢把握正确政治方向，坚持问题导向、系统思维，立足当前、着眼长远，坚持疏堵结合、分类施策，统筹发展和安全、效率和公平、活力和秩序、国内和国际，注重激发包括非公有资本在内的各类资本活力，发挥其促进科技进步、繁荣市场经济、便利人民生活、参与国际竞争的积极作用，使之始终服从和服务于人民和国家利益，为全面建设社会主义现代化国家、实现中华民族伟大复兴贡献力量。

要加强新的时代条件下资本理论研究。在社会主义制度下如何规范和引导资本健康发展，这是新时代马克思主义政治经济学必须研究解决的重大理论和实践问题。要深入总结新中国成立以来特别是改革开放以来对待和处理资本的正反两方面经验，深化社会主义市场经济条件下资本理论研究，用科学理论指导实践，促进各类资本良性发展、共同发展，发挥其发展生产力、创造社会财富、增进人民福祉的作用。

要历史地、发展地、辩证地认识和把握我国社会存在的各类资本及其作用。在社会主义市场经济体制下，资本是带动各类生产要素集聚配置的重要纽带，是促进社会生产力发展的重要力量，要发挥资本促进社会生产力发展的积极作用。同时，必须认识到，资本具有逐利本性，如不加以规范和约束，就会给经济社会发展带来不可估量的危害。我们要立足新发展阶段、贯彻新发展理念、构建新发展格局、推动高质量发展，正确处理不同形态资本之间的关系，在性质上要区分，在定位上要明确，规范和引导各类资本健康发展。

要正确处理资本和利益分配问题。我国社会主义的国家性质决定了我们必须坚持按劳分配为主体、多种分配方式并存，在社会分配中体现人民至上。要注重经济发展的普惠性和初次分配的公平性，既注重保障资本参与社会分配获得增殖和发展，更注重维护按劳分配的主体地位，坚持发展为了人民、发展依靠人民、发展成果由人民共享，坚定不移走全体人民共同富裕的道路。

要深化资本市场改革。要继续完善我国资本市场基础制度，更好发挥资本市场功能，为各类资本发展释放出更大空间。要健全产权保护制度，深入推进实施公平竞争政策，全面落实公平竞争审查制度，消除各种市场壁垒，使各类资本机会平等、公平进入、有序竞争。要完善开放型经济体制，不断提高对外开放水平，促进投资便利化，以优质市场环境吸引更多国际资本在我国投资兴业。要支持和鼓励我国资本和企业走向世界。

要规范和引导资本发展。要设立“红绿灯”，健全资本发展的法律制度，形成框架完整、逻辑清晰、制度完备的规则体系。要以保护产权、维护契约、统一市场、平等交换、公平竞争、有效监管为导向，针对存在的突出问题，做好相关法律法规的立改废释。要严把资本市场入口关，完善市场准入制度，提升市场准入清单的科学性和精准性。要完善资本行为制度规则。要加强反垄断和反不正当竞争监管执法，依法打击滥用市场支配地位等垄断和不正当竞争行为。要培育文明健康、向上向善的诚信文化，教育引导资本主体践行社会主义核心价值观，讲信用信义、重社会责任，走人间正道。

要全面提升资本治理效能。要总结经验、把握规律、探索创新，增强资本治理的针对性、科学性、有效性，健全事前引导、事中防范、事后监管相衔接的全链条资本治理体系。要深化监管体制机制改革，坚持依法监管、公正监管、源头监管、精准监管、科学监管，全面落实监管责任，创新监管方式，弥补监管短板，提高资本监管能力和监管体系现代化水平。法律法规没有明确的，要按照“谁审批、谁监管，谁主管、谁监管”的原则落实监管责任。要加强属地监管，地方要全面落实属地监管责任，确保监管到位。要完善行业治理和综合治理的分工协作机制，加强行业监管和金融监管、外资监管、竞争监管、安全监管等综合监管的协调联动。要精准把握可能带来系统性风险的重点领域和重点对象，增强治理的预见性和敏捷度，发现风险早处置、早化解。

要加强资本领域反腐败，保持反腐败高压态势，坚决打击以权力为依托的资本逐利行为，着力查处资本无序扩张、平台垄断等背后的腐败行为。

规范和引导资本健康发展是党领导经济工作的重要内容。各级党委（党组）要把思想和行动统一到党中央决策部署上来，切实承担起主体责任，提升资本治理本领，加强政策宣传和预期引导，坚决防范发生系统性风险。

九、全面深化改革开放

使各项改革朝着推动形成新发展格局聚焦发力*

（2020年9月1日）

加快形成以国内大循环为主体、国内国际双循环相互促进的新发展格局，是根据我国发展阶段、环境、条件变化作出的战略决策，是事关全局的系统性深层次变革。要继续用足用好改革这个关键一招，保持勇往直前、风雨无阻的战略定力，围绕坚持和完善中国特色社会主义制度、推进国家治理体系和治理能力现代化，推动更深层次改革，实行更高水平开放，为构建新发展格局提供强大动力。

构建新发展格局，我们是有显著制度优势和坚实改革基础的。党的十八大以来，我们围绕落实新发展理念、推动高质量发展、扩大对外开放推出一系列重大改革举措，形成了一系列理论成果、制度成果、实践成果。要运用好这些改革成果，在抓落地见实效上加大力度、加快进度、拓展深度，使各项改革朝着推动形成新发展格局聚焦发力。

当前形势下，构建新发展格局面临不少新情况新问题，

---

* 这是习近平在中央全面深化改革委员会第十五次会议上的讲话要点。

要善于运用改革思维和改革办法，统筹考虑短期应对和中长期发展，既要在战略上布好局，也要在关键处落好子。要加快推进有利于提高资源配置效率的改革，有利于提高发展质量和效益的改革，有利于调动各方面积极性的改革，聚焦重点问题，加强改革举措的系统集成、协同高效，打通淤点堵点，激发整体效应。要把构建新发展格局同实施国家区域协调发展战略、建设自由贸易试验区等衔接起来，在有条件的区域率先探索形成新发展格局，打造改革开放新高地。要加强改革前瞻性研究，把握矛盾运动规律，守正创新、开拓创新，更加积极有效应对不稳定不确定因素，增强斗争本领，拓展政策空间，提升制度张力。

共同促进全球服务贸易发展繁荣*

（2020 年 9 月 4 日）

中国国际服务贸易交易会，是专门为服务贸易搭建的国家级、国际性、综合型大规模展会和交易平台，自 2012 年起，已举办 6 届。本届中国国际服务贸易交易会以“全球服务，互惠共享”为主题。希望以此为契机，搭建起平台和桥梁，让各国人民充分展示服务贸易领域新发展新突破，共同享受人类社会发展进步新技术新成果。我们期待与会嘉宾深入交流、加强合作，为深化服务贸易和投资合作、增强经济社会发展活力贡献智慧和力量。

当今世界正在经历百年未有之大变局。新冠肺炎疫情全球大流行使这个大变局加速变化，经济全球化遭遇逆流，保护主义、单边主义上升，世界经济低迷，国际贸易和投资大幅萎缩，给人类生产生活带来前所未有的挑战和考验。

同时，我们也要看到，近年来，新一轮科技革命和产业变革孕育兴起，带动了数字技术强势崛起，促进了产业深度融合，引领了服务经济蓬勃发展。这次疫情全球大流行期间，

---

* 这是习近平在 2020 年中国国际服务贸易交易会全球服务贸易峰会上致辞的一部分。

远程医疗、在线教育、共享平台、协同办公、跨境电商等服务广泛应用，对促进各国经济稳定、推动国际抗疫合作发挥了重要作用。放眼未来，服务业开放合作正日益成为推动发展的重要力量。

借此机会，我愿提出3点倡议。

第一，共同营造开放包容的合作环境。纵观人类社会发展史，世界经济开放则兴，封闭则衰。服务业因其独特的轻资产、软要素等特点，更加需要开放、透明、包容、非歧视的行业发展生态，更加需要各国努力减少制约要素流动的“边境上”和“边境后”壁垒，推动跨境互联互通。中国将坚定不移扩大对外开放，建立健全跨境服务贸易负面清单管理制度，推进服务贸易创新发展试点开放平台建设，继续放宽服务业市场准入，主动扩大优质服务进口。中国将积极顺应服务贸易发展实际需要，推动多边、区域等层面服务规则协调，不断完善全球经济治理，促进世界经济包容性增长。

第二，共同激活创新引领的合作动能。我们要顺应数字化、网络化、智能化发展趋势，共同致力于消除“数字鸿沟”，助推服务贸易数字化进程。中国将拓展特色服务出口基地，发展服务贸易新业态新模式。中国愿同各国一道，加强宏观政策协调，加快数字领域国际合作，加大知识产权保护，积极促进数字经济、共享经济等蓬勃发展，推动世界经济不断焕发生机活力。

第三，共同开创互利共赢的合作局面。经济全球化背景下，各国经济彼此依存，利益交融前所未有，以诚相待、普惠共享是根本之计。各国要加强服务贸易发展对接，创新合作方式，深化合作领域，积极寻求发展利益最大公约数，不断做大“蛋糕”。中国将充分利用中国国际服务贸易交易会、中国国际进口博览会等各类平台，推动开展政策和经验交流，建立和培育政府间、国际组织、商协会及企业间多样化伙伴关系，支持组建全球服务贸易联盟，不断形成更多务实合作成果，使各国人民共同享有服务贸易增长成果。

为更好发挥北京在中国服务业开放中的引领作用，我们将支持北京打造国家服务业扩大开放综合示范区，加大先行先试力度，探索更多可复制可推广经验；设立以科技创新、服务业开放、数字经济为主要特征的自由贸易试验区，构建京津冀协同发展的高水平开放平台，带动形成更高层次改革开放新格局。

在更高起点上推进改革开放*

（2020 年 10 月 14 日、11 月 12 日）

一

新形势需要新担当、呼唤新作为。新时代经济特区建设要高举中国特色社会主义伟大旗帜，统筹推进“五位一体”总体布局，协调推进“四个全面”战略布局，从我国进入新发展阶段大局出发，落实新发展理念，紧扣推动高质量发展、构建新发展格局，以一往无前的奋斗姿态、风雨无阻的精神状态，改革不停顿，开放不止步，在更高起点上推进改革开放，推动经济特区工作开创新局面，为全面建设社会主义现代化国家、实现第二个百年奋斗目标作出新的更大的贡献。

党中央对深圳改革开放、创新发展寄予厚望。去年 8 月，党中央出台了支持深圳建设中国特色社会主义先行示范区的意见，全面部署了有关工作。深圳要建设好中国特色社会主义先行示范区，创建社会主义现代化强国的城市范例，提高贯彻落实新发展理念能力和水平，形成全面深化改革、全面扩大开放新格局，推进粤港澳大湾区建设，丰富“一国两制”

---

* 这是习近平两次讲话中有关在更高起点上推进改革开放内容的节录。

事业发展新实践，率先实现社会主义现代化。这是新时代党中央赋予深圳的历史使命。

（2020年10月14日在深圳经济特区建立40周年庆祝大会上的讲话）

二

新征程上，我们要把浦东新的历史方位和使命，放在中华民族伟大复兴战略全局、世界百年未有之大变局这两个大局中加以谋划，放在构建以国内大循环为主体、国内国际双循环相互促进的新发展格局中予以考量和谋划，准确识变、科学应变、主动求变，在危机中育先机、于变局中开新局。

党中央正在研究制定《关于支持浦东新区高水平改革开放、打造社会主义现代化建设引领区的意见》，将赋予浦东新区改革开放新的重大任务。浦东要抓住机遇、乘势而上，全面贯彻党的十九大和十九届二中、三中、四中、五中全会精神，科学把握新发展阶段，坚决贯彻新发展理念，服务构建新发展格局，坚持稳中求进工作总基调，勇于挑最重的担子、啃最硬的骨头，努力成为更高水平改革开放的开路先锋、全面建设社会主义现代化国家的排头兵、彰显“四个自信”的实践范例，更好向世界展示中国理念、中国精神、中国道路。

（2020年11月12日在浦东开发开放30周年庆祝大会上的讲话）

推动新发展阶段改革取得更大突破、展现更大作为*

（2020年12月30日）

党的十八届三中全会以来，党中央以前所未有的决心和力度冲破思想观念的束缚，突破利益固化的藩篱，坚决破除各方面体制机制弊端，积极应对外部环境变化带来的风险挑战，开启了气势如虹、波澜壮阔的改革进程。党的十八届三中全会确定的目标任务全面推进，各领域基础性制度框架基本确立，许多领域实现历史性变革、系统性重塑、整体性重构，为推动形成系统完备、科学规范、运行有效的制度体系，使各方面制度更加成熟更加定型奠定了坚实基础，全面深化改革取得历史性伟大成就。要坚定改革信心，汇聚改革合力，再接再厉，锐意进取，推动新发展阶段改革取得更大突破、展现更大作为。

回顾这些年改革工作，我们提出的一系列创新理论、采取的一系列重大举措、取得的一系列重大突破，都是革命性的，开创了以改革开放推动党和国家各项事业取得历史性成

* 这是习近平在中央全面深化改革委员会第十七次会议上的讲话要点。

就、发生历史性变革的新局面。第一，这是一场思想理论的深刻变革。我们坚持以思想理论创新引领改革实践创新，以总结实践经验推动思想理论丰富和发展，从改革的总体目标、主攻方向、重点任务、方法路径等方面提出一系列具有突破性、战略性、指导性的重要思想和重大论断，科学回答了在新时代为什么要全面深化改革、怎样全面深化改革等一系列重大理论和实践问题。第二，这是一场改革组织方式的深刻变革。我们加强党对全面深化改革的集中统一领导，以全局观念和系统思维谋划推进改革，从前期夯基垒台、立柱架梁，到中期全面推进、积厚成势，再到现阶段加强系统集成、协同高效，蹄疾步稳、有力有序解决各领域各方面体制性障碍、机制性梗阻、政策性创新问题，方向目标清晰，战略部署明确，方法路径高效，实现由局部探索、破冰突围到系统协调、全面深化的历史性转变。第三，这是一场国家制度和治理体系的深刻变革。我们始终突出制度建设这条主线，不断健全制度框架，筑牢根本制度、完善基本制度、创新重要制度。在抗击新冠肺炎疫情、决胜全面建成小康社会、决战脱贫攻坚、“十三五”规划实施、全年经济工作等进程中，制度建设发挥了重要作用，改革的关键一招作用充分彰显。无论从改革广度和深度看，还是从党和国家各项事业发展对改革的实际检验看，取得的重大成就都具有鲜明的时代性和实践性。第四，这是一场人民广泛参与的深刻变革。我们以人民为中心推进改革，坚持加强党的领导和尊重人民首创精神相结合，坚持顶层设计和摸着石头过河相协调，坚持试点先行和全面推进相促进，抓住人民最关心最直接最现实的利益问题推进重点领域改革，不断增强人民获得感、幸福感、安全感，全社会形成改革创新活力竞相迸发、充分涌流的生动局面。

改革道路上仍面临着很多复杂的矛盾和问题，我们已经啃下了不少硬骨头但还有许多硬骨头要啃，我们攻克了不少难关但还有许多难关要攻克。要把接续推进改革同服务党和国家工作大局结合起来，围绕落实新发展理念、构建新发展格局、推动高质量发展等战略目标任务，推进创造性、引领性改革。要把深化改革攻坚同促进制度集成结合起来，聚焦基础性和具有重大牵引作用的改革举措，加强制度创新充分联动和衔接配套，提升改革综合效能。要把推进改革同防范化解重大风险结合起来，深入研判改革形势和任务，科学谋划推动落实改革的时机、方式、节奏，推动改革行稳致远。要把激发创新活力同凝聚奋进力量结合起来，强化激励机制，充分调动各方面推进改革的积极性、主动性、创造性，推动改革在新发展阶段打开新局面。

让开放的春风温暖世界*

（2021 年 11 月 4 日）

尊敬的各位国家元首、政府首脑，
尊敬的各位国际组织负责人，
尊敬的各代表团团长，
各位来宾，
女士们，先生们，朋友们：

大家好！很高兴在第四届中国国际进口博览会开幕之际，同大家“云端”相聚。首先，我谨代表中国政府和中国人民，并以我个人的名义，向各位嘉宾，表示热烈的欢迎！向各位新老朋友，表示诚挚的问候和美好的祝愿！

中国历来言必信、行必果。我在第三届进博会上宣布的扩大开放举措已经基本落实。海南自由贸易港跨境服务贸易负面清单已经出台，自由贸易试验区改革创新不断推进，外资准入持续放宽，营商环境继续改善，中欧投资协定谈判业已完成，区域全面经济伙伴关系协定国内核准率先完成。中国克服新冠肺炎疫情影响，推动对外贸易创新发展，是去年全球唯一实现货物贸易正增长的主要经济体，为保障全球产

* 这是习近平在第四届中国国际进口博览会开幕式上的主旨演讲。

业链供应链稳定、推动世界经济复苏作出了重要贡献。

女士们、先生们、朋友们！

当前，世界百年变局和世纪疫情交织，单边主义、保护主义抬头，经济全球化遭遇逆流。有关研究表明,10年来“世界开放指数”不断下滑，全球开放共识弱化，这值得高度关注。逆水行舟，不进则退。我们要把握经济全球化发展大势，支持世界各国扩大开放，反对单边主义、保护主义，推动人类走向更加美好的未来。

开放是当代中国的鲜明标识。今年是中国加入世界贸易组织 20 周年。20 年来，中国全面履行入世承诺，中国关税总水平由 15.3% 降至 7.4%，低于 9.8% 的入世承诺；中国中央政府清理法律法规 2300 多件，地方政府清理 19 万多件，激发了市场和社会活力。新冠肺炎疫情发生以来，中国向国际社会提供了约 3500 亿只口罩、超过 40 亿件防护服、超过 60 亿人份检测试剂、超过 16 亿剂疫苗，积极推动国际抗疫合作，支持向发展中国家豁免疫苗知识产权，用实际行动践行承诺、展现担当。

20 年来，中国经济总量从世界第六位上升到第二位，货物贸易从世界第六位上升到第一位，服务贸易从世界第十一位上升到第二位，利用外资稳居发展中国家首位，对外直接投资从世界第二十六位上升到第一位。这 20 年，是中国深化改革、全面开放的 20 年，是中国把握机遇、迎接挑战的 20 年，是中国主动担责、造福世界的 20 年。

加入世界贸易组织以来，中国不断扩大开放，激活了中国发展的澎湃春潮，也激活了世界经济的一池春水。

加入世界贸易组织20年来中国的发展进步，是中国人民在中国共产党坚强领导下埋头苦干、顽强奋斗取得的，也是中国主动加强国际合作、践行互利共赢的结果。

在此，我愿对所有参与和见证这一历史进程、支持中国开放发展的海内外各界人士，表示衷心的感谢！

女士们、先生们、朋友们！

“见出以知入，观往以知来。”[1]一个国家、一个民族要振兴，就必须在历史前进的逻辑中前进、在时代发展的潮流中发展。中国扩大高水平开放的决心不会变，同世界分享发展机遇的决心不会变，推动经济全球化朝着更加开放、包容、普惠、平衡、共赢方向发展的决心不会变。

第一，中国将坚定不移维护真正的多边主义。以世界贸易组织为核心的多边贸易体制，是国际贸易的基石。当前，多边贸易体制面临诸多挑战。中国支持世界贸易组织改革朝着正确方向发展，支持多边贸易体制包容性发展，支持发展中成员合法权益。中国将以积极开放态度参与数字经济、贸易和环境、产业补贴、国有企业等议题谈判，维护多边贸易体制国际规则制定的主渠道地位，维护全球产业链、供应链稳定。

第二，中国将坚定不移同世界共享市场机遇。中国有14亿多人口和4亿以上中等收入群体，每年进口商品和服务约2.5万亿美元，市场规模巨大。中国将更加注重扩大进口，促进贸易平衡发展。中国将增设进口贸易促进创新示范区，优化跨境电商零售进口商品清单，推进边民互市贸易进口商品落地加工，增加自周边国家进口。中国将推进内外贸一体化，加快建设国际消费中心城市，发展“丝路电商”，构建现代物流体系，提升跨境物流能力。

第三，中国将坚定不移推动高水平开放。中国将进一步缩减外资准入负面清单，有序扩大电信、医疗等服务业领域开放。中国将修订扩大《鼓励外商投资产业目录》，引导更多外资投向先进制造业、现代服务业、高新技术、节能环保等领域，投向中国中西部和东北地区。中国将在自由贸易试验区和海南自由贸易港做好高水平开放压力测试，出台自由贸易试验区跨境服务贸易负面清单。中国将深度参与绿色低碳、数字经济等国际合作，积极推进加入《全面与进步跨太平洋伙伴关系协定》、《数字经济伙伴关系协定》。

第四，中国将坚定不移维护世界共同利益。中国将积极参与联合国、世界贸易组织、二十国集团、亚太经合组织、上海合作组织等机制合作，推动加强贸易和投资、数字经济、绿色低碳等领域议题探讨。中国将支持疫苗等关键医疗物资在全球范围内公平分配和贸易畅通。中国将推动高质量共建“一带一路”，使更多国家和人民获得发展机遇和实惠。中国将积极参与应对气候变化、维护全球粮食安全和能源安全，在南南合作框架内继续向其他发展中国家提供更多援助。

女士们、先生们、朋友们！

“孤举者难起，众行者易趋。”[2]新冠肺炎疫情阴霾未散，世界经济复苏前路坎坷，各国人民更需要同舟共济、共克时艰。中国愿同各国一道，共建开放型世界经济，让开放的春风温暖世界！

谢谢大家。

注　　释

〔1〕见《列子·说符》。

〔2〕见清代魏源《默觚·治篇八》。

十、积极发展
全过程人民民主

以铸牢中华民族共同体意识为主线，推动新时代党的民族工作高质量发展*

（2021 年 8 月 27 日）

要准确把握和全面贯彻我们党关于加强和改进民族工作的重要思想，以铸牢中华民族共同体意识为主线，坚定不移走中国特色解决民族问题的正确道路，构筑中华民族共有精神家园，促进各民族交往交流交融，推动民族地区加快现代化建设步伐，提升民族事务治理法治化水平，防范化解民族领域风险隐患，推动新时代党的民族工作高质量发展，动员全党全国各族人民为实现全面建成社会主义现代化强国的第二个百年奋斗目标而团结奋斗。

回顾党的百年历程，党的民族工作取得的最大成就，就是走出了一条中国特色解决民族问题的正确道路。改革开放特别是党的十八大以来，我们党强调中华民族大家庭、中华民族共同体、铸牢中华民族共同体意识等理念，既一脉相承又与时俱进贯彻党的民族理论和民族政策，积累了把握民族

* 这是习近平在中央民族工作会议上的讲话要点。

问题、做好民族工作的宝贵经验，形成了党关于加强和改进民族工作的重要思想，概括起来有以下方面。一是必须从中华民族伟大复兴战略高度把握新时代党的民族工作的历史方位，以实现中华民族伟大复兴为出发点和落脚点，统筹谋划和推进新时代党的民族工作。二是必须把推动各民族为全面建设社会主义现代化国家共同奋斗作为新时代党的民族工作的重要任务，促进各民族紧跟时代步伐，共同团结奋斗、共同繁荣发展。三是必须以铸牢中华民族共同体意识为新时代党的民族工作的主线，推动各民族坚定对伟大祖国、中华民族、中华文化、中国共产党、中国特色社会主义的高度认同，不断推进中华民族共同体建设。四是必须坚持正确的中华民族历史观，增强对中华民族的认同感和自豪感。五是必须坚持各民族一律平等，保证各民族共同当家作主、参与国家事务管理，保障各族群众合法权益。六是必须高举中华民族大团结旗帜，促进各民族在中华民族大家庭中像石榴籽一样紧紧抱在一起。七是必须坚持和完善民族区域自治制度，确保党中央政令畅通，确保国家法律法规实施，支持各民族发展经济、改善民生，实现共同发展、共同富裕。八是必须构筑中华民族共有精神家园，使各民族人心归聚、精神相依，形成人心凝聚、团结奋进的强大精神纽带。九是必须促进各民族广泛交往交流交融，促进各民族在理想、信念、情感、文化上的团结统一，守望相助、手足情深。十是必须坚持依法治理民族事务，推进民族事务治理体系和治理能力现代化。十一是必须坚决维护国家主权、安全、发展利益，教育引导各民族继承和发扬爱国主义传统，自觉维护祖国统一、国家安全、社会稳定。十二是必须坚持党对民族工作的领导，提升解决民族问题、做好民族工作的能力和水平。我们党关于加强和改进民族工作的重要思想，是党的民族工作理论和实践的智慧结晶，是新时代党的民族工作的根本遵循，全党必须完整、准确、全面把握和贯彻。

做好新时代党的民族工作，要把铸牢中华民族共同体意识作为党的民族工作的主线。铸牢中华民族共同体意识，就是要引导各族人民牢固树立休戚与共、荣辱与共、生死与共、命运与共的共同体理念。铸牢中华民族共同体意识是维护各民族根本利益的必然要求，只有铸牢中华民族共同体意识，构建起维护国家统一和民族团结的坚固思想长城，各民族共同维护好国家安全和社会稳定，才能有效抵御各种极端、分裂思想的渗透颠覆，才能不断实现各族人民对美好生活的向往，才能实现好、维护好、发展好各民族根本利益。铸牢中华民族共同体意识是实现中华民族伟大复兴的必然要求，只有铸牢中华民族共同体意识，才能有效应对实现中华民族伟大复兴过程中民族领域可能发生的风险挑战，才能为党和国家兴旺发达、长治久安提供重要思想保证。铸牢中华民族共同体意识是巩固和发展平等团结互助和谐社会主义民族关系的必然要求，只有铸牢中华民族共同体意识，才能增进各民族对中华民族的自觉认同，夯实我国民族关系发展的思想基础，推动中华民族成为认同度更高、凝聚力更强的命运共同体。铸牢中华民族共同体意识是党的民族工作开创新局面的必然要求，只有顺应时代变化，按照增进共同性的方向改进民族工作，做到共同性和差异性的辩证统一、民族因素和区域因素的有机结合，才能把新时代党的民族工作做好做细做扎实。

党的民族工作创新发展，就是要坚持正确的，调整过时的，更好保障各民族群众合法权益。要正确把握共同性和差异性的关系，增进共同性、尊重和包容差异性是民族工作的重要原则。要正确把握中华民族共同体意识和各民族意识的关系，引导各民族始终把中华民族利益放在首位，本民族意识要服从和服务于中华民族共同体意识，同时要在实现好中华民族共同体整体利益进程中实现好各民族具体利益，大汉族主义和地方民族主义都不利于中华民族共同体建设。要正确把握中华文化和各民族文化的关系，各民族优秀传统文化都是中华文化的组成部分，中华文化是主干，各民族文化是枝叶，根深干壮才能枝繁叶茂。要正确把握物质和精神的关系，要赋予所有改革发展以彰显中华民族共同体意识的意义，以维护统一、反对分裂的意义，以改善民生、凝聚人心的意义，让中华民族共同体牢不可破。

铸牢中华民族共同体意识是新时代党的民族工作的“纲”，所有工作要向此聚焦。要全面推进中华民族共有精神家园建设，要在党史、新中国史、改革开放史、社会主义发展史学习教育中，深入总结我们党百年民族工作的成功经验，深化对我们党关于加强和改进民族工作重要思想的研究，加强现代文明教育，深入实施文明创建、公民道德建设、时代新人培育等工程，引导各族群众在思想观念、精神情趣、生活方式上向现代化迈进。要推广普及国家通用语言文字，科学保护各民族语言文字，尊重和保障少数民族语言文字学习和使用。

要推动各民族共同走向社会主义现代化。要完善差别化区域支持政策，支持民族地区全面深化改革开放，提升自我发展能力。民族地区要立足资源禀赋、发展条件、比较优势等实际，找准把握新发展阶段、贯彻新发展理念、融入新发展格局、实现高质量发展、促进共同富裕的切入点和发力点。要加大对民族地区基础设施建设、产业结构调整支持力度，优化经济社会发展和生态文明建设整体布局，不断增强各族群众获得感、幸福感、安全感。要支持民族地区实现巩固脱贫攻坚成果同乡村振兴有效衔接，促进农牧业高质高效、乡村宜居宜业、农牧民富裕富足。要完善沿边开发开放政策体系，深入推进固边兴边富民行动。

要促进各民族交往交流交融。要充分考虑不同民族、不同地区的实际，统筹城乡建设布局规划和公共服务资源配置，完善政策举措，营造环境氛围，逐步实现各民族在空间、文化、经济、社会、心理等方面的全方位嵌入。要深入开展民族团结进步创建，着力深化内涵、丰富形式、创新方法。要构建铸牢中华民族共同体意识宣传教育常态化机制，纳入干部教育、党员教育、国民教育体系，搞好社会宣传教育。

要提升民族事务治理体系和治理能力现代化水平。要根据不同地区、不同民族实际，以公平公正为原则，突出区域化和精准性，更多针对特定地区、特殊问题、特别事项制定实施差别化区域支持政策。要依法保障各族群众合法权益，依法妥善处理涉民族因素的案事件，依法打击各类违法犯罪行为，做到法律面前人人平等。

要坚决防范民族领域重大风险隐患。要守住意识形态阵地，积极稳妥处理涉民族因素的意识形态问题，持续肃清民族分裂、宗教极端思想流毒。要加强国际反恐合作，做好重点国家和地区、国际组织、海外少数民族华侨华人群体等的工作。

加强和完善党的全面领导，是做好新时代党的民族工作的根本政治保证。各级党委要增强“四个意识”、坚定“四个自信”、做到“两个维护”，不断提高政治判断力、政治领悟力、政治执行力，牢记“国之大者”，认真履行主体责任，把党的领导贯穿民族工作全过程，形成党委统一领导、政府依法管理、统战部门牵头协调、民族工作部门履职尽责、各部门通力合作、全社会共同参与的新时代党的民族工作格局。要加强基层民族工作机构建设和民族工作力量，确保基层民族工作有效运转。要坚持新时代好干部标准，努力建设一支维护党的集中统一领导态度特别坚决、明辨大是大非立场特别清醒、铸牢中华民族共同体意识行动特别坚定、热爱各族群众感情特别真挚的民族地区干部队伍，确保各级领导权掌握在忠诚干净担当的干部手中。要更加重视、关心、爱护在条件艰苦地区工作的一线干部，吸引更多优秀人才。要重视培养和用好少数民族干部，对政治过硬、敢于担当的优秀少数民族干部要充分信任、委以重任。要加强民族地区基层政权建设，夯实基层基础，确保党的民族理论和民族政策到基层有人懂、民族工作在基层有人抓。

毫不动摇坚持、与时俱进完善人民代表大会制度*

（2021 年 10 月 13 日）

人民代表大会制度，坚持中国共产党领导，坚持马克思主义国家学说的基本原则，适应人民民主专政的国体，有效保证国家沿着社会主义道路前进。人民代表大会制度，坚持国家一切权力属于人民，最大限度保障人民当家作主，把党的领导、人民当家作主、依法治国有机统一起来，有效保证国家治理跳出治乱兴衰的历史周期率。人民代表大会制度，正确处理事关国家前途命运的一系列重大政治关系，实现国家统一高效组织各项事业，维护国家统一和民族团结，有效保证国家政治生活既充满活力又安定有序。

党的十八大以来，党中央统筹中华民族伟大复兴战略全局和世界百年未有之大变局，从坚持和完善党的领导、巩固中国特色社会主义制度的战略高度出发，继续推进人民代表大会制度理论和实践创新，提出一系列新理念新思想新要求，主要有以下几个方面。

---

* 这是习近平在中央人大工作会议上讲话的一部分。

一是必须坚持中国共产党领导。坚持党总揽全局、协调各方的领导核心作用，坚决维护党中央权威和集中统一领导，保证党的理论、路线、方针政策和决策部署在国家工作中得到全面贯彻和有效执行，支持和保证国家政权机关依照宪法法律积极主动、独立负责、协调一致开展工作。要加强和改善党的领导，善于使党的主张通过法定程序成为国家意志，善于使党组织推荐的人选通过法定程序成为国家政权机关的领导人员，善于通过国家政权机关实施党对国家和社会的领导，维护党和国家权威、维护全党全国团结统一。

二是必须坚持用制度体系保障人民当家作主。坚持以人民为中心，坚持国家一切权力属于人民，支持和保证人民通过人民代表大会行使国家权力，健全民主制度，丰富民主形式，拓宽民主渠道，保证人民平等参与、平等发展权利，发展更加广泛、更加充分、更加健全的全过程人民民主。

三是必须坚持全面依法治国。坚持走中国特色社会主义法治道路，建设中国特色社会主义法治体系，建设社会主义法治国家，弘扬社会主义法治精神，依照宪法法律推进国家各项事业和各项工作，维护社会公平正义，尊重和保障人权，实现国家各项工作法治化。

四是必须坚持民主集中制。坚持人民通过人民代表大会统一行使国家权力，各级人民代表大会由民主选举产生，对人民负责，受人民监督；各级国家行政机关、监察机关、审判机关、检察机关都由人民代表大会产生，对人大负责，受人大监督；实行决策权、执行权、监督权既合理分工又相互协调，保证国家机关依照法定权限和程序行使职权、履行职责；坚持在党中央统一领导下，充分发挥地方主动性和积极性，保证国家统一高效组织推进各项事业。

五是必须坚持中国特色社会主义政治发展道路。坚持党的领导、人民当家作主、依法治国有机统一，核心是坚持党的领导。人民代表大会制度是坚持党的领导、人民当家作主、依法治国有机统一的根本政治制度安排，保证党领导人民依法有效治理国家。可以借鉴人类政治文明的有益成果，但绝不照搬西方政治制度模式。

六是必须坚持推进国家治理体系和治理能力现代化。人民代表大会制度是中国特色社会主义制度的重要组成部分，也是国家治理体系的重要组成部分。要坚持和完善人民当家作主制度体系，不断推进社会主义民主政治制度化、规范化、程序化，更好把制度优势转化为治理效能。

当今世界正经历百年未有之大变局，制度竞争是综合国力竞争的重要方面，制度优势是一个国家赢得战略主动的重要优势。历史和现实都表明，制度稳则国家稳，制度强则国家强。党的十八大和十九大都对加强人民代表大会制度、做好人大工作作出重要部署。在全面建设社会主义现代化国家新征程上，我们要毫不动摇坚持、与时俱进完善人民代表大会制度，加强和改进新时代人大工作。

第一，全面贯彻实施宪法，维护宪法权威和尊严。古人说："法者，国之权衡也，时之准绳也。"[1] 宪法是国家的根本法，是党和人民意志的集中体现，具有最高的法律地位、法律权威、法律效力。我多次强调，维护宪法权威，就是维护党和人民共同意志的权威；捍卫宪法尊严，就是捍卫党和人民共同意志的尊严；保证宪法实施，就是保证人民根本利益的实现。全国各族人民、一切国家机关和武装力量、各政党和各社会团体、各企业事业组织，都必须以宪法为根本活动准则，并且负有维护宪法尊严、保证宪法实施的职责。任何组织和个人都不得有超越宪法法律的特权，一切违反宪法法律的行为都必须予以追究和纠正。

坚持依法治国首先要坚持依宪治国，坚持依法执政首先要坚持依宪执政。坚持依宪治国、依宪执政，就必须坚持宪法确定的中国共产党领导地位不动摇，坚持宪法确定的人民民主专政的国体和人民代表大会制度的政体不动摇。全面贯彻实施宪法是建设社会主义法治国家的首要任务和基础性工作，也是坚持和完善人民代表大会制度的必然要求。要以宪法为根本活动准则，用科学有效、系统完备的制度体系保证宪法实施，加强宪法监督，弘扬宪法精神，切实维护宪法的权威和尊严。党领导人民制定和实施宪法法律，党自身必须在宪法法律范围内活动。各级人大、政府、监委、法院、检察院都要严格依照宪法法律积极主动、独立负责、协调一致开展工作。

全国人大及其常委会要完善宪法相关法律制度，保证宪法确立的制度、原则、规则得到全面实施；加强对宪法法律实施情况的监督检查，提高合宪性审查、备案审查工作质量，坚决纠正违宪违法行为；落实宪法解释程序机制，积极回应涉及宪法有关问题的关切。要健全中央依照宪法和特别行政区基本法对特别行政区行使全面管治权的法律制度，完善特别行政区同宪法和基本法实施相关的制度和机制，维护宪法和基本法确定的特别行政区宪制秩序和法治秩序。地方各级人大及其常委会要依法行使职权，保证宪法法律在本行政区域内得到遵守和执行，自觉维护国家法治统一。

第二，加快完善中国特色社会主义法律体系，以良法促进发展、保障善治。“立善法于天下，则天下治；立善法于一国，则一国治。”[2]改革开放以来，在党的领导下，经过各方面努力，我国用30多年时间形成了中国特色社会主义法律体系，这是人类法治史上一项了不起的成就。同时，也要看到，时代在进步，实践在发展，不断对法律体系建设提出新需求，法律体系必须与时俱进加以完善。

要加强党对立法工作的集中统一领导，完善党委领导、人大主导、政府依托、各方参与的立法工作格局。要把改革发展决策同立法决策更好结合起来，既通过深化改革完善法治，又通过更完善的法治保障各领域改革创新，确保国家发展、重大改革于法有据。要统筹推进国内法治和涉外法治，统筹发展和安全，推动我国法域外适用的法律体系建设，用法治方式有效应对挑战、防范风险，维护国家主权、安全、发展利益。要坚持系统观念，统筹立改废释纂，全面完善法律、行政法规、监察法规、地方性法规体系。

全国人大及其常委会是国家立法机关，要在确保质量的前提下加快立法工作步伐，增强立法的系统性、整体性、协同性，使法律体系更加科学完备、统一权威。要加强重点领域、新兴领域、涉外领域立法，注重将社会主义核心价值观融入立法，健全国家治理急需、满足人民日益增长的美好生活需要必备的法律制度。要在条件成熟的立法领域继续开展法典编纂工作。

良法是善治的前提。“法非从天下，非从地出，发于人间，合乎人心而已。”[3]要抓住提高立法质量这个关键，发挥好人大及其常委会在立法工作中的主导作用，坚持尊重和体现客观规律，坚持为了人民、依靠人民，坚持严格依照法定权限和法定程序，深入推进科学立法、民主立法、依法立法。要丰富立法形式，增强立法的针对性、适用性、可操作性。要严格按照法定权限和程序制定行政法规、监察法规、部门规章，保证法规、规章的质量。有立法权的地方人大要严格遵循立法权限，围绕贯彻落实党中央大政方针和决策部署，做好地方立法工作，着力解决实际问题。

第三，用好宪法赋予人大的监督权，实行正确监督、有效监督、依法监督。人民代表大会制度的重要原则和制度设计的基本要求，就是任何国家机关及其工作人员的权力都要受到监督和制约。要更好发挥人大监督在党和国家监督体系中的重要作用，让人民监督权力，让权力在阳光下运行，用制度的笼子管住权力，用法治的缰绳驾驭权力。

各级人大及其常委会要把宪法法律赋予的监督权用起来，实行正确监督、有效监督、依法监督，维护国家法治统一、尊严、权威，确保法律法规得到有效实施，确保行政权、监察权、审判权、检察权依法正确行使。

在我国政治体制中，人大对于“一府一委两院”[4]具有监督作用，推动各国家机关形成工作合力。要坚持围绕中心、服务大局、突出重点，聚焦党中央重大决策部署，聚焦人民群众所思所盼所愿，推动解决制约经济社会发展的突出矛盾和问题。人大要统筹运用法定监督方式，加强对法律法规实施情况的监督，确保各国家机关都在宪法法律范围内履行职责、开展工作。要完善人大监督制度，健全人大对执法司法工作监督的机制和方式。各级“一府一委两院”要严格执行人大及其常委会制定的法律法规和作出的决议决定，依法报告工作，自觉接受人大监督。

第四，充分发挥人大代表作用，做到民有所呼、我有所应。“为政之要，以顺民心为本。”[5]人民代表大会制度之所以具有强大生命力和显著优越性，关键在于深深植根于人民之中。一切国家机关和国家工作人员必须牢固树立人民公仆意识，把人民放在心中最高位置，保持同人民的密切联系，倾听人民意见和建议，接受人民监督，努力为人民服务。要丰富人大代表联系人民群众的内容和形式，拓宽联系渠道，积极回应社会关切，更好接地气、察民情、聚民智、惠民生。各级人大常委会要加强代表工作能力建设，支持和保障代表更好依法履职，使发挥各级人大代表作用成为人民当家作主的重要体现。

人大代表肩负人民赋予的光荣职责，要忠实代表人民利益和意志，依法参加行使国家权力。要站稳政治立场，履行政治责任，加强思想、作风建设，模范遵守宪法法律，做政治上的明白人。要充分发挥来自人民、扎根人民的特点优势，密切同人民群众的联系，当好党和国家联系人民群众的桥梁，最大限度调动积极因素、化解消极因素，展现新时代人大代表的风采。

第五，强化政治机关意识，加强人大自身建设。各级人大及其常委会要增强“四个意识”、坚定“四个自信”、做到

“两个维护”，不断提高政治判断力、政治领悟力、政治执行力，全面加强自身建设，成为自觉坚持中国共产党领导的政治机关、保证人民当家作主的国家权力机关、全面担负宪法法律赋予的各项职责的工作机关、始终同人民群众保持密切联系的代表机关。要优化人大常委会、专门委员会组成人员结构，打造政治坚定、服务人民、尊崇法治、发扬民主、勤勉尽责的人大工作队伍。要加强纪律作风建设，既严格履行法定职责，遵守法定程序，又坚决防止形式主义、官僚主义，提高人大工作实效。

第六，加强党对人大工作的全面领导。人民代表大会制度是党领导国家政权机关的重要制度载体，也是党在国家政权中充分发扬民主、贯彻群众路线的重要实现形式。各级党委要把人大工作摆在重要位置，完善党领导人大工作的制度，定期听取人大常委会党组工作汇报，研究解决人大工作中的重大问题。要支持人大及其常委会依法行使职权、开展工作，指导和督促“一府一委两院”自觉接受人大监督。要加强人大常委会领导班子和人大工作队伍建设，推动人大干部同党政部门、司法部门干部之间的合理交流。党的各级组织、宣传等部门要加强同人大有关方面的协调配合，形成做好新时代人大工作的强大合力。各级人大常委会党组要认真执行党的领导各项制度，落实好全面从严治党主体责任。

注　释

〔1〕见唐代吴兢《贞观政要·论诚信》。

〔2〕见北宋王安石《周公》。

〔3〕见《慎子·逸文》。

〔4〕“一府一委两院”，指人民政府、监察委员会、人民法院、人民检察院。

〔5〕参见北宋程颐《代吕晦叔应诏疏》。原文是：“为政之道，以顺民心为本。”

全过程人民民主是最广泛、最真实、最管用的社会主义民主*

（2021 年 10 月 13 日）

民主是全人类的共同价值，是中国共产党和中国人民始终不渝坚持的重要理念。如何把民主价值和理念转化为科学有效的制度安排，转化为具体现实的民主实践，需要注重历史和现实、理论和实践、形式和内容有机统一，找到正确的体制机制和方式方法。

我说过，评价一个国家政治制度是不是民主的、有效的，主要看国家领导层能否依法有序更替，全体人民能否依法管理国家事务和社会事务、管理经济和文化事业，人民群众能否畅通表达利益要求，社会各方面能否有效参与国家政治生活，国家决策能否实现科学化、民主化，各方面人才能否通过公平竞争进入国家领导和管理体系，执政党能否依照宪法法律规定实现对国家事务的领导，权力运用能否得到有效制约和监督。

民主不是装饰品，不是用来做摆设的，而是要用来解决人民需要解决的问题的。一个国家民主不民主，关键在于是

---

* 这是习近平在中央人大工作会议上讲话的一部分。

不是真正做到了人民当家作主，要看人民有没有投票权，更要看人民有没有广泛参与权；要看人民在选举过程中得到了什么口头许诺，更要看选举后这些承诺实现了多少；要看制度和法律规定了什么样的政治程序和政治规则，更要看这些制度和法律是不是真正得到了执行；要看权力运行规则和程序是否民主，更要看权力是否真正受到人民监督和制约。如果人民只有在投票时被唤醒、投票后就进入休眠期，只有竞选时聆听天花乱坠的口号、竞选后就毫无发言权，只有拉票时受宠、选举后就被冷落，这样的民主不是真正的民主。

总之，民主是各国人民的权利，而不是少数国家的专利。一个国家是不是民主，应该由这个国家的人民来评判，而不应该由外部少数人指手画脚来评判。国际社会哪个国家是不是民主的，应该由国际社会共同来评判，而不应该由自以为是的少数国家来评判。实现民主有多种方式，不可能千篇一律。用单一的标尺衡量世界丰富多彩的政治制度，用单调的眼光审视人类五彩缤纷的政治文明，本身就是不民主的。

中国共产党始终高举人民民主的旗帜，始终坚持以下基本观点：一是人民民主是社会主义的生命，没有民主就没有社会主义，就没有社会主义的现代化，就没有中华民族伟大复兴。二是人民当家作主是社会主义民主政治的本质和核心，发展社会主义民主政治就是要体现人民意志、保障人民权益、激发人民创造活力，用制度体系保证人民当家作主。三是中国特色社会主义政治发展道路是符合中国国情、保证人民当家作主的正确道路，是近代以来中国人民长期奋斗历史逻辑、理论逻辑、实践逻辑的必然结果，是坚持党的本质属性、践行党的根本宗旨的必然要求。四是人民通过选举、投票行使权利和人民内部各方面在重大决策之前进行充分协商，尽可能就共同性问题取得一致意见，是中国社会主义民主的两种重要形式，共同构成了中国社会主义民主政治的制度特点和优势。五是发展社会主义民主政治关键是要把我国社会主义民主政治的特点和优势充分发挥出来，不断推进社会主义民主政治制度化、规范化、程序化，为党和国家兴旺发达、长治久安提供更加完善的制度保障。邓小平同志说："资本主义社会讲的民主是资产阶级的民主，实际上是垄断资本的民主，无非是多党竞选、三权鼎立、两院制。我们的制度是人民代表大会制度，共产党领导下的人民民主制度，不能搞西方那一套。社会主义国家有个最大的优越性，就是干一件事情，一下决心，一做出决议，就立即执行，不受牵扯。"〔1〕

党的十八大以来，我们深化对民主政治发展规律的认识，提出全过程人民民主的重大理念。我国全过程人民民主不仅有完整的制度程序，而且有完整的参与实践。我国实行工人阶级领导的、以工农联盟为基础的人民民主专政的国体，实行人民代表大会制度的政体，实行中国共产党领导的多党合作和政治协商制度、民族区域自治制度、基层群众自治制度等基本政治制度，巩固和发展最广泛的爱国统一战线，形成了全面、广泛、有机衔接的人民当家作主制度体系，构建了多样、畅通、有序的民主渠道。全体人民依法实行民主选举、民主协商、民主决策、民主管理、民主监督，依法通过各种途径和形式管理国家事务，管理经济和文化事业，管理社会事务。我国全过程人民民主实现了过程民主和成果民主、程序民主和实质民主、直接民主和间接民主、人民民主和国家意志相统一，是全链条、全方位、全覆盖的民主，是最广泛、最真实、最管用的社会主义民主。我们要继续推进全过程人民民主建设，把人民当家作主具体地、现实地体现到党治国理政的政策措施上来，具体地、现实地体现到党和国家机关各个方面各个层级工作上来，具体地、现实地体现到实现人民对美好生活向往的工作上来。

人民代表大会制度是实现我国全过程人民民主的重要制度载体。要在党的领导下，不断扩大人民有序政治参与，加强人权法治保障，保证人民依法享有广泛权利和自由。要保证人民依法行使选举权利，民主选举产生人大代表，保证人民的知情权、参与权、表达权、监督权落实到人大工作各方面各环节全过程，确保党和国家在决策、执行、监督落实各个环节都能听到来自人民的声音。要完善人大的民主民意表达平台和载体，健全吸纳民意、汇集民智的工作机制，推进人大协商、立法协商，把各方面社情民意统一于最广大人民根本利益之中。要加强对中国特色社会主义民主、对人民代表大会制度的研究宣传工作，讲清楚我国政治制度的特点和优势，讲好中国民主故事。

坚持和完善人民代表大会制度，是全党全社会的共同责任。全党全国各族人民要坚定中国特色社会主义制度自信，不断坚持和完善人民代表大会制度，不断巩固和发展生动活泼、安定团结的政治局面，为人类政治文明进步作出充满中国智慧的贡献！

注　　释

〔**1**〕见邓小平《改革的步子要加快》（《邓小平文选》第 3 卷，人民出版社 1993 年版，第 240 页）。

坚持我国宗教中国化方向*

（2021 年 12 月 3 日）

要全面贯彻新时代党的宗教工作理论，全面贯彻党的宗教工作基本方针，全面贯彻党的宗教信仰自由政策，坚持我国宗教中国化方向，积极引导宗教与社会主义社会相适应，提高宗教界自我管理水平，提高宗教事务治理法治化水平，努力开创宗教工作新局面，更好组织和引导信教群众同广大人民群众一道为全面建成社会主义现代化强国、实现中华民族伟大复兴的中国梦而团结奋斗。

党的十八大以来，党中央高度重视宗教工作。各级党委贯彻落实党中央决策部署，党的宗教工作创新推进，取得积极成效。贯彻党的宗教工作基本方针更加全面，宗教工作体制机制进一步完善，宗教工作法律体系和政策框架日益健全，宗教界人士和信教群众尊法学法守法用法意识不断增强，推进我国宗教中国化逐步深入。宗教界弘扬爱国精神，讲大局、讲法治、讲科学、讲爱心，不断增进对伟大祖国、中华民族、中华文化、中国共产党、中国特色社会主义的认同。

---

* 这是习近平在全国宗教工作会议上的讲话要点。

党的十八大以来，党中央提出一系列关于宗教工作的新理念新举措，回答了新时代怎样认识宗教、怎样处理宗教问题、怎样做好党的宗教工作等重大理论和实践问题。必须深刻认识做好宗教工作在党和国家工作全局中的重要性，必须建立健全强有力的领导机制，必须坚持和发展中国特色社会主义宗教理论，必须坚持党的宗教工作基本方针，必须坚持我国宗教中国化方向，必须坚持把广大信教群众团结在党和政府周围，必须构建积极健康的宗教关系，必须支持宗教团体加强自身建设，必须提高宗教工作法治化水平。

要完整、准确、全面贯彻党的宗教信仰自由政策，尊重群众宗教信仰，依法管理宗教事务，坚持独立自主自办原则，积极引导宗教与社会主义社会相适应。党的宗教工作的本质是群众工作。信教群众和不信教群众在政治上经济上的根本利益是一致的，都是党执政的群众基础。既要保护信教群众宗教信仰自由权利，最大限度团结信教群众，也要耐心细致做信教群众工作。宗教团体是党和政府团结、联系宗教界人士和广大信教群众的桥梁和纽带，要为他们开展工作提供必要的支持和帮助，尊重和发挥他们在宗教内部事务中的作用。

要深入推进我国宗教中国化，引导和支持我国宗教以社会主义核心价值观为引领，增进宗教界人士和信教群众对伟大祖国、中华民族、中华文化、中国共产党、中国特色社会主义的认同。要在宗教界开展爱国主义、集体主义、社会主义教育，有针对性地加强党史、新中国史、改革开放史、社会主义发展史教育，引导宗教界人士和信教群众培育和践行社会主义核心价值观，弘扬中华文化。要坚持总体国家安全观，坚持独立自主自办原则，统筹推进相关工作。要加强互联网宗教事务管理。要切实解决影响我国宗教健康传承的突出问题。

要支持引导宗教界加强自我教育、自我管理、自我约束，全面从严治教，带头守法遵规、提升宗教修为。要加强宗教团体自身建设，完善领导班子成员的民主监督制度。要全面推进宗教工作法治建设，深入开展法治宣传教育。宗教活动应当在法律法规规定范围内开展，不得损害公民身体健康，不得违背公序良俗，不得干涉教育、司法、行政职能和社会生活。

要培养一支精通马克思主义宗教观、熟悉宗教工作、善于做信教群众工作的党政干部队伍，让他们深入学习马克思主义宗教观、党的宗教工作理论和方针政策、宗教知识，不断提升导的能力。要培养一支政治上靠得住、宗教上有造诣、品德上能服众、关键时起作用的宗教界代表人士队伍。要培养一支思想政治坚定、坚持马克思主义宗教观、学风优良、善于创新的宗教学研究队伍，加强马克思主义宗教学学科建设。要健全宗教工作体制机制，推动构建党委领导、政府管理、社会协同、宗教自律的宗教事务治理格局。要把握好涉及宗教工作的重大关系，多做打基础、利长远的工作，常抓不懈、久久为功。

确保中国共产党领导的多党合作事业薪火相传*

（2022 年 1 月 29 日）

今年将召开中共二十大，这是党和国家政治生活中的一件大事。各方面工作都要围绕迎接二十大、开好二十大、贯彻二十大精神来谋划和开展。要坚持和完善中国共产党领导的多党合作和政治协商制度，巩固和发展最广泛的爱国统一战线，发展全过程人民民主，始终坚持大团结大联合，最大限度凝聚起共同奋斗的力量。要坚持正确政治方向，自觉在思想上政治上行动上同中共中央保持高度一致，深入调查研究，积极建言献策，提高政党协商实效。要深入做好思想引导工作，引导广大成员明辨是非、站稳立场，凝聚和传递正能量。

今年各民主党派和工商联要完成中央和省级组织的换届。要深化政治交接，巩固政治共识，把与党同心、爱国为民、精诚合作、敬业奉献的多党合作优良传统赓续下来，把老一辈的政治信念、高尚风范和同中国共产党的深厚感情传承下

* 这是习近平在同党外人士共迎新春时的讲话要点。

去，确保中国共产党领导的多党合作事业薪火相传。要坚持正确用人导向，严把人选政治关、廉洁关，突出考察人选的理想信念、政治品格、道德修养，确保选出的同志真正靠得住、敢担当、能服众。

各民主党派要紧扣参政党建设的目标和原则，不断提高政治把握能力、参政议政能力、组织领导能力、合作共事能力和解决自身问题能力，用自身建设的新成效展示参政党的新面貌。要增强思想政治建设的时代性、针对性、实效性，不断巩固共同团结奋斗的思想政治基础。要健全制度体系，及时将实践中好的经验做法转化为制度规范。要深化理论研究，认真总结参政党建设经验，把握参政党建设规律。全国工商联要加强基层组织建设，推动所属商会改革发展，着力提升服务促进非公有制经济健康发展和非公有制经济人士健康成长的能力和水平，不断提高工作质量和效能。

坚持中国人权发展道路，促进人权事业全面发展*

（2022 年 2 月 25 日）

党的百年奋斗史，贯穿着党团结带领人民为争取人权、尊重人权、保障人权、发展人权而进行的不懈努力。我国开启了全面建设社会主义现代化国家、向第二个百年奋斗目标进军的新征程，我们要深刻认识做好人权工作的重要性和紧迫性，坚定不移走中国人权发展道路，更加重视尊重和保障人权，更好推动我国人权事业发展。

尊重和保障人权是中国共产党人的不懈追求。我们党自成立之日起就高举起“争民主、争人权”的旗帜，鲜明宣示了救国救民、争取人权的主张。在新民主主义革命时期、社会主义革命和建设时期、改革开放和社会主义现代化建设新时期，我们党都牢牢把握为中国人民谋幸福、为中华民族谋复兴的初心使命，领导人民取得了革命、建设、改革的伟大胜利，中国人民成为国家、社会和自己命运的主人，中国人民的生存权、发展权和其他各项基本权利保障不断向前推进。

---

* 这是习近平在主持中共十九届中央政治局第三十七次集体学习时的讲话要点。

党的十八大以来，我们坚持把尊重和保障人权作为治国理政的一项重要工作，推动我国人权事业取得历史性成就。我们实现了第一个百年奋斗目标，全面建成小康社会，历史性地解决了绝对贫困问题，为我国人权事业发展打下了更为坚实的物质基础。我们不断发展全过程人民民主，推进人权法治保障，坚决维护社会公平正义，人民享有更加广泛、更加充分、更加全面的民主权利。我们推动实现更加充分、更高质量的就业，建成了世界上规模最大的教育体系、社会保障体系、医疗卫生体系，大力改善人民生活环境质量。我们坚持人民至上、生命至上，有力应对新冠肺炎疫情，最大限度保护了人民生命安全和身体健康。我们全面贯彻党的民族政策和宗教政策，坚持各民族一律平等，尊重群众宗教信仰，保障各族群众合法权益。我们深入推进司法体制改革，加强平安中国、法治中国建设，深入开展政法队伍教育整顿，全面开展扫黑除恶行动，严厉打击各类违法犯罪，保持社会长期稳定，切实保护人民群众生命财产安全。我国是世界上唯一持续制定和实施四期国家人权行动计划的主要大国。我们积极参与全球人权治理，为世界人权事业发展作出了中国贡献、提供了中国方案。

在推进我国人权事业发展的实践中，我们把马克思主义人权观同中国具体实际相结合、同中华优秀传统文化相结合，总结我们党团结带领人民尊重和保障人权的成功经验，借鉴人类优秀文明成果，走出了一条顺应时代潮流、适合本国国情的人权发展道路。一是坚持中国共产党领导。中国共产党领导和我国社会主义制度，决定了我国人权事业的社会主义性质，决定了我们能够保证人民当家作主，坚持平等共享人权，推进各类人权全面发展，不断实现好、维护好、发展好最广大人民根本利益。二是坚持尊重人民主体地位。人民性是中国人权发展道路最显著的特征。我们保障人民民主权利，充分激发广大人民群众积极性、主动性、创造性，让人民成为人权事业发展的主要参与者、促进者、受益者，切实推动人的全面发展、全体人民共同富裕取得更为明显的实质性进展。三是坚持从我国实际出发。我们把人权普遍性原则同中国实际结合起来，从我国国情和人民要求出发推动人权事业发展，确保人民依法享有广泛充分、真实具体、有效管用的人权。四是坚持以生存权、发展权为首要的基本人权。生存是享有一切人权的基础，人民幸福生活是最大的人权。我们完整、准确、全面贯彻新发展理念，坚持以人民为中心的发展思想，坚持发展为了人民、发展依靠人民、发展成果由人民共享，努力实现更高质量、更有效率、更加公平、更可持续、更为安全的发展，在发展中使广大人民群众的获得感、幸福感、安全感更加充实、更有保障、更可持续。五是坚持依法保障人权。我们坚持法律面前人人平等，把尊重和保障人权贯穿立法、执法、司法、守法各个环节，加快完善权利公平、机会公平、规则公平的法律制度，保障公民人身权、财产权、人格权，保障公民参与民主选举、民主协商、民主决策、民主管理、民主监督等基本政治权利，保障公民经济、文化、社会、环境等各方面权利，不断提升人权法治化保障水平。六是坚持积极参与全球人权治理。我们弘扬全人类共同价值，践行真正多边主义，积极参与包括人权在内的全球治理体系改革和建设，推动构建人类命运共同体。以上 6 条，既是中国人权发展的主要特征，又是我们在推进我国人权事业实践中取得的宝贵经验，要结合新的实践不断坚持好、发展好。

要促进人权事业全面发展，坚持中国人权发展道路，顺应人民对高品质美好生活的期待，不断满足人民日益增长的多方面的权利需求，统筹推进经济发展、民主法治、思想文化、公平正义、社会治理、环境保护等建设，全面做好就业、收入分配、教育、社保、医疗、住房、养老、扶幼等各方面工作，在物质文明、政治文明、精神文明、社会文明、生态文明协调发展中全方位提升各项人权保障水平。

要加强人权法治保障，深化法治领域改革，健全人权法治保障机制，实现尊重和保障人权在立法、执法、司法、守法全链条、全过程、全方位覆盖，让人民群众在每一项法律制度、每一个执法决定、每一宗司法案件中都感受到公平正义。要系统研究谋划和解决法治领域人民群众反映强烈的突出问题，依法公正对待人民群众的诉求，坚决杜绝因司法不公而造成伤害人民群众感情、损害人民群众权益的事情发生。对一切侵犯群众合法权利的行为，对一切在侵犯群众权益问题上漠然置之、不闻不问的现象，都必须依纪依法严肃查处、坚决追责。

要弘扬正确人权观，广泛开展人权宣传和知识普及，营造尊重和保障人权的良好氛围。要在全体人民特别是广大青少年中开展人权知识教育，把马克思主义人权观、当代中国人权观教育纳入国民教育体系。要加强对公职人员特别是基层公务人员的人权知识培训。要发挥群团组织优势，促进妇女儿童、老年人、残疾人等特定群体权益更有保障。要依托我国人权事业发展的生动实践，提炼原创性概念，发展我国人权学科体系、学术体系、话语体系。要加强人权智库和人权研究基地建设，着力培养一批理论扎实、学术精湛、熟悉国际规则、会讲中国人权故事的高端人权专家队伍。

要积极推动全球人权治理，弘扬全人类共同价值观，坚持平等互信、包容互鉴、合作共赢、共同发展的理念，推动全球人权治理朝着更加公平公正合理包容的方向发展。要积极参与联合国人权事务，广泛同各国特别是发展中国家开展国际人权交流合作，发挥建设性作用。

人权是历史的、具体的、现实的，不能脱离不同国家的社会政治条件和历史文化传统空谈人权。评价一个国家是否有人权，不能以别的国家标准来衡量，更不能搞双重标准，甚至把人权当作干涉别国内政的政治工具。要把握战略主动，着力讲好中国人权故事，运用形象化、具体化的表达方式，增强当代中国人权观的吸引力、感染力、影响力。

各级党委（党组）要担负起推动我国人权事业发展的历史责任，加强组织领导，主动担当作为，切实把国家人权行动计划落实好。各级干部特别是领导干部要自觉学习马克思主义人权观、当代中国人权观，提高认识，增强自信，主动做好尊重和保障人权各项工作。各地区各部门各行业要增强尊重和保障人权意识，形成推动我国人权事业发展的合力。

当代青年要在实现民族复兴的赛道上奋勇争先*

（2022 年 5 月 10 日）

实现中国梦是一场历史接力赛，当代青年要在实现民族复兴的赛道上奋勇争先。时代总是把历史责任赋予青年。新时代的中国青年，生逢其时、重任在肩，施展才干的舞台无比广阔，实现梦想的前景无比光明。在庆祝中国共产党成立 100 周年大会上，共青团员、少先队员代表响亮喊出“请党放心、强国有我”的青春誓言。这是新时代中国青少年应该有的样子，更是党的青年组织必须有的风貌。

在新的征程上，如何更好把青年团结起来、组织起来、动员起来，为实现第二个百年奋斗目标、实现中华民族伟大复兴的中国梦而奋斗，是新时代中国青年运动和青年工作必须回答的重大课题。共青团要增强引领力、组织力、服务力，团结带领广大团员青年成长为有理想、敢担当、能吃苦、肯奋斗的新时代好青年，用青春的能动力和创造力激荡起民族复兴的澎湃春潮，用青春的智慧和汗水打拼出一个更加美好的中国！

---

* 这是习近平在庆祝中国共产主义青年团成立 100 周年大会上讲话的一部分。

这里，我给共青团提几点希望。

第一，坚持为党育人，始终成为引领中国青年思想进步的政治学校。志存高远方能登高望远，胸怀天下才可大展宏图。火热的青春，需要坚定的理想信念。我们党用“共产主义”为团命名，就是希望党的青年组织永远站在理想信念的高地上，用党的科学理论武装青年，用党的初心使命感召青年，用党的光辉旗帜指引青年，用党的优良作风塑造青年。新时代的中国青年，更加自信自强、富于思辨精神，同时也面临各种社会思潮的现实影响，不可避免会在理想和现实、主义和问题、利己和利他、小我和大我、民族和世界等方面遇到思想困惑，更加需要深入细致的教育和引导，用敏锐的眼光观察社会，用清醒的头脑思考人生，用智慧的力量创造未来。共青团作为广大青年在实践中学习中国特色社会主义和共产主义的学校，要从政治上着眼、从思想上入手、从青年特点出发，帮助他们早立志、立大志，从内心深处厚植对党的信赖、对中国特色社会主义的信心、对马克思主义的信仰。要立足党的事业后继有人这一根本大计，牢牢把握培养社会主义建设者和接班人这个根本任务，引导广大青年在思想洗礼、在实践锻造中不断增强做中国人的志气、骨气、底气，让革命薪火代代相传！

第二，自觉担当尽责，始终成为组织中国青年永久奋斗的先锋力量。奋斗是青春最亮丽的底色，行动是青年最有效的磨砺。有责任有担当，青春才会闪光。青年是常为新的，最具创新热情，最具创新动力。党和人民事业发展离不开一代又一代有志青年的拼搏奉献。只有当青春同党和人民事业高度契合时，青春的光谱才会更广阔，青春的能量才能充分迸发。青年是社会中最有生气、最有闯劲、最少保守思想的群体，蕴含着改造客观世界、推动社会进步的无穷力量。共青团要团结带领广大团员青年勇做新时代的弄潮儿，自觉听从党和人民召唤，胸怀“国之大者”，担当使命任务，到新时代新天地中去施展抱负、建功立业，争当伟大理想的追梦人，争做伟大事业的生力军，让青春在祖国和人民最需要的地方绽放绚丽之花！

第三，心系广大青年，始终成为党联系青年最为牢固的桥梁纽带。共青团是党领导的群团组织，也是青年人自己的组织。团的最大优势在于遍布基层一线、深入青年身边。要紧扣服务青年的工作生命线，履行巩固和扩大党执政的青年群众基础这一政治责任，既把青年的温度如实告诉党，也把党的温暖充分传递给青年。要千方百计为青年办实事、解难事，主动想青年之所想、急青年之所急，充分依托党赋予的资源和渠道，为青年提供实实在在的帮助，让广大青年真切感受到党的关爱就在身边、关怀就在眼前！

第四，勇于自我革命，始终成为紧跟党走在时代前列的先进组织。对共青团来说，建设什么样的青年组织、怎样建设青年组织是事关根本的重大问题。“常制不可以待变化，一途不可以应无方，刻船不可以索遗剑。”〔1〕共青团只有勇于自我革命，才能跟上时代前进、青年发展、实践创新的步伐。要把党的全面领导落实到工作的全过程各领域，走好中国特色社会主义群团发展道路，聚焦不断保持和增强政治性、先进性、群众性的目标方向，推动共青团改革向纵深发展。要敏于把握青年脉搏，依据青年工作生活方式新变化新特点，探索团的基层组织建设新思路新模式，带动青联、学联组织高扬爱国主义、社会主义旗帜，不断巩固和扩大青年爱国统一战线。要自觉对标全面从严治党经验做法，以改革创新精神和从严从实之风加强自身建设，严于管团治团，在全方位、高标准锻造中焕发出共青团昂扬向上的时代风貌！

“人生万事须自为，跬步江山即寥廓。”[2] 追求进步，是青年最宝贵的特质，也是党和人民最殷切的希望。新时代的广大共青团员，要做理想远大、信念坚定的模范，带头学习马克思主义理论，树立共产主义远大理想和中国特色社会主义共同理想，自觉践行社会主义核心价值观，大力弘扬爱国主义精神；要做刻苦学习、锐意创新的模范，带头立足岗位、苦练本领、创先争优，努力成为行业骨干、青年先锋；要做敢于斗争、善于斗争的模范，带头迎难而上、攻坚克难，做到不信邪、不怕鬼、骨头硬；要做艰苦奋斗、无私奉献的模范，带头站稳人民立场，脚踏实地、求真务实，吃苦在前、享受在后，甘于做一颗永不生锈的螺丝钉；要做崇德向善、严守纪律的模范，带头明大德、守公德、严私德，严格遵纪守法，严格履行团员义务。广大共青团员要认真接受政治训练、加强政治锻造、追求政治进步，积极向党组织靠拢，以成长为一名合格的共产党员为目标、为光荣。

长期以来，广大团干部发扬优良传统，认真履职尽责，为党的青年工作作出了重要贡献。团干部要铸牢对党忠诚的政治品格，高扬理想主义的精神气质，心境澄明，心力茁壮，让人迎面就能感受到年轻干部应有的清澈和纯粹。要自觉践行群众路线、树牢群众观点，同广大青年打成一片，做青年友，不做青年“官”，多为青年计，少为自己谋。要培养担当实干的工作作风，不尚虚谈、多务实功，勇于到艰苦环境和基层一线去担苦、担难、担重、担险，老老实实做人，踏踏实实干事。要涵养廉洁自律的道德修为，心有所畏、言有所戒、行有所止，不断锤炼意志力、坚忍力、自制力，做一个一心为公、一身正气、一尘不染的人。

革命人永远是年轻。中国共产党立志于中华民族千秋伟业，百年恰是风华正茂。列宁曾经引用恩格斯的话说过：“我们是未来的党，而未来是属于青年的。我们是革新者的党，而总是青年更乐于跟着革新者走。我们是跟腐朽的旧事物进行忘我斗争的党，而总是青年首先投身到忘我斗争中去。”[3]历史和现实都证明，中国共产党是始终保持青春特质的党，是永远值得青年人信赖和追随的党。

在实现中华民族伟大复兴的征程上，中国共产党是先锋队，共青团是突击队，少先队是预备队。入队、入团、入党，是青年追求政治进步的“人生三部曲”。中国共产党始终向青年敞开大门，热情欢迎青年源源不断成为党的新鲜血液。共青团要履行好全团带队政治责任，规范和加强少先队推优入团、共青团推优入党工作机制，着力推动党、团、队育人链条相衔接、相贯通。各级党组织要高度重视培养和发展青年党员，特别是要注重从优秀共青团员中培养和发展党员，确保红色江山永不变色。

李大钊说过：“青年者，国家之魂。”[4]过去、现在、将来青年工作都是党的工作中一项战略性工作。各级党委（党组）

要倾注极大热忱研究青年成长规律和时代特点，拿出极大精力抓青年工作，做青年朋友的知心人、青年工作的热心人、青年群众的引路人。各级党组织要落实党建带团建制度机制，经常研究解决共青团工作中的重大问题，热情关心、严格要求团干部，支持共青团按照群团工作特点和规律创造性地开展工作。

注　释

〔**1**〕见东晋葛洪《抱朴子·外篇·广譬》。

〔**2**〕见元代范梈《王氏能远楼》。

〔**3**〕见列宁《孟什维主义的危机》(《列宁全集》第 14 卷，人民出版社 2017 年版，第 161 页)。

〔**4**〕见李大钊《〈晨钟〉之使命——青春中华之创造》(《李大钊全集》第 1 卷，人民出版社 2013 年版，第 332—333 页)。

十一、加快建设
社会主义法治国家

实施好民法典*

（2020 年 5 月 29 日）

民法典在中国特色社会主义法律体系中具有重要地位，是一部固根本、稳预期、利长远的基础性法律，对推进全面依法治国、加快建设社会主义法治国家，对发展社会主义市场经济、巩固社会主义基本经济制度，对坚持以人民为中心的发展思想、依法维护人民权益、推动我国人权事业发展，对推进国家治理体系和治理能力现代化，都具有重大意义。

民法典系统整合了新中国成立 70 多年来长期实践形成的民事法律规范，汲取了中华民族 5000 多年优秀法律文化，借鉴了人类法治文明建设有益成果，是一部体现我国社会主义性质、符合人民利益和愿望、顺应时代发展要求的民法典，是一部体现对生命健康、财产安全、交易便利、生活幸福、人格尊严等各方面权利平等保护的民法典，是一部具有鲜明中国特色、实践特色、时代特色的民法典。实施好民法典，重点要做好以下工作。

第一，加强民法典重大意义的宣传教育。要讲清楚，实施好民法典是坚持以人民为中心、保障人民权益实现和发展

---

* 这是习近平在主持中共十九届中央政治局第二十次集体学习时讲话的一部分。

的必然要求。民法典调整规范自然人、法人等民事主体之间的人身关系和财产关系，这是社会生活和经济生活中最普通、最常见的社会关系和经济关系，涉及经济社会生活方方面面，同人民群众生产生活密不可分，同各行各业发展息息相关。民法典实施得好，人民群众权益就会得到法律保障，人与人之间的交往活动就会更加有序，社会就会更加和谐。要讲清楚，实施好民法典是发展社会主义市场经济、巩固社会主义基本经济制度的必然要求。民法典把我国多年来实行社会主义市场经济体制和加强社会主义法治建设取得的一系列重要制度成果用法典的形式确定下来，规范经济生活和经济活动赖以依托的财产关系、交易关系，对坚持和完善社会主义基本经济制度、促进社会主义市场经济繁荣发展具有十分重要的意义。要讲清楚，实施好民法典是提高我们党治国理政水平的必然要求。民法典是全面依法治国的重要制度载体，很多规定同有关国家机关直接相关，直接涉及公民和法人的权利义务关系。国家机关履行职责、行使职权必须清楚自身行为和活动的范围和界限。各级党和国家机关开展工作要考虑民法典规定，不能侵犯人民群众享有的合法民事权利，包括人身权利和财产权利。同时，有关政府机关、监察机关、司法机关要依法履行职能、行使职权，保护民事权利不受侵犯、促进民事关系和谐有序。民法典实施水平和效果，是衡量各级党和国家机关履行为人民服务宗旨的重要尺度。

第二，加强民事立法相关工作。民法典颁布实施，并不意味着一劳永逸解决了民事法治建设的所有问题，仍然有许多问题需要在实践中检验、探索，还需要不断配套、补充、细化。有关国家机关要适应改革开放和社会主义现代化建设要求，加强同民法典相关联、相配套的法律法规制度建设，不断总结实践经验，修改完善相关法律法规和司法解释。对同民法典规定和原则不一致的国家有关规定，要抓紧清理，该修改的修改，该废止的废止。要发挥法律解释的作用，及时明确法律规定含义和适用法律依据，保持民法典稳定性和适应性相统一。

“法与时转则治。”[1]随着经济社会不断发展、经济社会生活中各种利益关系不断变化，民法典在实施过程中必然会遇到一些新情况新问题。这次新冠肺炎疫情防控的实践表明，新技术、新产业、新业态和人们新的工作方式、交往方式、生活方式不断涌现，也给民事立法提出了新课题。要坚持问题导向，适应技术发展进步新需要，在新的实践基础上推动民法典不断完善和发展。

第三，加强民法典执法司法活动。严格规范公正文明执法，提高司法公信力，是维护民法典权威的有效手段。各级政府要以保证民法典有效实施为重要抓手推进法治政府建设，把民法典作为行政决策、行政管理、行政监督的重要标尺，不得违背法律法规随意作出减损公民、法人和其他组织合法权益或增加其义务的决定。要规范行政许可、行政处罚、行政强制、行政征收、行政收费、行政检查、行政裁决等活动，提高依法行政能力和水平，依法严肃处理侵犯群众合法权益的行为和人员。

民事案件同人民群众权益联系最直接最密切。各级司法机关要秉持公正司法，提高民事案件审判水平和效率。要加强民事司法工作，提高办案质量和司法公信力。要及时完善相关民事司法解释，使之同民法典及有关法律规定和精神保持一致，统一民事法律适用标准。要加强涉及财产权保护、人格权保护、知识产权保护、生态环境保护等重点领域的民事审判工作和监督指导工作，及时回应社会关切。要加强民事检察工作，加强对司法活动的监督，畅通司法救济渠道，保护公民、法人和其他组织合法权益，坚决防止以刑事案件名义插手民事纠纷、经济纠纷。

民法典专业性较强，实施中要充分发挥律师事务所和律师等法律专业机构、专业人员的作用，帮助群众实现和维护自身合法权益，同时要发挥人民调解、商事仲裁等多元化纠纷解决机制的作用，加强法律援助、司法救助等工作，通过社会力量和基层组织务实解决民事纠纷，多方面推进民法典实施工作。

第四，加强民法典普法工作。民法典共 7 编 1260 条、10 万多字，是我国法律体系中条文最多、体量最大、编章结构最复杂的一部法律。民法典要实施好，就必须让民法典走到群众身边、走进群众心里。要广泛开展民法典普法工作，将其作为“十四五”时期普法工作的重点来抓，引导群众认识到民法典既是保护自身权益的法典，也是全体社会成员都必须遵循的规范，养成自觉守法的意识，形成遇事找法的习惯，培养解决问题靠法的意识和能力。要把民法典纳入国民教育体系，加强对青少年民法典教育。

民法典专业术语很多，要加强解读。要聚焦民法典总则编和各分编需要把握好的核心要义和重点问题，阐释好民法典关于民事活动平等、自愿、公平、诚信等基本原则，阐释好民法典关于坚持主体平等、保护财产权利、便利交易流转、维护人格尊严、促进家庭和谐、追究侵权责任等基本要求，阐释好民法典一系列新规定新概念新精神。

第五，加强我国民事法律制度理论研究。改革开放以来，我国民法理论研究和话语体系建设取得了明显成效，但同日新月异的民法实践相比还不完全适应。要坚持以中国特色社会主义法治理论为指导，立足我国国情和实际，加强对民事法律制度的理论研究，尽快构建体现我国社会主义性质，具有鲜明中国特色、实践特色、时代特色的民法理论体系和话语体系，为有效实施民法典、发展我国民事法律制度提供理论支撑。

各级党和国家机关要带头宣传、推进、保障民法典实施，加强检查和监督，确保民法典得到全面有效执行。各级领导干部要做学习、遵守、维护民法典的表率，提高运用民法典维护人民权益、化解矛盾纠纷、促进社会和谐稳定能力和水平。

注　　释

〔**1**〕见《韩非子·心度》。

以科学理论为指导，为全面建设社会主义现代化国家提供有力法治保障*

（2020 年 11 月 16 日）

党的十八大以来，党中央明确提出全面依法治国，并将其纳入“四个全面”战略布局予以有力推进。党的十八届四中全会专门进行研究，作出关于全面推进依法治国若干重大问题的决定。党的十九大召开后，党中央组建中央全面依法治国委员会，从全局和战略高度对全面依法治国又作出一系列重大决策部署，推动我国社会主义法治建设发生历史性变革、取得历史性成就。我们把“中国共产党领导是中国特色社会主义最本质的特征”写入宪法，完善党领导立法、保证执法、支持司法、带头守法制度，党对全面依法治国的领导更加坚强有力。我们完善顶层设计，统筹推进法律规范、法治实施、法治监督、法治保障和党内法规体系建设，全面依法治国总体格局基本形成。我们推进重要领域立法，深化法治领域改革，推进法治政府建设，建立国家监察机构，改革

* 这是习近平在中央全面依法治国工作会议上讲话的一部分。

完善司法体制，加强全民普法，深化依法治军，推进法治专门队伍建设，坚决维护社会公平正义，依法纠正一批冤错案件，全面依法治国实践取得重大进展。

当前和今后一个时期，推进全面依法治国，要全面贯彻落实党的十九大和十九届二中、三中、四中、五中全会精神，围绕建设中国特色社会主义法治体系、建设社会主义法治国家的总目标，坚持党的领导、人民当家作主、依法治国有机统一，以解决法治领域突出问题为着力点，坚定不移走中国特色社会主义法治道路，在法治轨道上推进国家治理体系和治理能力现代化，为全面建设社会主义现代化国家、实现中华民族伟大复兴的中国梦提供有力法治保障。要重点抓好以下工作。

第一，坚持党对全面依法治国的领导。党的领导是推进全面依法治国的根本保证。我们党是世界最大的执政党，领导着世界上人口最多的国家，如何掌好权、执好政，如何更好把 14 亿人民组织起来、动员起来全面建设社会主义现代化国家，是一个始终需要高度重视的重大课题。历史是最好的教科书，也是最好的清醒剂。我们党领导社会主义法治建设，既有成功经验，也有失误教训。特别是十年内乱期间，法制遭到严重破坏，党和人民付出了沉重代价。“文化大革命”结束后，邓小平同志把这个问题提到关系党和国家前途命运的高度，强调“必须加强法制。必须使民主制度化、法律化”[1]。正反两方面的经验告诉我们，国际国内环境越是复杂，改革开放和社会主义现代化建设任务越是繁重，越要运用法治思维和法治手段巩固执政地位、改善执政方式、提高执政能力，保证党和国家长治久安。

全党同志都必须清醒认识到，全面依法治国决不是要削弱党的领导，而是要加强和改善党的领导。要健全党领导全面依法治国的制度和工作机制，推进党的领导制度化、法治化，通过法治保障党的路线方针政策有效实施。要坚持依法治国和依规治党有机统一，确保党既依据宪法法律治国理政，又依据党内法规管党治党、从严治党。

2015 年，我在中央政治局常委会听取最高人民法院和最高人民检察院党组工作汇报、在省部级主要领导干部学习贯彻党的十八届四中全会精神全面推进依法治国专题研讨班开班式等场合都明确指出，“党大还是法大”是一个政治陷阱，是一个伪命题；对这个问题，我们不能含糊其辞、语焉不详，要明确予以回答。党的领导和依法治国不是对立的，而是统一的。我国法律充分体现了党和人民意志，我们党依法办事，这个关系是相互统一的关系。全党同志必须牢记，党的领导是我国社会主义法治之魂，是我国法治同西方资本主义国家法治最大的区别。离开了党的领导，全面依法治国就难以有效推进，社会主义法治国家就建不起来。

当然，我们说不存在“党大还是法大”的问题，是把党作为一个执政整体、就党的执政地位和领导地位而言的，具体到每个党政组织、每个领导干部，就必须服从和遵守宪法法律。有些事情要提交党委把握，但这种把握不是私情插手，不是包庇性的干预，而是一种政治性、程序性、职责性的把握。这个界线一定要划分清楚。

第二，坚持以人民为中心。全面依法治国最广泛、最深厚的基础是人民，必须坚持为了人民、依靠人民。要把体现人民利益、反映人民愿望、维护人民权益、增进人民福祉落实到全面依法治国各领域全过程，保证人民在党的领导下通过各种途径和形式管理国家事务、管理经济文化事业、管理社会事务，保证人民依法享有广泛的权利和自由、承担应尽的义务。

推进全面依法治国，根本目的是依法保障人民权益。随着我国经济社会持续发展和人民生活水平不断提高，人民群众对民主、法治、公平、正义、安全、环境等方面的要求日益增长，要积极回应人民群众新要求新期待，坚持问题导向、目标导向，树立辩证思维和全局观念，系统研究谋划和解决法治领域人民群众反映强烈的突出问题，不断增强人民群众获得感、幸福感、安全感，用法治保障人民安居乐业。

第三，坚持中国特色社会主义法治道路。我说过，我们要坚持的中国特色社会主义法治道路，本质上是中国特色社会主义道路在法治领域的具体体现；我们要发展的中国特色社会主义法治理论，本质上是中国特色社会主义理论体系在法治问题上的理论成果；我们要建设的中国特色社会主义法治体系，本质上是中国特色社会主义制度的法律表现形式。我们既要立足当前，运用法治思维和法治方式解决经济社会发展面临的深层次问题；又要着眼长远，筑法治之基、行法治之力、积法治之势，促进各方面制度更加成熟更加定型，为党和国家事业发展提供长期性的制度保障。

自古以来，我国形成了世界法制史上独树一帜的中华法系，积淀了深厚的法律文化。中华法系形成于秦朝，到隋唐时期逐步成熟，《唐律疏议》是代表性的法典，清末以后中华法系影响日渐衰微。与大陆法系、英美法系、伊斯兰法系等不同，中华法系是在我国特定历史条件下形成的，显示了中华民族的伟大创造力和中华法制文明的深厚底蕴。中华法系凝聚了中华民族的精神和智慧，有很多优秀的思想和理念值得我们传承。出礼入刑、隆礼重法的治国策略，民惟邦本、本固邦宁的民本理念，天下无讼、以和为贵的价值追求，德主刑辅、明德慎罚的慎刑思想，援法断罪、罚当其罪的平等观念，保护鳏寡孤独、老幼妇残的恤刑原则，等等，都彰显了中华优秀传统法律文化的智慧。近代以后，不少人试图在中国照搬西方法治模式，但最终都归于失败。历史和现实告诉我们，只有传承中华优秀传统法律文化，从我国革命、建设、改革的实践中探索适合自己的法治道路，同时借鉴国外法治有益成果，才能为全面建设社会主义现代化国家、实现中华民族伟大复兴夯实法治基础。

有一点要明确，我们推进全面依法治国，决不照搬别国模式和做法，决不走西方所谓"宪政"、"三权鼎立"、"司法独立"的路子。实践证明，我国政治制度和法治体系是适合我国国情和实际的制度，具有显著优越性。在这个问题上，我们要有自信、有底气、有定力。事实教育了我们的人民群众，人民群众越来越自信。

面对突如其来的疫情，我们始终坚持坚定信心、同舟共济、科学防治、精准施策的总要求。2 月 5 日，我就主持召开中央全面依法治国委员会第三次会议，在疫情防控关键时刻专门部署依法防控疫情工作，我特别强调，疫情防控越是到了最吃劲的时候，越要坚持依法防控，在法治轨道上统筹推进各项防控工作。各地区各部门从立法、执法、司法、普法、守法各环节全面发力，严格按照法定权限和程序实施区域封锁、病人隔离、交通管控、遗体处置等措施，严厉打击妨害疫情防控的违法犯罪行为，依法化解涉疫矛盾纠纷，为疫情防控取得重大战略成果提供了有力法治保障。

第四，坚持依宪治国、依宪执政。宪法是国家的根本法，具有最高的法律效力。党领导人民制定宪法法律，领导人民实施宪法法律，党自身要在宪法法律范围内活动。全国各族人民、一切国家机关和武装力量、各政党和各社会团体、各企业事业组织，都必须以宪法为根本的活动准则，都负有维护宪法尊严、保证宪法实施的职责。任何组织和个人都不得有超越宪法法律的特权，一切违反宪法法律的行为都必须予以追究。

党的十八届四中全会明确提出，坚持依法治国首先要坚持依宪治国，坚持依法执政首先要坚持依宪执政。我们讲依宪治国、依宪执政，同西方所谓“宪政”有着本质区别，不能把二者混为一谈。坚持依宪治国、依宪执政，就包括坚持宪法确定的中国共产党领导地位不动摇，坚持宪法确定的人民民主专政的国体和人民代表大会制度的政体不动摇。

维护国家法治统一，是一个严肃的政治问题。我国是单一制国家，维护国家法治统一至关重要。2015 年立法法修改，赋予设区的市地方立法权，地方立法工作有了积极进展，总体情况是好的，但有的地方也存在违背上位法规定、立法“放水”等问题，影响很不好。要加强宪法实施和监督，推进合宪性审查工作，对一切违反宪法法律的法规、规范性文件必须坚决予以纠正和撤销。同时，地方立法要有地方特色，需要几条就定几条，能用三五条解决问题就不要搞“鸿篇巨制”，关键是吃透党中央精神，从地方实际出发，解决突出问题。

第五，坚持在法治轨道上推进国家治理体系和治理能力现代化。法治是国家治理体系和治理能力的重要依托。只有全面依法治国才能有效保障国家治理体系的系统性、规范性、协调性，才能最大限度凝聚社会共识。

新中国成立70多年来，我国之所以创造出经济快速发展、社会长期稳定“两大奇迹”，同我们不断推进社会主义法治建设有着十分紧密的关系。这次应对新冠肺炎疫情，我们坚持在法治轨道上统筹推进疫情防控和经济社会发展工作，依法维护社会大局稳定，有序推进复工复产，我国疫情防控取得重大战略成果，我国将成为今年全球唯一恢复经济正增长的主要经济体。在统筹推进伟大斗争、伟大工程、伟大事业、伟大梦想的实践中，在全面建设社会主义现代化国家新征程上，我们要更加重视法治、厉行法治，更好发挥法治固根本、稳预期、利长远的保障作用，坚持依法应对重大挑战、抵御重大风险、克服重大阻力、解决重大矛盾。

第六，坚持建设中国特色社会主义法治体系。中国特色社会主义法治体系是推进全面依法治国的总抓手。要加快形成完备的法律规范体系、高效的法治实施体系、严密的法治监督体系、有力的法治保障体系，形成完善的党内法规体系。要坚持依法治国和以德治国相结合，实现法治和德治相辅相成、相得益彰。

“治国无其法则乱，守法而不变则衰。”[2]要加快完善中国特色社会主义法律体系，使之更加科学完备、统一权威。党的十八大以来，全国人大及其常委会通过宪法修正案，制定法律48件，修改法律203件次，作出法律解释9件，通过有关法律问题和重大问题的决定79件次。截至目前，现行有效法律282件、行政法规608件，地方性法规12000余件。民法典为其他领域立法法典化提供了很好的范例，要总结编纂民法典的经验，适时推动条件成熟的立法领域法典编纂工作。要研究丰富立法形式，可以搞一些“大块头”，也要搞一些“小快灵”，增强立法的针对性、适用性、可操作性。

要积极推进国家安全、科技创新、公共卫生、生物安全、生态文明、防范风险、涉外法治等重要领域立法，健全国家治理急需的法律制度、满足人民日益增长的美好生活需要必备的法律制度，填补空白点、补强薄弱点。数字经济、互联网金融、人工智能、大数据、云计算等新技术新应用快速发展，催生一系列新业态新模式，但相关法律制度还存在时间差、空白区。网络犯罪已成为危害我国国家政治安全、网络安全、社会安全、经济安全等的重要风险之一。

第七，坚持依法治国、依法执政、依法行政共同推进，法治国家、法治政府、法治社会一体建设。全面依法治国是一个系统工程，要整体谋划，更加注重系统性、整体性、协同性。依法治国、依法执政、依法行政是一个有机整体，关键在于党要坚持依法执政、各级政府要坚持依法行政。法治国家、法治政府、法治社会相辅相成，法治国家是法治建设的目标，法治政府是建设法治国家的重点，法治社会是构筑法治国家的基础。

我多次强调，推进全面依法治国，法治政府建设是重点任务和主体工程，对法治国家、法治社会建设具有示范带动作用，要率先突破。现在，法治政府建设还有一些难啃的硬骨头，依法行政观念不牢固、行政决策合法性审查走形式等问题还没有根本解决。要用法治给行政权力定规矩、划界限，规范行政决策程序，健全政府守信践诺机制，提高依法行政水平。要根据新发展阶段的特点，围绕推动高质量发展、构建新发展格局，加快转变政府职能，加快打造市场化、法治化、国际化营商环境，打破行业垄断和地方保护，打通经济循环堵点，推动形成全国统一、公平竞争、规范有序的市场体系。

行政执法工作面广量大，一头连着政府，一头连着群众，直接关系群众对党和政府的信任、对法治的信心。要推进严格规范公正文明执法，提高司法公信力。近年来，我们整治执法不规范、乱作为等问题，取得很大成效。同时，一些地方运动式、“一刀切”执法问题仍时有发生，执法不作为问题突出。强调严格执法，让违法者敬法畏法，但绝不是暴力执法、过激执法，要让执法既有力度又有温度。要加强省市县乡四级全覆盖的行政执法协调监督工作体系建设，强化全方位、全流程监督，提高执法质量。

全民守法是法治社会的基础工程。普法工作要紧跟时代，在针对性和实效性上下功夫，落实“谁执法谁普法”普法责任制，特别是要加强青少年法治教育，不断提升全体公民法治意识和法治素养，使法治成为社会共识和基本准则。要强化依法治理，培育全社会办事依法、遇事找法、解决问题用法、化解矛盾靠法的法治环境。

古人说："消未起之患、治未病之疾，医之于无事之前。"[3]法治建设既要抓末端、治已病，更要抓前端、治未病。我国国情决定了我们不能成为"诉讼大国"。我国有14亿人口，大大小小的事都要打官司，那必然不堪重负！要推动更多法治力量向引导和疏导端用力，完善预防性法律制度，坚持和发展新时代"枫桥经验"，完善社会矛盾纠纷多元预防调处化解综合机制，更加重视基层基础工作，充分发挥共建共治共享在基层的作用，推进市域社会治理现代化，促进社会和谐稳定。

第八，坚持全面推进科学立法、严格执法、公正司法、全民守法。要继续推进法治领域改革，解决好立法、执法、司法、守法等领域的突出矛盾和问题。

公平正义是司法的灵魂和生命。要深化司法责任制综合配套改革，加强司法制约监督，完善人员分类管理，健全司法职业保障，规范司法权力运行，提高司法办案质量和效率。要健全社会公平正义法治保障制度，努力让人民群众在每一个司法案件中感受到公平正义。要继续完善公益诉讼制度，有效维护社会公共利益。党的十八大以来，党中央确定的一些重大改革事项，健全纪检监察机关、公安机关、检察机关、审判机关、司法行政机关各司其职，侦查权、检察权、审判权、执行权相互配合的体制机制等，要紧盯不放，真正一抓到底，抓出实效。

近年来，司法腐败案件集中暴露出权力制约监督不到位问题。一些人通过金钱开路，几乎成了法外之人，背后有政法系统几十名干部为其“打招呼”、“开路条”，监督形同虚设。要加快构建规范高效的制约监督体系，坚决破除“关系网”、斩断“利益链”，让“猫腻”、“暗门”无处遁形。

2018 年 1 月起，为期 3 年的扫黑除恶专项斗争在全国展开。扫黑除恶专项斗争把打击黑恶势力和“打伞破网”一体推进，清除了一批害群之马。近 3 年来打掉的涉黑组织相当于前 10 年的总和，对黑恶势力形成了强大震慑。要继续依法打击破坏社会秩序的违法犯罪行为，特别是要推动扫黑除恶常态化，持之以恒、坚定不移打击黑恶势力及其保护伞，让城乡更安宁、群众更安乐。

第九，坚持统筹推进国内法治和涉外法治。法治是国家核心竞争力的重要内容。当前，世界百年未有之大变局加速演变，和平与发展仍然是时代主题，但国际环境不稳定性不确定性明显上升，新冠肺炎疫情大流行影响广泛深远。我国不断发展壮大，日益走近世界舞台中央。要加快涉外法治工作战略布局，协调推进国内治理和国际治理，更好维护国家主权、安全、发展利益。要加快形成系统完备的涉外法律法规体系，提升涉外执法司法效能。要引导企业、公民在走出去过程中更加自觉地遵守当地法律法规和风俗习惯，运用法治和规则维护自身合法权益。要注重培育一批国际一流的仲裁机构、律师事务所，把涉外法治保障和服务工作做得更有成效。

我们要坚定维护以联合国为核心的国际体系，坚定维护以国际法为基础的国际秩序，坚定维护以联合国宪章宗旨和原则为基础的国际法基本原则和国际关系基本准则。对不公正不合理、不符合国际格局演变大势的国际规则、国际机制，要提出改革方案，推动全球治理变革，推动构建人类命运共同体。

第十，坚持建设德才兼备的高素质法治工作队伍。全面推进依法治国，首先要把专门队伍建设好。要加强理想信念教育，深入开展社会主义核心价值观和社会主义法治理念教育，推进法治专门队伍革命化、正规化、专业化、职业化，确保做到忠于党、忠于国家、忠于人民、忠于法律。

对法治专门队伍的管理必须坚持更严标准、更高要求。一些执法司法人员手握重器而不自重，贪赃枉法、徇私枉法，办“金钱案”、“权力案”、“人情案”，严重损害法治权威。要制定完善铁规禁令、纪律规定，用制度管好关键人、管到关键处、管住关键事。要坚决清查贪赃枉法、对党不忠诚不老实的人，深查执法司法腐败。最近，政法系统开展队伍教育整顿试点工作，查处了一批害群之马，得到广大群众好评。要巩固和扩大试点工作成果，坚持零容忍，敢于刀刃向内、刮骨疗毒。

法律服务队伍是全面依法治国的重要力量。总体而言，这支队伍是好的，但也存在不少问题，有的热衷于“扬名逐利”，行为不端、诚信缺失、形象不佳；极个别法律从业人员政治意识淡薄，甚至恶意攻击我国政治制度和法治制度。要把拥护中国共产党领导、拥护我国社会主义法治作为法律服务人员从业的基本要求，加强教育、管理、引导，引导法律服务工作者坚持正确政治方向，依法依规诚信执业，认真履行社会责任，满腔热忱投入社会主义法治国家建设。要推进法学院校改革发展，提高人才培养质量。要加大涉外法学教育力度，重点做好涉外执法司法和法律服务人才培养、国际组织法律人才培养推送工作，更好服务对外工作大局。

第十一，坚持抓住领导干部这个“关键少数”。领导干部具体行使党的执政权和国家立法权、行政权、监察权、司法权，是全面依法治国的关键。各级领导干部要坚决贯彻落实党中央关于全面依法治国的重大决策部署，带头尊崇法治、敬畏法律，了解法律、掌握法律，不断提高运用法治思维和法治方式深化改革、推动发展、化解矛盾、维护稳定、应对风险的能力，做尊法学法守法用法的模范。要把法治素养和依法履职情况纳入考核评价干部的重要内容，让尊法学法守法用法成为领导干部自觉行为和必备素质。

同志们！深入推进全面依法治国，必须坚持党的集中统一领导。各级党委和政府要加强对法治建设的组织领导，重大部署、重要任务、重点工作要抓在手上，确保落到实处。要深入贯彻党的十九届五中全会精神，将“十四五”时期经济社会发展和法治建设同步谋划、同步部署、同步推进。党中央即将印发法治中国建设规划和法治社会建设实施纲要，新的法治政府建设实施纲要也将很快出台，各级党委和政府要抓紧抓实抓好。各条战线各个部门要强化法治观念，严格依法办事，不断提高各领域工作法治化水平。法治工作部门要全面履职尽责。中央依法治国办要履行统筹协调、督促检查、推动落实的职责，及时发现问题，推动研究解决。要力戒形式主义、官僚主义，确保全面依法治国各项任务真正落到实处。

推进全面依法治国是国家治理的一场深刻变革，必须以科学理论为指导，加强理论思维，从理论上回答为什么要全面依法治国、怎样全面依法治国这个重大时代课题，不断从理论和实践的结合上取得新成果，总结好、运用好党关于新时代加强法治建设的思想理论成果，更好指导全面依法治国各项工作。

注　　释

〔**1**〕见邓小平《解放思想，实事求是，团结一致向前看》（《邓小平文选》第 2 卷，人民出版社 1994 年版，第 146 页）。

〔**2**〕见《慎子·逸文》。

〔**3**〕见东晋葛洪《抱朴子·内篇·地真》。

全面推进中国特色社会主义法治体系建设*

（2021 年 12 月 6 日）

我多次强调，法治兴则民族兴，法治强则国家强。当前，我国正处在实现中华民族伟大复兴的关键时期，世界百年未有之大变局加速演进，改革发展稳定任务艰巨繁重，对外开放深入推进，需要更好发挥法治固根本、稳预期、利长远的作用。

从国内看，我们已经踏上了全面建设社会主义现代化国家、向第二个百年奋斗目标进军的新征程，立足新发展阶段，贯彻新发展理念，构建新发展格局，推动高质量发展，满足人民对民主、法治、公平、正义、安全、环境等方面日益增长的要求，提高人民生活品质，促进共同富裕，都对法治建设提出了新的更高要求。我们必须提高全面依法治国能力和水平，为全面建设社会主义现代化国家、实现第二个百年奋斗目标提供有力法治保障。

从国际看，世界进入动荡变革期，国际竞争越来越体现为制度、规则、法律之争。我们必须加强涉外法律法规体系

---

* 这是习近平在主持中共十九届中央政治局第三十五次集体学习时讲话的一部分。

建设，提升涉外执法司法效能，坚决维护国家主权、安全、发展利益。

建设中国特色社会主义法治体系，要顺应事业发展需要，坚持系统观念，全面加以推进。当前和今后一个时期，要着力抓好以下几方面工作。

第一，坚持法治体系建设正确方向。我讲过，全面推进依法治国这件大事能不能办好，最关键的是方向是不是正确、政治保证是不是坚强有力，具体讲就是要坚持党的领导，坚持中国特色社会主义制度，贯彻中国特色社会主义法治理论。中国特色社会主义法治体系是中国特色社会主义制度的重要组成部分，必须牢牢把握中国特色社会主义这个定性，坚定不移走中国特色社会主义法治道路，正确处理政治和法治、改革和法治、依法治国和以德治国、依法治国和依规治党的关系，在坚持党的全面领导、保证人民当家作主等重大问题上做到头脑特别清晰、立场特别坚定。要始终坚持以人民为中心，坚持法治为了人民、依靠人民、造福人民、保护人民，把体现人民利益、反映人民愿望、维护人民权益、增进人民福祉落实到法治体系建设全过程。我们要建设的中国特色社会主义法治体系，必须是扎根中国文化、立足中国国情、解决中国问题的法治体系，不能被西方错误思潮所误导。

第二，加快重点领域立法。古人讲："立善法于天下，则天下治；立善法于一国，则一国治。"[1]要加强国家安全、科技创新、公共卫生、生物安全、生态文明、防范风险等重要领域立法，加快数字经济、互联网金融、人工智能、大数据、云计算等领域立法步伐，努力健全国家治理急需、满足人民日益增长的美好生活需要必备的法律制度。要发挥依规治党对党和国家事业发展的政治保障作用，形成国家法律和党内法规相辅相成的格局。要聚焦人民群众急盼，加强民生领域立法。对人民群众反映强烈的电信网络诈骗、新型毒品犯罪和“邪教式”追星、“饭圈”乱象、“阴阳合同”等娱乐圈突出问题，要从完善法律入手进行规制，补齐监管漏洞和短板，决不能放任不管。这些年来，资本无序扩张问题比较突出，一些平台经济、数字经济野蛮生长、缺乏监管，带来了很多问题。要加快推进反垄断法、反不正当竞争法等修订工作，加快完善相关法律制度。

毛泽东同志说过：“搞宪法是搞科学。”〔2〕要抓住立法质量这个关键，深入推进科学立法、民主立法、依法立法，统筹立改废释纂，提高立法效率，增强立法系统性、整体性、协同性。维护国家法治统一是严肃的政治问题，各级立法机构和工作部门要遵循立法程序、严守立法权限，切实避免越权立法、重复立法、盲目立法，有效防止部门利益和地方保护主义影响。

“天下之事，不难于立法，而难于法之必行。”〔3〕推进法治体系建设，重点和难点在于通过严格执法、公正司法、全民守法，推进法律正确实施，把“纸上的法律”变为“行动中的法律”。要健全法律面前人人平等保障机制，维护国家法制统一、尊严、权威，一切违反宪法法律的行为都必须予以追究。各级党组织和领导干部都要旗帜鲜明支持司法机关依法独立行使职权，绝不容许利用职权干预司法、插手案件。

第三，深化法治领域改革。当前，法治领域存在的一些突出矛盾和问题，原因在于改革还没有完全到位。要围绕让人民群众在每一项法律制度、每一个执法决定、每一宗司法案件中都感受到公平正义这个目标，深化司法体制综合配套改革，加快建设公正高效权威的社会主义司法制度。要健全社会公平正义法治保障制度，完善公益诉讼制度，健全执法权、监察权、司法权运行机制，加强权力制约和监督。要加快构建系统完备、规范高效的执法司法制约监督体系，加强对立法权、执法权、监察权、司法权的监督，健全纪检监察机关、公安机关、检察机关、审判机关、司法行政机关各司其职，侦查权、检察权、审判权、执行权相互制约的体制机制，确保执法司法各环节、全过程在有效制约监督下进行。要加强统筹谋划，完善法治人才培养体系，加快发展律师、公证、司法鉴定、仲裁、调解等法律服务队伍，着力建设一支忠于党、忠于国家、忠于人民、忠于法律的社会主义法治工作队伍。要深化执法司法人员管理体制改革，加强法治专门队伍管理教育和培养。要深化政法队伍教育整顿，继续依法打击执法司法领域腐败行为，推动扫黑除恶常态化。

需要强调的是，法治领域改革政治性、政策性强，必须把握原则、坚守底线，决不能把改革变成“对标”西方法治体系、“追捧”西方法治实践。

第四，运用法治手段开展国际斗争。党的十八大以来，我们统筹推进国内法治和涉外法治，运用法治方式维护国家和人民利益能力明显提升。要坚持统筹推进国内法治和涉外法治，按照急用先行原则，加强涉外领域立法，进一步完善反制裁、反干涉、反制“长臂管辖”法律法规，推动我国法域外适用的法律体系建设。要把拓展执法司法合作纳入双边多边关系建设的重要议题，延伸保护我国海外利益的安全链。要加强涉外法治人才建设。

第五，加强法治理论研究和宣传。我们总结中国特色社会主义法治实践规律，传承中华法律文化精华，汲取世界法治文明有益成果，形成了全面依法治国新理念新举措。我在中央全面依法治国工作会议上概括为“十一个坚持”[4]。要加强对我国法治的原创性概念、判断、范畴、理论的研究，加强中国特色法学学科体系、学术体系、话语体系建设。要把新时代中国特色社会主义法治思想落实到各法学学科的教材编写和教学工作中，推动进教材、进课堂、进头脑，努力培养造就更多具有坚定理想信念、强烈家国情怀、扎实法学根底的法治人才。要加强对律师队伍的政治引领，教育引导广大律师自觉遵守拥护中国共产党领导、拥护我国社会主义法治等从业基本要求，努力做党和人民满意的好律师。要把推进全民守法作为基础工程，全面落实“谁执法谁普法”普法责任制。各级领导干部要带头尊法学法守法用法，引导广大群众自觉守法、遇事找法、解决问题靠法。要总结我国法治体系建设和法治实践的经验，阐发我国优秀传统法治文化，讲好中国法治故事，提升我国法治体系和法治理论的国际影响力和话语权。

注　　释

〔**1**〕见本卷《毫不动摇坚持、与时俱进完善人民代表大会制度》注〔2〕。

〔**2**〕见毛泽东《关于中华人民共和国宪法草案》(《毛泽东文集》第6卷，人民出版社1999年版，第330页)。

〔**3**〕见明代张居正《请稽查章奏随事考成以修实政疏》。

〔**4**〕见本卷《以科学理论为指导，为全面建设社会主义现代化国家提供有力法治保障》。

十二、推进社会主义文化强国建设

把文化建设摆在更加突出位置*

（2020 年 9 月 22 日）

中国特色社会主义是全面发展、全面进步的伟大事业，没有社会主义文化繁荣发展，就没有社会主义现代化。党的十八大以来，我们把文化建设提升到一个新的历史高度，把文化自信和道路自信、理论自信、制度自信并列为中国特色社会主义“四个自信”，把坚持马克思主义在意识形态领域指导地位的制度确立为中国特色社会主义制度体系的一项根本制度，把坚持社会主义核心价值体系纳入新时代坚持和发展中国特色社会主义的基本方略。这几年，我国文化建设在正本清源、守正创新中取得历史性成就、发生历史性变革，为新时代坚持和发展中国特色社会主义、开创党和国家事业全新局面提供了强大正能量。

我多次强调，要坚定文化自信，推动中华优秀传统文化创造性转化、创新性发展，继承革命文化，发展社会主义先进文化，不断铸就中华文化新辉煌，建设社会主义文化强国。统筹推进“五位一体”总体布局、协调推进“四个全面”战略布局，文化是重要内容；推动高质量发展，文化是重要支

---

* 这是习近平在教育文化卫生体育领域专家代表座谈会上讲话的一部分。

点；满足人民日益增长的美好生活需要，文化是重要因素；战胜前进道路上各种风险挑战，文化是重要力量源泉。“十四五”时期，我们要把文化建设放在全局工作的突出位置，切实抓紧抓好。要坚持马克思主义在意识形态领域的指导地位，坚守中华文化立场，坚持以社会主义核心价值观引领文化建设，紧紧围绕举旗帜、聚民心、育新人、兴文化、展形象的使命任务，加强社会主义精神文明建设，繁荣发展文化事业和文化产业，不断提高国家文化软实力，增强中华文化影响力，发挥文化引领风尚、教育人民、服务社会、推动发展的作用。

文明是现代化国家的显著标志。要把提高社会文明程度作为建设社会主义文化强国的重大任务，坚持重在建设、以立为本，坚持久久为功、持之以恒，努力推动形成适应新时代要求的思想观念、精神面貌、文明风尚、行为规范。要深化党的创新理论学习教育，推动理想信念教育常态化制度化，加强党史、新中国史、改革开放史、社会主义发展史教育，加强爱国主义、集体主义、社会主义教育，引导人们坚定道路自信、理论自信、制度自信、文化自信，促进全体人民在思想上精神上紧紧团结在一起。要深入研究中华文明、中华文化的起源和特质，形成较为完整的中国文化基因的理念体系。要深入推进公民道德建设、志愿服务建设、诚信社会建设、网络文明建设，不断提高人民道德水准和文明素养。要提倡艰苦奋斗、勤俭节约，坚决反对铺张浪费，在全社会营造浪费可耻、节约光荣的浓厚氛围。

发展文化事业是满足人民精神文化需求、保障人民文化权益的基本途径。要坚持为人民服务、为社会主义服务的方向，坚持百花齐放、百家争鸣的方针，全面繁荣新闻出版、广播影视、文学艺术、哲学社会科学事业，着力提升公共文化服务水平，让人民享有更加充实、更为丰富、更高质量的精神文化生活。要推进城乡公共文化服务体系一体建设，优化城乡文化资源配置，完善农村文化基础设施网络，增加农村公共文化服务总量供给，缩小城乡公共文化服务差距。

衡量文化产业发展质量和水平，最重要的不是看经济效益，而是看能不能提供更多既能满足人民文化需求、又能增强人民精神力量的文化产品。要坚持把社会效益放在首位、社会效益和经济效益相统一，深化文化体制改革，完善文化产业规划和政策，不断扩大优质文化产品供给。要顺应数字产业化和产业数字化发展趋势，加快发展新型文化业态，改造提升传统文化业态，提高质量效益和核心竞争力。要围绕国家重大区域发展战略，把握文化产业发展特点规律和资源要素条件，促进形成文化产业发展新格局。文化产业和旅游产业密不可分，要坚持以文塑旅、以旅彰文，推动文化和旅游融合发展，让人们在领略自然之美中感悟文化之美、陶冶心灵之美。

为弘扬中华优秀传统文化、增强文化自信提供坚强支撑*

（2020 年 9 月 28 日）

我多次强调，“文化自信，是更基础、更广泛、更深厚的自信，是更基本、更深沉、更持久的力量”，“中国有坚定的道路自信、理论自信、制度自信，其本质是建立在 5000 多年文明传承基础上的文化自信”。考古工作是一项重要文化事业，也是一项具有重大社会政治意义的工作。历史文化领域的斗争会长期存在，我们必须高度重视考古工作，用事实回击对中华民族历史的各种歪曲污蔑，为弘扬中华优秀传统文化、增强文化自信提供坚强支撑。

第一，继续探索未知、揭示本源。我国古代历史还有许多未知领域，考古工作任重道远。比如，夏代史研究还存在大量空白，因缺乏足够的文字记载，通过考古发现来证实为信史就显得特别重要。又比如，“三皇五帝”等史前人物，是神话传说还是确有其人？也需要考古工作去揭开谜底。要实施好“中华文明起源与早期发展综合研究”、“考古中国”等

* 这是习近平在主持中共十九届中央政治局第二十三次集体学习时讲话的一部分。

重大项目，加强考古资源调查和政策需求调研工作，提高考古工作规划水平。要围绕一些重大历史问题作出总体安排，集中力量攻关，不断取得新突破。

第二，做好考古成果的挖掘、整理、阐释工作。考古学界要会同经济、法律、政治、文化、社会、生态、科技、医学等领域研究人员，做好出土文物和遗址的研究阐释工作，把我国文明起源和发展以及对人类的重大贡献更加清晰、更加全面地呈现出来。要吸收最新史学研究成果，及时对我国古代历史部分内容进行完善，以完整准确讲述我国古代历史，更好发挥以史育人作用。

第三，搞好历史文化遗产保护工作。考古遗迹和历史文物是历史的见证，必须保护好、利用好。要建立健全历史文化遗产资源资产管理制度，建设国家文物资源大数据库，加强相关领域文物资源普查、名录公布的统筹指导，强化技术支撑，引导社会参与。要把历史文化遗产保护放在第一位，同时要合理利用，使其在提供公共文化服务、满足人民精神文化生活需求方面充分发挥作用。要健全不可移动文物保护机制，把文物保护管理纳入国土空间规划编制和实施。要制定“先考古、后出让”的制度设计和配套政策，对可能存在历史文化遗存的土地，在依法完成考古调查、勘探、发掘前不得使用。要深刻汲取国内外重大文物灾害事故教训，督察落实主体责任，强化隐患整治，增强历史文化遗产防护能力。要加强执法督察，规范举报流程，严厉打击文物犯罪。

第四，加强考古能力建设和学科建设。要坚持辩证唯物主义和历史唯物主义，深入进行理论探索，包括探讨符合历史实际的人类文明特别是中华文明的认定标准，努力建设中国特色、中国风格、中国气派的考古学，增强中国考古学在国际考古学界的影响力、话语权。要运用科学技术提供的新手段新工具，提高考古工作发现和分析能力，提高历史文化遗产保护能力。要积极培养壮大考古队伍，让更多年轻人热爱、投身考古事业，让考古事业后继有人、人才辈出。

把弘扬优秀传统文化同马克思主义立场观点方法结合起来*

（2021 年 3 月 22 日）

我到山东考察时专门去看了孔府孔庙，到武夷山也专门来看一看朱熹[1]园。

我们走中国特色社会主义道路，一定要推进马克思主义中国化。如果没有中华五千年文明，哪里有什么中国特色？如果不是中国特色，哪有我们今天这么成功的中国特色社会主义道路？我们要特别重视挖掘中华五千年文明中的精华，把弘扬优秀传统文化同马克思主义立场观点方法结合起来，坚定不移走中国特色社会主义道路。

注　　释

〔1〕朱熹（1130—1200），徽州婺源（今江西婺源）人。南宋哲学家、教育家、文学家。

---

* 这是习近平在福建武夷山朱熹园考察时讲话的一部分。

加强国际传播能力建设，展示真实、立体、全面的中国*

（2021 年 5 月 31 日）

讲好中国故事，传播好中国声音，展示真实、立体、全面的中国，是加强我国国际传播能力建设的重要任务。要深刻认识新形势下加强和改进国际传播工作的重要性和必要性，下大气力加强国际传播能力建设，形成同我国综合国力和国际地位相匹配的国际话语权，为我国改革发展稳定营造有利外部舆论环境，为推动构建人类命运共同体作出积极贡献。

我们党历来高度重视对外传播工作。党的十八大以来，我们大力推动国际传播守正创新，理顺内宣外宣体制，打造具有国际影响力的媒体集群，积极推动中华文化走出去，有效开展国际舆论引导和舆论斗争，初步构建起多主体、立体式的大外宣格局，我国国际话语权和影响力显著提升，同时也面临着新的形势和任务。必须加强顶层设计和研究布局，构建具有鲜明中国特色的战略传播体系，着力提高国际传播影响力、中华文化感召力、中国形象亲和力、中国话语说服力、国际舆论引导力。

---

* 这是习近平在主持中共十九届中央政治局第三十次集体学习时的讲话要点。

要加快构建中国话语和中国叙事体系，用中国理论阐释中国实践，用中国实践升华中国理论，打造融通中外的新概念、新范畴、新表述，更加充分、更加鲜明地展现中国故事及其背后的思想力量和精神力量。要加强对中国共产党的宣传阐释，帮助国外民众认识到中国共产党真正为中国人民谋幸福而奋斗，了解中国共产党为什么能、马克思主义为什么行、中国特色社会主义为什么好。要围绕中国精神、中国价值、中国力量，从政治、经济、文化、社会、生态文明等多个视角进行深入研究，为开展国际传播工作提供学理支撑。要更好推动中华文化走出去，以文载道、以文传声、以文化人，向世界阐释推介更多具有中国特色、体现中国精神、蕴藏中国智慧的优秀文化。要注重把握好基调，既开放自信也谦逊谦和，努力塑造可信、可爱、可敬的中国形象。

要广泛宣介中国主张、中国智慧、中国方案，我国日益走近世界舞台中央，有能力也有责任在全球事务中发挥更大作用，同各国一道为解决全人类问题作出更大贡献。要高举人类命运共同体大旗，依托我国发展的生动实践，立足五千多年中华文明，全面阐述我国的发展观、文明观、安全观、人权观、生态观、国际秩序观和全球治理观。要倡导多边主义，反对单边主义、霸权主义，引导国际社会共同塑造更加公正合理的国际新秩序，建设新型国际关系。要善于运用各种生动感人的事例，说明中国发展本身就是对世界的最大贡献、为解决人类问题贡献了智慧。

要深入开展各种形式的人文交流活动，通过多种途径推动我国同各国的人文交流和民心相通。要创新体制机制，把我们的制度优势、组织优势、人力优势转化为传播优势。要更好发挥高层次专家作用，利用重要国际会议论坛、外国主流媒体等平台和渠道发声。各地区各部门要发挥各自特色和优势开展工作，展示丰富多彩、生动立体的中国形象。

要全面提升国际传播效能，建强适应新时代国际传播需要的专门人才队伍。要加强国际传播的理论研究，掌握国际传播的规律，构建对外话语体系，提高传播艺术。要采用贴近不同区域、不同国家、不同群体受众的精准传播方式，推进中国故事和中国声音的全球化表达、区域化表达、分众化表达，增强国际传播的亲和力和实效性。要广交朋友、团结和争取大多数，不断扩大知华友华的国际舆论朋友圈。要讲究舆论斗争的策略和艺术，提升重大问题对外发声能力。

各级党委（党组）要把加强国际传播能力建设纳入党委（党组）意识形态工作责任制，加强组织领导，加大财政投入，帮助推动实际工作、解决具体困难。各级领导干部要主动做国际传播工作，主要负责同志既要亲自抓，也要亲自做。要加强对领导干部的国际传播知识培训，发挥各级党组织作用，形成自觉维护党和国家尊严形象的良好氛围。各级党校（行政学院）要把国际传播能力培养作为重要内容。要加强高校学科建设和后备人才培养，提升国际传播理论研究水平。

共建网上美好精神家园*

（2021 年 11 月 19 日）

网络文明是新形势下社会文明的重要内容，是建设网络强国的重要领域。近年来，我国积极推进互联网内容建设，弘扬新风正气，深化网络生态治理，网络文明建设取得明显成效。要坚持发展和治理相统一、网上和网下相融合，广泛汇聚向上向善力量。各级党委和政府要担当责任，网络平台、社会组织、广大网民等要发挥积极作用，共同推进文明办网、文明用网、文明上网，以时代新风塑造和净化网络空间，共建网上美好精神家园。

---

* 这是习近平致首届中国网络文明大会贺信的主要部分。

展示中国文艺新气象，铸就中华文化新辉煌*

（2021 年 12 月 14 日）

文化兴则国家兴，文化强则民族强。当代中国，江山壮丽，人民豪迈，前程远大。时代为我国文艺繁荣发展提供了前所未有的广阔舞台。推动社会主义文艺繁荣发展、建设社会主义文化强国，广大文艺工作者义不容辞、重任在肩、大有作为。

广大文艺工作者要增强文化自觉、坚定文化自信，以强烈的历史主动精神，积极投身社会主义文化强国建设，坚持为人民服务、为社会主义服务方向，坚持百花齐放、百家争鸣方针，坚持创造性转化、创新性发展，聚焦举旗帜、聚民心、育新人、兴文化、展形象的使命任务，在培根铸魂上展现新担当，在守正创新上实现新作为，在明德修身上焕发新风貌，用自强不息、厚德载物的文化创造，展示中国文艺新气象，铸就中华文化新辉煌，为实现第二个百年奋斗目标、

* 这是习近平在中国文学艺术界联合会第十一次全国代表大会、中国作家协会第十次全国代表大会开幕式上讲话的一部分。

实现中华民族伟大复兴的中国梦提供强大的价值引导力、文化凝聚力、精神推动力。

这里，我给大家提几点希望。

第一，希望广大文艺工作者心系民族复兴伟业，热忱描绘新时代新征程的恢宏气象。实现中华民族伟大复兴，是近代以来中国人民和中华民族最伟大的梦想。一百年来，中国共产党把马克思主义基本原理同中国具体实际相结合、同中华优秀传统文化相结合，团结带领中国人民在这片广袤大地上绘就了人类发展史上波澜壮阔的壮美画卷，书写了中华民族几千年历史上最恢宏的史诗。现在，实现中华民族伟大复兴进入了不可逆转的历史进程，我们比历史上任何时期都更接近、更有信心和能力实现中华民族伟大复兴的目标，同时也必须准备付出更为艰巨、更为艰苦的努力。

文化是民族的精神命脉，文艺是时代的号角。古人说："文者，贯道之器也。"[1]新时代新征程是当代中国文艺的历史方位。广大文艺工作者要深刻把握民族复兴的时代主题，把人生追求、艺术生命同国家前途、民族命运、人民愿望紧密结合起来，以文弘业、以文培元，以文立心、以文铸魂，把文艺创造写到民族复兴的历史上、写在人民奋斗的征程中。

一百年来，中国共产党领导中国人民经过顽强奋斗，迎来了从站起来、富起来到强起来的伟大飞跃，迎来了从落后时代、跟上时代再到引领时代的伟大跨越，创造了人类历史上惊天地、泣鬼神的伟大史剧。广大文艺工作者要树立大历史观、大时代观，眼纳千江水、胸起百万兵，把握历史进程和时代大势，反映中华民族的千年巨变，揭示百年中国的人间正道，弘扬以爱国主义为核心的民族精神和以改革创新为核心的时代精神，弘扬伟大建党精神，唱响昂扬的时代主旋律。

中国特色社会主义新时代是中国人民在新的考验和挑战中创造光明未来的时代，也是中国人民拼搏奋斗创造美好生活的时代。“登高使人心旷，临流使人意远。”[2]广大文艺工作者要紧跟时代步伐，从时代的脉搏中感悟艺术的脉动，把艺术创造向着亿万人民的伟大奋斗敞开，向着丰富多彩的社会生活敞开，从时代之变、中国之进、人民之呼中提炼主题、萃取题材，展现中华历史之美、山河之美、文化之美，抒写中国人民奋斗之志、创造之力、发展之果，全方位全景式展现新时代的精神气象。

第二，希望广大文艺工作者坚守人民立场，书写生生不息的人民史诗。源于人民、为了人民、属于人民，是社会主义文艺的根本立场，也是社会主义文艺繁荣发展的动力所在。广大文艺工作者要坚持以人民为中心的创作导向，把人民放在心中最高位置，把人民满意不满意作为检验艺术的最高标准，创作更多满足人民文化需求和增强人民精神力量的优秀作品，让文艺的百花园永远为人民绽放。

人民是历史的创造者，也是时代的创造者。在人民的壮阔奋斗中，随处跃动着创造历史的火热篇章，汇聚起来就是一部人民的史诗。人民是文艺之母。文学艺术的成长离不开人民的滋养，人民中有着一切文学艺术取之不尽、用之不竭的丰沛源泉。文艺要对人民创造历史的伟大进程给予最热情的赞颂，对一切为中华民族伟大复兴奋斗的拼搏者、一切为人民牺牲奉献的英雄们给予最深情的褒扬。

茅盾[3]说过："一个做小说的人不但须有广博的生活经验，亦必须有一个训练过的头脑能够分析那复杂的社会现象"[4]。俄国作家托尔斯泰说过："艺术不是技艺，它是艺术家体验了的感情的传达。"[5]生活就是人民，人民就是生活。人民是真实的、现实的、朴实的，不能用虚构的形象虚构人民，不能用调侃的态度调侃人民，更不能用丑化的笔触丑化人民。广大文艺工作者只有深入人民群众、了解人民的辛勤劳动、感知人民的喜怒哀乐，才能洞悉生活本质，才能把握时代脉动，才能领悟人民心声，才能使文艺创作具有深沉的力量和隽永的魅力。广大文艺工作者不仅要让人民成为作品的主角，而且要把自己的思想倾向和情感同人民融为一体，把心、情、思沉到人民之中，同人民一道感受时代的脉搏、生命的光彩，为时代和人民放歌。

文学艺术以形象取胜，经典文艺形象会成为一个时代文艺的重要标识。一切有追求、有本领的文艺工作者要提高阅读生活的能力，不断发掘更多代表时代精神的新现象新人物，以源于生活又高于生活的艺术创造，以现实主义和浪漫主义相结合的美学风格，塑造更多吸引人、感染人、打动人的艺术形象，为时代留下令人难忘的艺术经典。

"立文之道，惟字与义。"[6]文艺只有向上向善才能成为时代的号角。止于至善，方能臻于至美。广大文艺工作者要发扬中国文艺追求向上向善的优良传统，把社会主义核心价值观生动活泼体现在文艺创作之中，把有筋骨、有道德、有温度的东西表现出来，倡导健康文化风尚，摒弃畸形审美倾向，用思想深刻、清新质朴、刚健有力的优秀作品滋养人民的审美观价值观，使人民在精神生活上更加充盈起来。

第三，希望广大文艺工作者坚持守正创新，用跟上时代的精品力作开拓文艺新境界。衡量一个时代的文艺成就最终要看作品，衡量文学家、艺术家的人生价值也要看作品。广大文艺工作者要精益求精、勇于创新，努力创作无愧于我们这个伟大民族、伟大时代的优秀作品。

古往今来，优秀文艺作品必然是思想内容和艺术表达有机统一的结果。正所谓“理辩则气直，气直则辞盛，辞盛则文工”[7]。只有把美的价值注入美的艺术之中，作品才有灵魂，思想和艺术才能相得益彰，作品才能传之久远。要把提高质量作为文艺作品的生命线，内容选材要严、思想开掘要深、艺术创造要精，不断提升作品的精神能量、文化内涵、艺术价值。

创新是文艺的生命。作家柳青说，“一个写作者，当他完全摆脱模仿的时候，他才开始成为真正的作家”[8]，“每一个时代的文学，都有新的手法”[9]。广大文艺工作者要有学习前人的礼敬之心，更要有超越前人的竞胜之心，增强自我突破的勇气，抵制照搬跟风、克隆山寨，迈向更加广阔的创作天地。

博大精深的中华文明是中华民族独特的精神标识，是当代中国文艺的根基，也是文艺创新的宝藏。中国文化历来推崇“收百世之阙文，采千载之遗韵”[10]。要挖掘中华优秀传统文化的思想观念、人文精神、道德规范，把艺术创造力和中华文化价值融合起来，把中华美学精神和当代审美追求结合起来，激活中华文化生命力。故步自封、陈陈相因谈不上传承，割断血脉、凭空虚造不能算创新。要把握传承和创新的关系，学古不泥古、破法不悖法，让中华优秀传统文化成为文艺创新的重要源泉。

今天，各种艺术门类互融互通，各种表现形式交叉融合，互联网、大数据、人工智能等催生了文艺形式创新，拓宽了文艺空间。我们必须明白一个道理，一切创作技巧和手段都是为内容服务的。科技发展、技术革新可以带来新的艺术表达和渲染方式，但艺术的丰盈始终有赖于生活。要正确运用新的技术、新的手段，激发创意灵感、丰富文化内涵、表达思想情感，使文艺创作呈现更有内涵、更有潜力的新境界。

第四，希望广大文艺工作者用情用力讲好中国故事，向世界展现可信、可爱、可敬的中国形象。中国人民历来具有深厚的天下情怀，当代中国文艺要把目光投向世界、投向人类。广大文艺工作者要有信心和抱负，承百代之流，会当今之变，创作更多彰显中国审美旨趣、传播当代中国价值观念、反映全人类共同价值追求的优秀作品。

各国人民的处境和命运千差万别，但对美好生活的不懈追求、为改变命运的不屈奋斗是一致的，也是最容易引起共鸣的。马克思说："凡是民族作为民族所做的事情，都是他们为人类社会而做的事情"[11]。在艰苦卓绝的奋斗中，中国人民以一往无前的决心和意志，以前所未有的智慧和力量，开辟了中国特色社会主义道路，创造了经济快速发展和社会长期稳定两大奇迹，创造了人类文明新形态，大幅提高了中国文化软实力。国际社会希望解码中国的发展道路和成功秘诀，了解中国人民的生活变迁和心灵世界。

以文化人，更能凝结心灵；以艺通心，更易沟通世界。广大文艺工作者要立足中国大地，讲好中国故事，以更为深邃的视野、更为博大的胸怀、更为自信的态度，择取最能代表中国变革和中国精神的题材，进行艺术表现，塑造更多为世界所认知的中华文化形象，努力展示一个生动立体的中国，为推动构建人类命运共同体谱写新篇章。

文艺的民族特性体现了一个民族的文化辨识度。广大文艺工作者要坚守中华文化立场，同世界各国文学家、艺术家开展交流。要重视发展民族化的艺术内容和形式，继承发扬民族民间文学艺术传统，拓展风格流派、形式样式，在世界文学艺术领域鲜明确立中国气派、中国风范。

第五，希望广大文艺工作者坚持弘扬正道，在追求德艺双馨中成就人生价值。“志高则言洁，志大则辞弘，志远则旨永。”〔12〕文艺承担着成风化人的职责。广大文艺工作者要把个人的道德修养、社会形象与作品的社会效果统一起来，坚守艺术理想，追求德艺双馨，努力以高尚的操守和文质兼美的作品，为历史存正气、为世人弘美德、为自身留清名。

立德树人的人，必先立已；铸魂培根的人，必先铸己。那些在历史长河中经久不衰的经典，都体现了文学家、艺术家襟怀和学识的贯通、道德和才情的交融、人品和艺品的统一。正所谓“为世用者，百篇无害；不为用者，一章无补”〔13〕。

文艺创作是艰辛的创造性工作。练就高超艺术水平非朝夕之功，需要专心致志、朝乾夕惕、久久为功。如果只想走捷径、求速成、逐虚名，幻想一夜成名，追逐一夜暴富，最终只能是过眼云烟。文艺要通俗，但决不能庸俗、低俗、媚俗。文艺要生活，但决不能成为不良风气的制造者、跟风者、鼓吹者。文艺要创新，但决不能搞光怪陆离、荒腔走板的东西。文艺要效益，但决不能沾染铜臭气、当市场的奴隶。创作要靠心血，表演要靠实力，形象要靠塑造，效益要靠品质，名声要靠德艺。低格调的搞笑，无底线的放纵，博眼球的娱乐，不知止的欲望，对文艺有百害而无一利！广大文艺工作者要心怀对艺术的敬畏之心和对专业的赤诚之心，下真功夫、练真本事、求真名声。

文艺工作者的自身修养不只是个人私事，文艺行风的好坏会影响整个文化领域乃至社会生活的生态。文学家、艺术家是有社会影响力的，一举一动都会对社会产生影响。大家要珍惜自己的社会影响，认真严肃地考虑作品的社会效果。一个文艺工作者如果品行不端，人民不会接受，时代也不会接受！不自重就得不到尊重！广大文艺工作者要讲品位、讲格调、讲责任，自觉遵守法律、遵循公序良俗，自觉抵制拜金主义、享乐主义、极端个人主义，堂堂正正做人、清清白白做事。要有“横眉冷对千夫指，俯首甘为孺子牛”[14]的精神，歌颂真善美、针砭假恶丑。对正能量要敢写敢歌，理直气壮，正大光明。对丑恶事要敢怒敢批，大义凛然，威武不屈。要弘扬行风艺德，树立文艺界良好社会形象，营造自尊自爱、互学互鉴、天朗气清的行业风气。

注　　释

〔**1**〕见唐代李汉《昌黎先生集序》。

〔**2**〕见明代洪应明《菜根谭》。

〔**3**〕茅盾（1896—1981），浙江桐乡人。中国文学家、社会活动家。

〔**4**〕见茅盾《我的回顾》（《茅盾全集》第19卷，人民文学出版社1991年版，第406页）。

〔**5**〕见列夫·尼古拉耶维奇·托尔斯泰《艺术论》。

〔**6**〕见南北朝时期刘勰《文心雕龙·指瑕》。

〔**7**〕见唐代李翱《答朱载言书》。

〔**8**〕这句话出自刘可风整理《柳青随笔录》。

〔**9**〕见柳青《生活是创作的基础》（《柳青文集》第4卷，人民文学出版社2005年版，第332页）。

〔**10**〕见西晋陆机《文赋》。

〔**11**〕见马克思《评弗里德里希·李斯特的著作〈政治经济学的国民体系〉》（《马克思恩格斯全集》第42卷，人民出版社1979年版，第257页）。

〔**12**〕参见清代叶燮《原诗·外篇上》。原文是：“志高则其言洁，志大则其辞弘，志远则其旨永。”

〔**13**〕见东汉王充《论衡·自纪》。

〔**14**〕见鲁迅《自嘲》（《鲁迅全集》第7卷，人民文学出版社2005年版，第151页）。

十三、以保障和改善民生为重点加强社会建设

构建起强大的公共卫生体系*

（2020 年 6 月 2 日）

党的十八大以来，党中央明确了新时代党的卫生健康工作方针，把为群众提供安全、有效、方便、价廉的公共卫生和基本医疗服务作为基本职责，成功防范和应对了甲型 H1N1 流感、H7N9、埃博拉出血热等突发疫情，主要传染病发病率显著下降。党的十九届四中全会提出“强化提高人民健康水平的制度保障”的要求，将加强公共卫生服务体系建设、及时稳妥处置重大新发突发传染病作为治理体系和治理能力现代化的重要目标和任务；强调预防为主，加强公共卫生防疫和重大传染病防控，稳步发展公共卫生服务体系。在实现“两个一百年”奋斗目标的历史进程中，发展卫生健康事业始终处于基础性地位，同国家整体战略紧密衔接，发挥着重要支撑作用。

这次新冠肺炎疫情防控斗争表明，我国公共卫生服务体系、医疗服务体系、医疗保障体系、药品供应保障体系以及重大疫情防控与应急管理体系，总体上是有效的，但也存在一些薄弱环节。这里面，有些是体制机制问题，有些是政策

---

* 这是习近平在专家学者座谈会上讲话的一部分。

落实问题，有些是发展中的问题。只有构建起强大的公共卫生体系，健全预警响应机制，全面提升防控和救治能力，织密防护网、筑牢筑实隔离墙，才能切实为维护人民健康提供有力保障。结合大家意见和建议，我再进一步谈几个问题。

第一，改革完善疾病预防控制体系。预防是最经济、最有效的健康策略。疾病预防控制体系是保护人民健康、保障公共卫生安全、维护经济社会稳定的重要保障。从这次疫情防控斗争看，我国公共卫生体系发挥了重要作用，但在特大疫情面前，暴露出能力不强、机制不活、动力不足、防治结合不紧密等问题。这些也是老问题，现在到了下决心解决的时候了。方向是立足更精准更有效地防，在理顺体制机制、明确功能定位、提升专业能力等方面加大改革力度。

要建立稳定的公共卫生事业投入机制，改善疾病预防控制基础条件，完善公共卫生服务项目。要优化完善疾病预防控制机构职能设置，健全以国家、省、市、县四级疾控中心和各类专科疾病防治机构为骨干，医疗机构为依托，基层医疗卫生机构为网底，军民融合、防治结合的疾控体系，建立上下联动的分工协作机制。要加强国家级疾病预防控制机构能力建设，强化其技术、能力、人才储备，发挥领头雁作用。要健全疾控机构和城乡社区联动工作机制，加强乡镇卫生院和社区卫生服务中心疾病预防职责，夯实联防联控的基层基础。要创新医防协同机制，建立人员通、信息通、资源通和监督监管相互制约的机制。要加强疾控人才队伍建设，建立适应现代化疾控体系的人才培养使用机制，稳定基层疾控队伍。要建设一批高水平公共卫生学院，着力培养能解决病原学鉴定、疫情形势研判和传播规律研究、现场流行病学调查、实验室检测等实际问题的人才。

第二，加强监测预警和应急反应能力。2003 年非典疫情发生后，国家建立了传染病网络直报系统，疾控机构硬件条件得到较大改善。

要把增强早期监测预警能力作为健全公共卫生体系当务之急。早发现、早报告、早隔离、早治疗“四早”的关键是“早发现”。要完善传染病疫情和突发公共卫生事件监测系统，改进不明原因疾病和异常健康事件监测机制，提高评估监测敏感性和准确性，建立智慧化预警多点触发机制，健全多渠道监测预警机制，提高实时分析、集中研判的能力。要加强实验室检测网络建设，提升传染病检测能力。要建立公共卫生机构和医疗机构协同监测机制，发挥基层哨点作用，做到早发现、早报告、早处置。要健全突发公共卫生事件应对预案体系，分级分类组建卫生应急队伍，覆盖形势研判、流行病学调查、医疗救治、实验室检测、社区指导、物资调配等领域。要强化基层卫生人员知识储备和培训演练，提升先期处置能力。要深入开展卫生应急知识宣教，提高人民群众对突发公共卫生事件认知水平和预防自救互救能力。各级党委和政府要建立定期研究部署重大疫情防控等卫生健康工作机制，健全和优化平战结合、跨部门跨区域、上下联动的联防联控协调机制，做到指令清晰、系统有序、条块畅达、执行有力。

第三，健全重大疫情救治体系。这次新冠肺炎患者救治工作，是对改革开放 40 年来医疗服务体系建设、20 年来重点专科建设、深化医药卫生体制改革 10 年来成果的一次集中检阅。我们坚持人民至上、生命至上，前所未有调集全国资源开展大规模救治，不遗漏一个感染者，不放弃每一位病患，从出生不久的婴儿到100多岁的老人都不放弃，确保患者不因费用问题影响就医。这次驰援湖北的346支医疗队、4.2万余名医务人员，绝大部分来自公立医院。实践证明，政府主导、公益性主导、公立医院主导的救治体系是应对重大疫情的重要保障，要全面加强公立医院传染病救治能力建设，完善综合医院传染病防治设施建设标准，提升应急医疗救治储备能力，把我国重大疫情救治体系和能力提升到新水平。

要优化医疗资源合理布局。要立足平战结合、补齐短板，统筹应急状态下医疗卫生机构动员响应、区域联动、人员调集，建立健全分级、分层、分流的传染病等重大疫情救治机制。要以城市社区和农村基层、边境口岸城市、县级医院和中医院为重点，完善城乡三级医疗服务网络。要加强国家医学中心、区域医疗中心等基地建设，提升重大传染病救治能力。要加强重大疫情救治相关学科建设，特别是急需的重症医学、呼吸、麻醉等专业学科建设。要制定实施有关政策措施，吸引更多高水平医务人员从事传染病防治工作。

第四，深入开展爱国卫生运动。爱国卫生运动是我们党把群众路线运用于卫生防病工作的成功实践。要总结新冠肺炎疫情防控斗争经验，丰富爱国卫生工作内涵，创新方式方法，推动从环境卫生治理向全面社会健康管理转变，解决好关系人民健康的全局性、长期性问题。

要全面改善人居环境，加强公共卫生环境基础设施建设，推进城乡环境卫生整治，推进卫生城镇创建。要倡导文明健康绿色环保的生活方式，开展健康知识普及，树立良好饮食风尚。要推广出门佩戴口罩、垃圾分类投放、保持社交距离，推广分餐公筷、看病网上预约等文明健康生活习惯。要推动将健康融入所有政策，把全生命周期健康管理理念贯穿城市规划、建设、管理全过程各环节，加快建设适应城镇化快速发展、人口密集特点的公共卫生体系。各级党委和政府要把爱国卫生工作列入重要议事日程，在部门设置、职能调整、人员配备、经费投入等方面予以保障，探索更加有效的社会动员方式。

第五，发挥中医药在重大疫病防治中的作用。中西医结合、中西药并用，是这次疫情防控的一大特点，也是中医药传承精华、守正创新的生动实践。几千年来，中华民族能一次次转危为安，靠的就是中医药，并在同疫病斗争中产生了《伤寒杂病论》、《温病条辨》、《温热论》等经典著作。这次临床筛选出的“三药三方”，就是在古典医籍的经方基础上化裁而来的。

要加强研究论证，总结中医药防治疫病的理论和诊疗规律，组织科技攻关，既用好现代评价手段，也要充分尊重几千年的经验，说明白、讲清楚中医药的疗效。要加强古典医籍精华的梳理和挖掘，建设一批科研支撑平台，改革完善中药审评审批机制，促进中药新药研发和产业发展。要加强中医药服务体系建设，提高中医院应急和救治能力。要强化中医药特色人才建设，打造一支高水平的国家中医疫病防治队伍。要深入研究中医药管理体制机制问题，加强对中医药工作的组织领导，推动中西医药相互补充、协调发展。

第六，完善公共卫生法律法规。2003 年战胜非典以来，国家修订了传染病防治法，陆续出台了突发事件应对法、《突发公共卫生事件应急条例》以及配套预案，为疫情处置工作提供了法律遵循，但也存在法律规定内容不统一、不衔接的情况。要有针对性地推进传染病防治法、突发公共卫生事件应对法等法律制定和修订工作，健全权责明确、程序规范、执行有力的疫情防控执法机制，进一步从法律上完善重大新发突发传染病防控措施，明确中央和地方、政府和部门、行政机关和专业机构的职责。要普及公共卫生安全和疫情防控法律法规，推动全社会依法行动、依法行事。

第七，发挥科技在重大疫情防控中的支撑作用。我一直强调，科学技术是人类同疾病斗争的锐利武器，人类战胜大灾大疫离不开科学发展和技术创新。这次疫情初期，我国研究机构通力合作，开展病因学调查和病原鉴定等，用 8 天时间在世界上首先判明“不明原因病毒性肺炎”的病原体为“新型冠状病毒”；用 16 天时间完成诊断试剂盒的优化，具备了较大规模筛查疑似病例的能力；并且迅速筛选了一批有效药物和治疗方案，多条技术路线的疫苗研发进入临床试验阶段，为疫情防控提供了强有力支撑。

生命安全和生物安全领域的重大科技成果是国之重器，一定要掌握在自己手中。要加大卫生健康领域科技投入，加快完善平战结合的疫病防控和公共卫生科研攻关体系，集中力量开展核心技术攻关，持续加大重大疫病防治经费投入，加快补齐我国在生命科学、生物技术、医药卫生、医疗设备等领域的短板。当前，我们一定要发挥新型举国体制的优势，力争率先研发成功新冠肺炎疫苗，争取战略主动。要深化科研人才发展体制机制改革，完善战略科学家和创新型科技人才发现、培养、激励机制，吸引更多优秀人才进入科研队伍，为他们脱颖而出创造条件。

第八，加强国际卫生交流合作。这次疫情发生以来，我们秉持人类命运共同体理念，积极履行国际义务，密切同世界卫生组织和相关国家的友好合作，主动同国际社会分享疫情和病毒信息、抗疫经验做法，向 100 多个国家和国际组织提供力所能及的物质和技术援助，体现了负责任大国的担当。

我们要坚持底线思维，保持战略定力，勇于斗争，善于斗争。要牢牢把握斗争方向，团结一切可以团结的力量。在第七十三届世界卫生大会上，我在视频讲话中阐释了中国抗疫理念和主张，宣布了 5 项举措，在国际社会引起积极反响。大会最终达成的决议符合我方立场主张，也是国际社会绝大多数国家的共同愿望。现在，新冠肺炎疫情仍在全球肆虐，我们要继续履行国际义务，发挥全球抗疫物资最大供应国作用，全面深入参与相关国际标准、规范、指南的制定，分享中国方案、中国经验，提升我国在全球卫生治理体系中的影响力和话语权，共同构建人类卫生健康共同体。

以共建共治共享拓展社会发展新局面*

（2020年8月24日）

事实证明，发展起来以后的问题不比不发展时少。我国社会结构正在发生深刻变化，互联网深刻改变人类交往方式，社会观念、社会心理、社会行为发生深刻变化。“十四五”时期如何适应社会结构、社会关系、社会行为方式、社会心理等深刻变化，实现更加充分、更高质量的就业，健全全覆盖、可持续的社保体系，强化公共卫生和疾控体系，促进人口长期均衡发展，加强社会治理，化解社会矛盾，维护社会稳定，都需要认真研究并作出工作部署。

一个现代化的社会，应该既充满活力又拥有良好秩序，呈现出活力和秩序有机统一。要完善共建共治共享的社会治理制度，实现政府治理同社会调节、居民自治良性互动，建设人人有责、人人尽责、人人享有的社会治理共同体。要加强和创新基层社会治理，使每个社会细胞都健康活跃，将矛盾纠纷化解在基层，将和谐稳定创建在基层。要更加注重维护社会公平正义，促进人的全面发展和社会全面进步。

---

* 这是习近平在经济社会领域专家座谈会上讲话的一部分。

在加快推进教育现代化的新征程中培养担当民族复兴大任的时代新人*

（2020 年 9 月 22 日）

培养担当民族复兴大任的时代新人。教育是国之大计、党之大计。党的十八大以来，党中央高度重视教育工作，召开全国教育大会，印发《中国教育现代化 2035》，全面加强各级各类学校思想政治工作，推进教育领域综合改革，强化教材建设国家事权地位，教育面貌正在发生格局性变化。

“十四五”时期，我们要从党和国家事业发展全局的高度，全面贯彻党的教育方针，坚持优先发展教育事业，坚守为党育人、为国育才，努力办好人民满意的教育，在加快推进教育现代化的新征程中培养担当民族复兴大任的时代新人。要坚持社会主义办学方向，把立德树人作为教育的根本任务，发挥教育在培育和践行社会主义核心价值观中的重要作用，深化学校思想政治理论课改革创新，加强和改进学校体育美育，广泛开展劳动教育，发展素质教育，推进教育公平，促

---

* 这是习近平在教育文化卫生体育领域专家代表座谈会上讲话的一部分。

进学生德智体美劳全面发展，培养学生爱国情怀、社会责任感、创新精神、实践能力。

人力资源是构建新发展格局的重要依托。要优化同新发展格局相适应的教育结构、学科专业结构、人才培养结构。要完善全民终身学习推进机制，构建方式更加灵活、资源更加丰富、学习更加便捷的终身学习体系。要大力发展职业教育和培训，有效提升劳动者技能和收入水平，通过实现更加充分、更高质量的就业扩大中等收入群体，释放内需潜力。

提升自主创新能力，尽快突破关键核心技术，是构建新发展格局的一个关键问题。我国高校要勇挑重担，释放高校基础研究、科技创新潜力，聚焦国家战略需要，瞄准关键核心技术特别是“卡脖子”问题，加快技术攻关。要支持“双一流”建设高校加强科技创新工作，依托高水平大学布局建设一批研究设施，推进产学研一体化。要深化高校人才队伍建设改革，建设高素质教师队伍，培养更多一流人才。要立足服务国家区域发展战略，优化区域教育资源配置，加快形成点线面结合、东中西呼应的教育发展空间格局，提升教育服务区域发展战略水平。

要全面深化教育领域综合改革，增强教育改革的系统性、整体性、协同性。要抓好深化新时代教育评价改革总体方案出台和落实落地，构建符合中国实际、具有世界水平的评价体系。要总结应对新冠肺炎疫情以来大规模在线教育的经验，利用信息技术更新教育理念、变革教育模式。要扩大教育对外开放，优化教育开放全球布局，加强国际科技交流合作，提升层次和水平。同时，要守住安全底线，确保正确政治方向。

促进我国社会保障事业高质量发展、可持续发展*

（2021 年 2 月 26 日）

今天，中央政治局进行第二十八次集体学习，内容是完善覆盖全民的社会保障体系。安排这次学习，目的是面向“十四五”时期发展目标任务，分析我国社会保障体系建设的现状，研究存在的问题，明确完善的思路，促进我国社会保障事业高质量发展、可持续发展。

社会保障是保障和改善民生、维护社会公平、增进人民福祉的基本制度保障，是促进经济社会发展、实现广大人民群众共享改革发展成果的重要制度安排，发挥着民生保障安全网、收入分配调节器、经济运行减震器的作用，是治国安邦的大问题。

我们党历来高度重视民生改善和社会保障。早在 1922 年，党的二大宣言中就提出了设立工厂保险、保护失业工人等改良工人待遇的主张。瑞金时期颁布的《中华苏维埃共和国劳动法》设专章规定了社会保险问题。新中国成立伊始，

* 这是习近平在主持中共十九届中央政治局第二十八次集体学习时的讲话。

政务院根据《中国人民政治协商会议共同纲领》中“逐步实行劳动保险制度”的要求，于 1951 年颁布《中华人民共和国劳动保险条例》。改革开放后，我们把社会保障作为改善人民生活的基础民生工程，稳步推进社会保障体系建设，取得了重大进展。

党的十八大以来，党中央把社会保障体系建设摆上更加突出的位置，推动我国社会保障体系建设进入快车道。中央政治局会议、中央政治局常委会会议、中央全面深化改革委员会会议等会议多次研究审议改革和完善基本养老保险制度总体方案、深化医疗保障制度改革意见等，对我国社会保障体系建设作出顶层设计，改革的系统性、整体性、协同性进一步增强。我们统一城乡居民基本养老保险制度，实现机关事业单位和企业养老保险制度并轨，建立企业职工基本养老保险基金中央调剂制度。我们整合城乡居民基本医疗保险制度，全面实施城乡居民大病保险，组建国家医疗保障局。我们推进全民参保计划，降低社会保险费率，划转部分国有资本充实社保基金。我们积极发展养老、托幼、助残等福利事业，人民群众不分城乡、地域、性别、职业，在面对年老、疾病、失业、工伤、残疾、贫困等风险时都有了相应制度保障。

目前，我国以社会保险为主体，包括社会救助、社会福利、社会优抚等制度在内，功能完备的社会保障体系基本建成，基本医疗保险覆盖 13.6 亿人，基本养老保险覆盖近 10 亿人，是世界上规模最大的社会保障体系。这为人民创造美好生活奠定了坚实基础，为打赢脱贫攻坚战提供了坚强支撑，为如期全面建成小康社会、实现第一个百年奋斗目标提供了有利条件。

在充分肯定成绩的同时，我们也要看到，随着我国社会主要矛盾发生变化和城镇化、人口老龄化、就业方式多样化加快发展，我国社会保障体系仍存在不足，主要是：制度整合没有完全到位，制度之间转移衔接不够通畅；部分农民工、灵活就业人员、新业态就业人员等人群没有纳入社会保障，存在“漏保”、“脱保”、“断保”的情况；政府主导并负责管理的基本保障“一枝独大”，而市场主体和社会力量承担的补充保障发育不够；社会保障统筹层次有待提高，平衡地区收支矛盾压力较大；城乡、区域、群体之间待遇差异不尽合理；社会保障公共服务能力同人民群众的需求还存在一定差距；一些地方社保基金存在“穿底”风险。对这些不足，我们必须高度重视并切实加以解决。

党的十九届五中全会为我国未来5年乃至15年的发展擘画了蓝图，要求推动全体人民共同富裕取得更为明显的实质性进展。社会保障关乎人民最关心最直接最现实的利益问题，我们要加大再分配力度，强化互助共济功能，把更多人纳入社会保障体系，为广大人民群众提供更可靠更充分的保障，不断满足人民群众多层次多样化需求，完善覆盖全民、统筹城乡、公平统一、可持续的多层次社会保障体系，进一步织密社会保障安全网。

第一，建设中国特色社会保障体系。世界各国发展水平、社会条件、文化特征不同，社会保障制度必然多种多样。我们注重学习借鉴国外社会保障有益经验，但不是照抄照搬、简单复制，而是立足国情、积极探索、大胆创新，成功建设了具有鲜明中国特色的社会保障体系。我们坚持发挥中国共产党领导和我国社会主义制度的政治优势，集中力量办大事，推动社会保障事业行稳致远；坚持人民至上，坚持共同富裕，把增进民生福祉、促进社会公平作为发展社会保障事业的根本出发点和落脚点，使改革发展成果更多更公平惠及全体人民；坚持制度引领，围绕全覆盖、保基本、多层次、可持续等目标加强社会保障体系建设；坚持与时俱进，用改革的办法和创新的思维解决发展中的问题，坚决破除体制机制障碍，推动社会保障事业不断前进；坚持实事求是，既尽力而为又量力而行，把提高社会保障水平建立在经济和财力可持续增长的基础之上，不脱离实际、超越阶段。我们要坚持和发展这些成功经验，不断总结，不断前进。

第二，科学谋划"十四五"乃至更长时期社会保障事业。党的十九届五中全会明确了"十四五"时期我国社会保障事业发展的蓝图，要逐条逐项深入研究，纳入规划，抓好落实。要坚持系统观念，把握好新发展阶段、新发展理念、新发展格局提出的新要求，在统筹推进"五位一体"总体布局、协调推进"四个全面"战略布局中思考和谋划社会保障事业发展。要树立战略眼光，顺应人民对高品质生活的期待，适应人的全面发展和全体人民共同富裕的进程，不断推动幼有所育、学有所教、劳有所得、病有所医、老有所养、住有所居、弱有所扶取得新进展。要增强风险意识，研判未来5年、15年乃至30年我国人口老龄化、人均预期寿命提升、受教育年限增加、劳动力结构变化等发展趋势，分析社会保障可能面临的新情况新问题，提高工作预见性和主动性，未雨绸缪采取应对措施。要拓展国际视野，关注国外社会保障发展情况，汲取经验教训，既避免像一些国家那样盲目进行“福利赶超”落入“中等收入陷阱”，又避免像一些国家那样实行“泛福利化”导致社会活力不足。什么时候都不能忘记一个道理，经济发展和社会保障是水涨船高的关系，水浅行小舟，水深走大船，违背规律就会搁浅或翻船。

第三，深化社会保障制度改革。现在，我国社会保障制度改革已进入系统集成、协同高效的阶段。要准确把握社会保障各个方面之间、社会保障领域和其他相关领域之间改革的联系，提高统筹谋划和协调推进能力，确保各项改革形成整体合力。要强化问题导向，紧盯老百姓在社会保障方面反映强烈的烦心事、操心事、揪心事，紧盯制约社会保障体系建设的硬骨头，不断推进改革。要加快发展多层次、多支柱养老保险体系，健全基本养老、基本医疗保险筹资和待遇调整机制，扩大年金制度覆盖范围，规范发展第三支柱养老保险，积极发展商业医疗保险，更好满足人民群众多样化需求。要推动基本医疗保险、失业保险、工伤保险省级统筹，进一步明确中央与地方事权和支出责任。要把农村社会救助纳入乡村振兴战略统筹谋划，健全农村社会救助制度，完善日常性帮扶措施。要健全农民工、灵活就业人员、新业态就业人员参加社会保险制度，健全退役军人保障制度，健全老年人关爱服务体系，完善帮扶残疾人、孤儿等社会福利制度。

2018 年以来，我们实施了养老保险中央调剂金制度，仅去年一年，东部发达地区就拿出了 1768 亿元，拨付给中西部和老工业基地省份，有力缓解了社保基金收支的区域结构性矛盾，确保了养老金按时足额发放。同时，区域不平衡的问题还没有从根本上解决，要加快实现基本养老保险全国统筹。这符合社会保险“大数法则”，也是构建新发展格局的要求。

随着人口老龄化加速发展特别是老年人慢性病患病率的提高，加上医疗技术发展，更多疾病从“无药可医”变为“可医可控”，医保支出面临着更大压力。要坚持不懈、协同推进“三医联动”[1]，健全筹资和待遇调整机制，推进国家组织药品和耗材集中带量采购改革，深化医保支付方式改革，完善医药服务价格形成机制，提高医保基金使用效能。

近年来，许多人口老龄化程度较高的发达国家和新兴国家都推出了延迟法定退休年龄的改革计划，但实施起来并不太顺利。一些国家在这项改革上经历了波折。我们要合理把握改革方向、节奏、力度，加强舆论引导，最大程度凝聚全社会共识和合力，推动这项改革任务平稳落地。

第四，推进社会保障法治化。要从立法、执法、司法、守法各环节加强社会保障工作，在法治轨道上推动社会保障事业健康发展。要加强社会保障立法工作，加快制定或修订社会保险、社会救助、社会福利等方面的相关法律，依法落实各级政府和用人单位、个人、社会的社会保障权利、义务、责任。要依法健全社会保障基金监管体系，防范化解基金运行风险，维护基金安全。要以零容忍态度严厉打击欺诈骗保、套保或挪用贪占各类社会保障资金的违法行为，守护好人民群众的每一分“养老钱”、“保命钱”和每一笔“救助款”、“慈善款”。

第五，加强社会保障精细化管理。要完善从中央到省、市、县、乡镇（街道）的五级社会保障管理体系和服务网络，在提高管理精细化程度和服务水平上下更大功夫，提升社会保障治理效能。要适应人口大规模流动、就业快速变动的趋势，完善社会保险关系登记和转移接续的措施，健全社会救助、社会福利对象精准认定机制，实现应保尽保、应助尽助、应享尽享。要完善全国统一的社会保险公共服务平台，充分利用互联网、大数据、云计算等信息技术创新服务模式，深入推进社保经办数字化转型。同时，要坚持传统服务方式和智能化服务创新并行，针对老年人、残疾人等群体的特点，提供更加贴心暖心的社会保障服务。

第六，发挥好社会保障在应对疫情影响方面的积极作用。去年以来，面对突如其来的新冠肺炎疫情，社会保障为打赢疫情防控的人民战争、总体战、阻击战和实现决胜全面建成小康社会、决战脱贫攻坚目标任务作出了贡献。当前，全球疫情仍在扩散蔓延，我国"外防输入、内防反弹"任务仍然很重。要发挥好社会保障在助力疫情防控、稳定经济社会发展秩序中的作用。要根据形势好转变化，稳妥退出减免社保缴费等阶段性纾困政策，并同其他政策退出平稳衔接。要总结这次疫情防控的成功做法，完善我国社会保障针对突发重大风险的应急响应机制，既能抵御可以预见的生老病死等各种常规风险，又能应对难以预料的非常规风险。

最后，我强调一个问题，就是要坚持制度的统一性和规范性。我国社会保障体系建立之初，我们鼓励各地大胆创新、不断探索。现在，随着我国社会保障体系不断发展，社会保障体系建设要坚持国家顶层设计，做到全国一盘棋。要增强制度的刚性约束，加强对制度运行的管理监督。各地区务必树立大局意识，严肃落实制度改革要求，不得违规出台地方“小政策”。可以允许一定时期内存在区域间社会保障水平上的差异，但不能动摇统一制度的目标，不能自行其是、搞变通。各级党委和政府要深化对社会保障工作重要性的认识，把握规律，统筹协调，抓好党中央决策部署和各项改革方案的贯彻落实，在完善覆盖全民的社会保障体系上不断取得新成效。

注　　释

〔**1**〕“三医联动”，指以人民健康为中心，综合运用法律、行政、市场等手段，增强医疗、医保、医药改革的整体性、系统性、协同性，促进公共卫生和医疗服务体系发展，完善多层次医疗保障制度建设，规范药品、医用耗材供应制度，实现医疗资源合理配置，保障群众获得高质量、有效率、能负担的基本医疗卫生服务。

发扬北京冬奥精神，加快建设体育强国步伐*

（2022 年 4 月 8 日）

伟大的事业孕育伟大的精神，伟大的精神推进伟大的事业。北京冬奥会、冬残奥会广大参与者珍惜伟大时代赋予的机遇，在冬奥申办、筹办、举办的过程中，共同创造了胸怀大局、自信开放、迎难而上、追求卓越、共创未来的北京冬奥精神。

——胸怀大局，就是心系祖国、志存高远，把筹办举办北京冬奥会、冬残奥会作为“国之大者”，以为国争光为己任，以为国建功为光荣，勇于承担使命责任，为了祖国和人民团结一心、奋力拼搏。

——自信开放，就是雍容大度、开放包容，坚持中国特色社会主义道路自信、理论自信、制度自信、文化自信，以创造性转化、创新性发展传递深厚文化底蕴，以大道至简彰显悠久文明理念，以热情好客展现中国人民的真诚友善，以文明交流促进世界各国人民相互理解和友谊。

---

* 这是习近平在北京冬奥会、冬残奥会总结表彰大会上讲话的一部分。

——迎难而上，就是苦干实干、坚韧不拔，保持知重负重、直面挑战的昂扬斗志，百折不挠克服困难、战胜风险，为了胜利勇往直前。

——追求卓越，就是执着专注、一丝不苟，坚持最高标准、最严要求，精心规划设计，精心雕琢打磨，精心磨合演练，不断突破和创造奇迹。

——共创未来，就是协同联动、紧密携手，坚持“一起向未来”和“更团结”相互呼应，面朝中国发展未来，面向人类发展未来，向世界发出携手构建人类命运共同体的热情呼唤。

7年磨一剑，砥砺再出发。北京冬奥会、冬残奥会是在全党全国各族人民向第二个百年奋斗目标迈进的关键时期举办的重大标志性活动。我们要积极谋划、接续奋斗，管理好、运用好北京冬奥遗产。

北京冬奥会、冬残奥会既有场馆设施等物质遗产，也有文化和人才遗产，这些都是宝贵财富，要充分运用好，让其成为推动发展的新动能，实现冬奥遗产利用效益最大化。要继续推动冰雪运动普及发展，强化战略规划布局，建设利用好冰雪场地设施，发展冰雪产业，丰富群众冰雪赛事活动，把群众冰雪运动热情保持下去。要充分挖掘利用北京冬奥文化资源，坚定文化自信，更加自信从容传播中国声音、讲好中国故事。要弘扬人道主义精神，尊重和保障人权，完善残疾人社会保障制度和关爱服务体系，促进残疾人事业全面发展，支持和鼓励残疾人自强不息，正像一位视障运动员在赛场上所说：“我看不清世界，但我想让世界看到我。”要在全社会广泛弘扬奉献、友爱、互助、进步的志愿精神，更好发挥志愿服务的积极作用，促进社会文明进步。要弘扬奥林匹克精神，发挥奥林匹克促进人类和平发展的重要作用，为人类文明进步贡献更多中国智慧和中国力量。

成功筹办举办北京冬奥会、冬残奥会，极大激发了亿万人民的体育热情，极大推动了我国体育事业发展。我们要坚持以增强人民体质、提高全民族身体素质和生活质量为目标，高度重视并充分发挥体育在促进人的全面发展中的重要作用，继续推进体育改革创新，加强体育科技研发，完善全民健身体系，增强广大人民群众特别是青少年体育健身意识，增强我国竞技体育的综合实力和国际竞争力，加快建设体育强国步伐。

圆梦冬奥会，一起向未来。让我们更加紧密地团结在党中央周围，发扬北京冬奥精神，以更加坚定的自信、更加坚决的勇气，向着实现第二个百年奋斗目标奋勇前进，向着实现中华民族伟大复兴的中国梦奋勇前进！

十四、坚持人与自然和谐共生

站在人与自然和谐共生的高度谋划经济社会发展*

（2020 年 4 月 10 日）

实现人与自然和谐共生。我多次强调，人与自然是生命共同体，人类必须尊重自然、顺应自然、保护自然。这次疫情防控使我们更加深切地认识到，生态文明建设是关系中华民族永续发展的千年大计，必须站在人与自然和谐共生的高度来谋划经济社会发展。

恩格斯早就指出："我们不要过分陶醉于我们人类对自然界的胜利。对于每一次这样的胜利，自然界都对我们进行报复。"[1] 第一次工业革命以来，人类利用自然的能力不断提高，但过度开发也导致生物多样性减少，迫使野生动物迁徙，增加野生动物体内病原的扩散传播。新世纪以来，从非典到禽流感、中东呼吸综合征、埃博拉病毒，再到这次新冠肺炎疫情，全球新发传染病频率明显升高。只有更好平衡人与自然的关系，维护生态系统平衡，才能守护人类健康。要深化对人与自然生命共同体的规律性认识，全面加快生态文明建设。

---

* 这是习近平在中央财经委员会第七次会议上讲话的一部分。

生态文明这个旗帜必须高扬。

越来越多的人类活动不断触及自然生态的边界和底线。要为自然守住安全边界和底线，形成人与自然和谐共生的格局。这里既包括有形的边界，也包括无形的边界。要完善国土空间规划，落实好主体功能区战略，明确生态红线，加快形成自然保护地体系，完善生物多样性保护网络，在空间上对经济社会活动进行合理限定。

注　　释

〔**1**〕见恩格斯《自然辩证法》(《马克思恩格斯全集》第26卷，人民出版社2014年版，第769页)。

使长江经济带成为我国生态优先绿色发展主战场*

（2020 年 11 月 14 日）

要贯彻落实党的十九大和十九届二中、三中、四中、五中全会精神，坚定不移贯彻新发展理念，推动长江经济带高质量发展，谱写生态优先绿色发展新篇章，打造区域协调发展新样板，构筑高水平对外开放新高地，塑造创新驱动发展新优势，绘就山水人城和谐相融新画卷，使长江经济带成为我国生态优先绿色发展主战场、畅通国内国际双循环主动脉、引领经济高质量发展主力军。

5 年来，在党中央坚强领导下，沿江省市推进生态环境整治，促进经济社会发展全面绿色转型，力度之大、规模之广、影响之深，前所未有，长江经济带生态环境保护发生了转折性变化，经济社会发展取得历史性成就。长江经济带经济发展总体平稳、结构优化，人民生活水平显著提高，实现了在发展中保护、在保护中发展。特别是今年以来，沿江省市有力应对突如其来的新冠肺炎疫情，统筹做好疫情防控和

---

* 这是习近平在全面推动长江经济带发展座谈会上的讲话要点。

经济社会发展工作，有效克服重大洪涝灾害影响和外部环境变化冲击，为我国在全球主要经济体中率先恢复经济正增长作出了突出贡献。

推动长江经济带发展是党中央作出的重大决策，是关系国家发展全局的重大战略。这次五中全会建议又对此提出了明确要求。长江经济带覆盖沿江 11 省市，横跨我国东中西三大板块，人口规模和经济总量占据全国“半壁江山”，生态地位突出，发展潜力巨大，应该在践行新发展理念、构建新发展格局、推动高质量发展中发挥重要作用。

要加强生态环境系统保护修复。要从生态系统整体性和流域系统性出发，追根溯源、系统治疗，防止头痛医头、脚痛医脚。要找出问题根源，从源头上系统开展生态环境修复和保护。要加强协同联动，强化山水林田湖草等各种生态要素的协同治理，推动上中下游地区的互动协作，增强各项举措的关联性和耦合性。要注重整体推进，在重点突破的同时，加强综合治理系统性和整体性，防止畸重畸轻、单兵突进、顾此失彼。要在严格保护生态环境的前提下，全面提高资源利用效率，加快推动绿色低碳发展，努力建设人与自然和谐共生的绿色发展示范带。要把修复长江生态环境摆在压倒性位置，构建综合治理新体系，统筹考虑水环境、水生态、水资源、水安全、水文化和岸线等多方面的有机联系，推进长江上中下游、江河湖库、左右岸、干支流协同治理，改善长江生态环境和水域生态功能，提升生态系统质量和稳定性。要强化国土空间管控和负面清单管理，严守生态红线，持续开展生态修复和环境污染治理工程，保持长江生态原真性和完整性。要加快建立生态产品价值实现机制，让保护修复生态环境获得合理回报，让破坏生态环境付出相应代价。要健全长江水灾害监测预警、灾害防治、应急救援体系，推进河道综合治理和堤岸加固，建设安澜长江。

努力建设人与自然和谐共生的现代化*

（2021 年 4 月 30 日）

今天，中央政治局进行第二十九次集体学习，内容是新形势下加强我国生态文明建设。党的十八大以来，中央政治局已经两次就生态文明建设相关题目进行集体学习，这是第三次。安排这次学习，目的是把握进入新发展阶段、贯彻新发展理念、构建新发展格局对生态文明建设提出的新任务新要求，分析我国生态文明建设面临的新形势，推动建设人与自然和谐共生的现代化。

党的十八大以来，我们加强党对生态文明建设的全面领导，把生态文明建设摆在全局工作的突出位置，作出一系列重大战略部署。在“五位一体”总体布局中，生态文明建设是其中一位；在新时代坚持和发展中国特色社会主义的基本方略中，坚持人与自然和谐共生是其中一条；在新发展理念中，绿色是其中一项；在三大攻坚战中，污染防治是其中一战；在到本世纪中叶建成社会主义现代化强国目标中，美丽

---

* 这是习近平在主持中共十九届中央政治局第二十九次集体学习时的讲话。

中国是其中一个。这充分体现了我们对生态文明建设重要性的认识，明确了生态文明建设在党和国家事业发展全局中的重要地位。

我们全面加强生态文明建设，系统谋划生态文明体制改革，一体治理山水林田湖草沙，开展了一系列根本性、开创性、长远性工作，决心之大、力度之大、成效之大前所未有，生态文明建设从认识到实践都发生了历史性、转折性、全局性的变化。我先后就甘肃祁连山生态破坏、陕西秦岭北麓违建别墅、青海木里矿区非法开采等典型案例作出指示批示，有关地方和部门严肃查处和追责了一批失职渎职的人员。9年来，蓝天白云重新展现，绿色版图不断扩展，绿色经济加快发展，能耗物耗不断降低，浓烟重霾有效抑制，黑臭水体明显减少，城乡环境更加宜居，美丽中国建设迈出坚实步伐，绿水青山就是金山银山的理念成为全党全社会的共识和行动。根据美国航天局卫星数据，2000年至2017年间，全球新增绿化面积中约四分之一来自中国。我国引领全球气候变化谈判进程，积极推动《巴黎协定》的签署、生效、实施，宣布2030年前实现二氧化碳排放达到峰值、2060年前实现碳中和。我国生态文明建设取得的成就，也得到了国际社会广泛肯定。

实践表明，生态环境保护和经济发展是辩证统一、相辅相成的，建设生态文明、推动绿色低碳循环发展，不仅可以满足人民日益增长的优美生态环境需要，而且可以推动实现更高质量、更有效率、更加公平、更可持续、更为安全的发展，走出一条生产发展、生活富裕、生态良好的文明发展道路。

生态环境修复和改善，是一个需要付出长期艰苦努力的过程，不可能一蹴而就，必须坚持不懈、奋发有为。当前，我国生态文明建设仍然面临诸多矛盾和挑战，生态环境稳中向好的基础还不稳固，从量变到质变的拐点还没有到来，生态环境质量同人民群众对美好生活的期盼相比，同建设美丽中国的目标相比，同构建新发展格局、推动高质量发展、全面建设社会主义现代化国家的要求相比，都还有较大差距。我国产业结构调整有一个过程，传统产业所占比重依然较高，战略性新兴产业、高技术产业尚未成长为经济增长的主导力量，能源结构没有得到根本性改变，重点区域、重点行业污染问题没有得到根本解决，实现碳达峰、碳中和任务艰巨，资源环境对发展的压力越来越大。推动绿色低碳发展是国际潮流所向、大势所趋，绿色经济已经成为全球产业竞争制高点。一些西方国家对我国大打“环境牌”，多方面对我国施压，围绕生态环境问题的大国博弈十分激烈。

我在党的十九届五中全会上强调，我国建设社会主义现代化具有许多重要特征，其中之一就是我国现代化是人与自然和谐共生的现代化，注重同步推进物质文明建设和生态文明建设。“十四五”时期，我国生态文明建设进入了以降碳为重点战略方向、推动减污降碳协同增效、促进经济社会发展全面绿色转型、实现生态环境质量改善由量变到质变的关键时期。要完整、准确、全面贯彻新发展理念，保持战略定力，站在人与自然和谐共生的高度来谋划经济社会发展，坚持节约资源和保护环境的基本国策，坚持节约优先、保护优先、自然恢复为主的方针，形成节约资源和保护环境的空间格局、产业结构、生产方式、生活方式，统筹污染治理、生态保护、应对气候变化，促进生态环境持续改善，努力建设人与自然和谐共生的现代化。

第一，坚持不懈推动绿色低碳发展。我多次强调，生态环境问题归根到底是发展方式和生活方式问题。建立健全绿色低碳循环发展经济体系、促进经济社会发展全面绿色转型是解决我国生态环境问题的基础之策。3 月 15 日，我主持召开中央财经委员会第九次会议，研究部署了实现碳达峰、碳中和的基本思路和重大举措。要把实现减污降碳协同增效作为促进经济社会发展全面绿色转型的总抓手，加快推动产业结构、能源结构、交通运输结构、用地结构调整。要强化国土空间规划和用途管控，落实生态保护、基本农田、城镇开发等空间管控边界，实施主体功能区战略，划定并严守生态保护红线。要抓住资源利用这个源头，推进资源总量管理、科学配置、全面节约、循环利用，全面提高资源利用效率。要抓住产业结构调整这个关键，推动战略性新兴产业、高技术产业、现代服务业加快发展，推动能源清洁低碳安全高效利用，持续降低碳排放强度。要解决好推进绿色低碳发展的科技支撑不足问题，加强碳捕集利用和封存技术、零碳工业流程再造技术等科技攻关，支持绿色低碳技术创新成果转化。要发展绿色金融，支持绿色技术创新。

我多次强调，降低二氧化碳排放、应对气候变化不是别人要我们做，而是我们自己要做。实现碳达峰、碳中和是我国向世界作出的庄严承诺，也是一场广泛而深刻的经济社会变革，绝不是轻轻松松就能实现的。现在，一些部门和地方上马高耗能、高排放项目的冲动依然强烈。在今年1月举行的省部级主要领导干部学习贯彻党的十九届五中全会精神专题研讨班上，我专门强调要注意防范八个认识误区，其中一个认识误区就是借扩大内需、形成国内大市场之机，大搞高能耗、高排放的项目。有关部门和地方要严把关口，不符合要求的项目要坚决拿下来！各级党委和政府要拿出抓铁有痕、踏石留印的劲头，明确时间表、路线图、施工图，推动经济社会发展建立在资源高效利用和绿色低碳发展的基础之上。

第二，深入打好污染防治攻坚战。现在，人民群众对生态环境质量的期望值更高，对生态环境问题的容忍度更低。要集中攻克老百姓身边的突出生态环境问题，让老百姓实实在在感受到生态环境质量改善。要坚持精准治污、科学治污、依法治污，保持力度、延伸深度、拓宽广度，持续打好蓝天、碧水、净土保卫战。要强化多污染物协同控制和区域协同治理，加强细颗粒物和臭氧协同控制，基本消除重污染天气。要统筹水资源、水环境、水生态治理，加强江河湖库污染防治和生态保护，建设美丽海湾，有效保护居民饮用水安全，坚决治理城市黑臭水体。要推进土壤污染防治，有效管控农用地和建设用地土壤污染风险。要实施垃圾分类和减量化、资源化，加强白色污染治理，加强危险废物医疗废物收集处理，强化重金属污染防治，重视新污染物治理。要推动污染治理向乡镇、农村延伸，强化农业面源污染治理，明显改善农村人居环境。

第三，提升生态系统质量和稳定性。这既是增加优质生态产品供给的必然要求，也是减缓和适应气候变化带来不利影响的重要手段。“草木植成，国之富也。”[1] 良好生态本身蕴含着经济社会价值。要坚持系统观念，从生态系统整体性出发，推进山水林田湖草沙一体化保护和修复，更加注重综合治理、系统治理、源头治理。要加快构建以国家公园为主体的自然保护地体系，完善自然保护地、生态保护红线监管制度。要建立健全生态产品价值实现机制，让保护修复生态环境获得合理回报，让破坏生态环境付出相应代价。要科学推进荒漠化、石漠化、水土流失综合治理，开展大规模国土绿化行动。要推行草原森林河流湖泊休养生息，实施好长江十年禁渔，健全耕地休耕轮作制度。要实施生物多样性保护重大工程，强化外来物种管控，举办好《生物多样性公约》第十五次缔约方大会。

第四，积极推动全球可持续发展。保护生态环境、应对气候变化，是全人类面临的共同挑战。我们要秉持人类命运共同体理念，积极参与全球环境治理，加强应对气候变化、海洋污染治理、生物多样性保护等领域国际合作，认真履行国际公约，主动承担同国情、发展阶段和能力相适应的环境治理义务，为全球提供更多公共产品，不断增强制度性权利，实现义务和权利的平衡，展现我国负责任大国形象。要发挥发展中大国的引领作用，加强南南合作以及同周边国家的合作，为发展中国家提供力所能及的资金、技术支持，帮助提高环境治理能力，共同打造绿色“一带一路”。要坚持共同但有区别的责任原则、公平原则和各自能力原则，坚定维护多边主义，有效应对一些西方国家对我国进行“规锁”的企图，坚决维护我国发展利益。

第五，提高生态环境领域国家治理体系和治理能力现代化水平。要健全党委领导、政府主导、企业主体、社会组织和公众共同参与的现代环境治理体系，构建一体谋划、一体部署、一体推进、一体考核的制度机制。要深入推进生态文明体制改革，强化绿色发展法律和政策保障，健全自然资源资产产权制度和法律法规。要完善环境保护、节能减排约束性指标管理，建立健全稳定的财政资金投入机制。要全面实行排污许可制，推进排污权、用能权、用水权、碳排放权市场化交易，建立健全风险管控机制。要大力宣传绿色文明，增强全民节约意识、环保意识、生态意识，倡导简约适度、绿色低碳的生活方式，把建设美丽中国转化为全体人民自觉行动。

2018 年 5 月 18 日，我在全国生态环境保护大会上提出，我国生态文明建设正处于压力叠加、负重前行的关键期，已进入提供更多优质生态产品以满足人民日益增长的优美生态环境需要的攻坚期，也到了有条件有能力解决生态环境突出问题的窗口期。各级党委和政府要提高政治判断力、政治领悟力、政治执行力，心怀“国之大者”，担负起生态文明建设的政治责任，坚决做到令行禁止，确保党中央关于生态文明建设各项决策部署落地见效。

注　　释

〔**1**〕见《管子·立政》。

为黄河永远造福中华民族而不懈奋斗*

（2021 年 10 月 22 日）

要科学分析当前黄河流域生态保护和高质量发展形势，把握好推动黄河流域生态保护和高质量发展的重大问题，咬定目标、脚踏实地，埋头苦干、久久为功，确保“十四五”时期黄河流域生态保护和高质量发展取得明显成效，为黄河永远造福中华民族而不懈奋斗。

党中央把黄河流域生态保护和高质量发展上升为国家战略以来，我们围绕解决黄河流域存在的矛盾和问题，开展了大量工作，搭建黄河保护治理“四梁八柱”，整治生态环境问题，推进生态保护修复，完善治理体系，高质量发展取得新进步。同时也要看到，在黄河流域生态保护和高质量发展上还存在一些突出矛盾和问题，要坚持问题导向，再接再厉，坚定不移做好各项工作。

沿黄河省区要落实好黄河流域生态保护和高质量发展战略部署，坚定不移走生态优先、绿色发展的现代化道路。第

* 这是习近平在深入推动黄河流域生态保护和高质量发展座谈会上的讲话要点。

一，要坚持正确政绩观，准确把握保护和发展关系。把大保护作为关键任务，通过打好环境问题整治、深度节水控水、生态保护修复攻坚战，明显改善流域生态面貌。沿黄河开发建设必须守住生态保护这条红线，必须严守资源特别是水资源开发利用上限，用强有力的约束提高发展质量效益。第二，要统筹发展和安全两件大事，提高风险防范和应对能力。高度重视水安全风险，大力推动全社会节约用水。要高度重视全球气候变化的复杂深刻影响，从安全角度积极应对，全面提高灾害防控水平，守护人民生命安全。第三，要提高战略思维能力，把系统观念贯穿到生态保护和高质量发展全过程。把握好全局和局部关系，增强一盘棋意识，在重大问题上以全局利益为重。要把握好当前和长远的关系，放眼长远认真研究，克服急功近利、急于求成的思想。第四，要坚定走绿色低碳发展道路，推动流域经济发展质量变革、效率变革、动力变革。从供需两端入手，落实好能耗双控措施，严格控制“两高”[1]项目盲目上马，抓紧有序调整能源生产结构，淘汰碳排放量大的落后产能和生产工艺。要着力确保煤炭和电力供应稳定，保障好经济社会运行。

“十四五”是推动黄河流域生态保护和高质量发展的关键时期，要抓好重大任务贯彻落实，力争尽快见到新气象。一是加快构建抵御自然灾害防线。要立足防大汛、抗大灾，针对防汛救灾暴露出的薄弱环节，迅速查漏补缺，补好灾害预警监测短板，补好防灾基础设施短板。要加强城市防洪排涝体系建设，加大防灾减灾设施建设力度，严格保护城市生态空间、泄洪通道等。二是全方位贯彻“四水四定”原则。要坚决落实以水定城、以水定地、以水定人、以水定产，走好水安全有效保障、水资源高效利用、水生态明显改善的集约节约发展之路。要精打细算用好水资源，从严从细管好水资源。要创新水权、排污权等交易措施，用好财税杠杆，发挥价格机制作用，倒逼提升节水效果。三是大力推动生态环境保护治理。上游产水区重在维护天然生态系统完整性，一体化保护高原高寒地区独有生态系统，有序实行休养生息制度。要抓好上中游水土流失治理和荒漠化防治，推进流域综合治理。要加强下游河道和滩区环境综合治理，提高河口三角洲生物多样性。要实施好环境污染综合治理工程。四是加快构建国土空间保护利用新格局。要提高对流域重点生态功能区转移支付水平，让这些地区一心一意谋保护，适度发展生态特色产业。农业现代化发展要向节水要效益，向科技要效益，发展旱作农业，推进高标准农田建设。城市群和都市圈要集约高效发展，不能盲目扩张。五是在高质量发展上迈出坚实步伐。要坚持创新创造，提高产业链创新链协同水平。要推进能源革命，稳定能源保供。要提高与沿海、沿长江地区互联互通水平，推进新型基础设施建设，扩大有效投资。

党中央已经对推动黄河流域生态保护和高质量发展作出全面部署，关键在于统一思想、坚定信心、步调一致、抓好落实，要落实好中央统筹、省负总责、市县落实的工作机制，各尽其责、主动作为。要调动市场主体、社会力量积极性。

进入 7 月下旬以来，黄河流域部分地方遭受罕见洪涝灾害，各有关地方要切实做好灾后恢复重建工作，特别是要关心和帮助那些因灾陷入困境的群众，保障人民群众基本生活，保证生产生活正常秩序。要注意克服秋汛影响，采取有针对性的措施，抓好秋冬种工作。入冬在即，各地要早作谋划、制定预案，保障群众生活用电、供暖，确保群众温暖过冬。

注　　释

〔1〕“两高”，这里指高耗能、高排放。

实现“双碳”目标是一场广泛而深刻的变革*

（2022 年 1 月 24 日）

实现碳达峰碳中和，是贯彻新发展理念、构建新发展格局、推动高质量发展的内在要求，是党中央统筹国内国际两个大局作出的重大战略决策。我们必须深入分析推进碳达峰碳中和工作面临的形势和任务，充分认识实现“双碳”目标[1]的紧迫性和艰巨性，研究需要做好的重点工作，统一思想和认识，扎扎实实把党中央决策部署落到实处。

党的十八大以来，党中央贯彻新发展理念，坚定不移走生态优先、绿色低碳发展道路，着力推动经济社会发展全面绿色转型，取得了显著成效。我们建立健全绿色低碳循环发展经济体系，持续推动产业结构和能源结构调整，启动全国碳市场交易，宣布不再新建境外煤电项目，加快构建“双碳”政策体系，积极参与气候变化国际谈判，展现了负责任大国的担当。实现“双碳”目标，不是别人让我们做，而是我们自己必须要做。我国已进入新发展阶段，推进“双碳”工作

---

* 这是习近平在主持中共十九届中央政治局第三十六次集体学习时的讲话要点。

是破解资源环境约束突出问题、实现可持续发展的迫切需要，是顺应技术进步趋势、推动经济结构转型升级的迫切需要，是满足人民群众日益增长的优美生态环境需求、促进人与自然和谐共生的迫切需要，是主动担当大国责任、推动构建人类命运共同体的迫切需要。我们必须充分认识实现“双碳”目标的重要性，增强推进“双碳”工作的信心。

实现“双碳”目标是一场广泛而深刻的变革，不是轻轻松松就能实现的。我们要提高战略思维能力，把系统观念贯穿“双碳”工作全过程，注重处理好 4 对关系：一是发展和减排的关系。减排不是减生产力，也不是不排放，而是要走生态优先、绿色低碳发展道路，在经济发展中促进绿色转型、在绿色转型中实现更大发展。要坚持统筹谋划，在降碳的同时确保能源安全、产业链供应链安全、粮食安全，确保群众正常生活。二是整体和局部的关系。既要增强全国一盘棋意识，加强政策措施的衔接协调，确保形成合力；又要充分考虑区域资源分布和产业分工的客观现实，研究确定各地产业结构调整方向和“双碳”行动方案，不搞齐步走、“一刀切”。三是长远目标和短期目标的关系。既要立足当下，一步一个脚印解决具体问题，积小胜为大胜；又要放眼长远，克服急功近利、急于求成的思想，把握好降碳的节奏和力度，实事求是、循序渐进、持续发力。四是政府和市场的关系。要坚持两手发力，推动有为政府和有效市场更好结合，建立健全“双碳”工作激励约束机制。

推进“双碳”工作，必须坚持全国统筹、节约优先、双轮驱动、内外畅通、防范风险的原则，更好发挥我国制度优势、资源条件、技术潜力、市场活力，加快形成节约资源和保护环境的产业结构、生产方式、生活方式、空间格局。第一，加强统筹协调。要把“双碳”工作纳入生态文明建设整体布局和经济社会发展全局，坚持降碳、减污、扩绿、增长协同推进，加快制定出台相关规划、实施方案和保障措施，组织实施好“碳达峰十大行动”[2]，加强政策衔接。各地区各部门要有全局观念，科学把握碳达峰节奏，明确责任主体、工作任务、完成时间，稳妥有序推进。第二，推动能源革命。要立足我国能源资源禀赋，坚持先立后破、通盘谋划，传统能源逐步退出必须建立在新能源安全可靠的替代基础上。要加大力度规划建设以大型风光电基地为基础、以其周边清洁高效先进节能的煤电为支撑、以稳定安全可靠的特高压输变电线路为载体的新能源供给消纳体系。要坚决控制化石能源消费，尤其是严格合理控制煤炭消费增长，有序减量替代，大力推动煤电节能降碳改造、灵活性改造、供热改造“三改联动”。要夯实国内能源生产基础，保障煤炭供应安全，保持原油、天然气产能稳定增长，加强煤气油储备能力建设，推进先进储能技术规模化应用。要把促进新能源和清洁能源发展放在更加突出的位置，积极有序发展光能源、硅能源、氢能源、可再生能源。要推动能源技术与现代信息、新材料和先进制造技术深度融合，探索能源生产和消费新模式。要加快发展有规模有效益的风能、太阳能、生物质能、地热能、海洋能、氢能等新能源，统筹水电开发和生态保护，积极安全有序发展核电。第三，推进产业优化升级。要紧紧抓住新一轮科技革命和产业变革的机遇，推动互联网、大数据、人工智能、第五代移动通信（5G）等新兴技术与绿色低碳产业深度融合，建设绿色制造体系和服务体系，提高绿色低碳产业在经济总量中的比重。要严把新上项目的碳排放关，坚决遏制高耗能、高排放、低水平项目盲目发展。要下大气力推动钢铁、有色、石化、化工、建材等传统产业优化升级，加快工业领域低碳工艺革新和数字化转型。要加大垃圾资源化利用力度，大力发展循环经济，减少能源资源浪费。要统筹推进低碳交通体系建设，提升城乡建设绿色低碳发展质量。要推进山水林田湖草沙一体化保护和系统治理，巩固和提升生态系统碳汇能力。要倡导简约适度、绿色低碳、文明健康的生活方式，引导绿色低碳消费，鼓励绿色出行，开展绿色低碳社会行动示范创建，增强全民节约意识、生态环保意识。第四，加快绿色低碳科技革命。要狠抓绿色低碳技术攻关，加快先进适用技术研发和推广应用。要建立完善绿色低碳技术评估、交易体系，加快创新成果转化。要创新人才培养模式，鼓励高等学校加快相关学科建设。第五，完善绿色低碳政策体系。要进一步完善能耗“双控”制度，新增可再生能源和原料用能不纳入能源消费总量控制。要健全“双碳”标准，构建统一规范的碳排放统计核算体系，推动能源“双控”向碳排放总量和强度“双控”转变。要健全法律法规，完善财税、价格、投资、金融政策。要充分发挥市场机制作用，完善碳定价机制，加强碳排放权交易、用能权交易、电力交易衔接协调。第六，积极参与和引领全球气候治理。要秉持人类命运共同体理念，以更加积极姿态参与全球气候谈判议程和国际规则制定，推动构建公平合理、合作共赢的全球气候治理体系。

要加强党对“双碳”工作的领导，加强统筹协调，严格监督考核，推动形成工作合力。要实行党政同责，压实各方责任，将“双碳”工作相关指标纳入各地区经济社会发展综合评价体系，增加考核权重，加强指标约束。各级领导干部要加强对“双碳”基础知识、实现路径和工作要求的学习，做到真学、真懂、真会、真用。要把“双碳”工作作为干部教育培训体系重要内容，增强各级领导干部推动绿色低碳发展的本领。

注　　释

〔1〕“双碳”目标，指中国力争于2030年前二氧化碳排放达到峰值、2060年前实现碳中和。

〔2〕“碳达峰十大行动”，指能源绿色低碳转型行动、节能降碳增效行动、工业领域碳达峰行动、城乡建设碳达峰行动、交通运输绿色低碳行动、循环经济助力降碳行动、绿色低碳科技创新行动、碳汇能力巩固提升行动、绿色低碳全民行动、各地区梯次有序碳达峰行动。

十五、坚持走
中国特色强军之路

确保如期实现建军一百年奋斗目标*

（2021年7月30日）

实现建军一百年奋斗目标，是党中央和中央军委把握强国强军时代要求作出的重大决策，是关系国家安全和发展全局的重大任务，是国防和军队现代化新“三步走”[1]十分紧要的一步。要坚定决心意志，增强紧迫意识，埋头苦干实干，确保如期实现既定目标。

回顾党的百年奋斗历程，坚持党指挥枪、建设自己的人民军队，是党在血与火的斗争中得出的重大结论。在革命、建设、改革各个历史时期，党领导人民军队牢记初心使命，永葆性质宗旨，一路披荆斩棘，取得一个又一个辉煌胜利，为党和人民建立了不朽功勋。坚持党对人民军队绝对领导，朝着党指引的方向奋勇前进，人民军队就能不断发展壮大，党和人民事业就有了坚强力量支撑。

强国必须强军，军强才能国安。党的十八大以来，党中央和中央军委就加快国防和军队现代化作出一系列战略谋划

* 这是习近平在主持中共十九届中央政治局第三十二次集体学习时的讲话要点。

和部署，引领全军开创了强军事业新局面。在全面建设社会主义现代化国家、实现第二个百年奋斗目标的历史进程中，必须把国防和军队建设摆在更加重要的位置，加快建设巩固国防和强大军队。

我军建设“十四五”规划对实现建军一百年奋斗目标作了战略部署。要强化规划权威性和执行力，搞好科学统筹，抓好重点任务，加快工作进度，保证工作质量，推动战略能力加速生成。要坚持以战领建，强化战建统筹，做好军事斗争准备，形成战、建、备一体推进的良好局面。

推进实现建军一百年奋斗目标，是关系我军建设全局的一场深刻变革。要加强创新突破，转变发展理念、创新发展模式、增强发展动能，确保高质量发展。要推进高水平科技自立自强，加快关键核心技术攻关，加快战略性、前沿性、颠覆性技术发展，发挥科技创新对我军建设战略支撑作用。要适应世界军事发展趋势和我军战略能力发展需求，坚持不懈把国防和军队改革向纵深推进。要抓住战略管理这个重点，推进军事管理革命，提高军事系统运行效能和国防资源使用效益。要加强战略谋划，创新思路举措，推动军事人员能力素质、结构布局、开发管理全面转型升级，加快壮大人才队伍。

实现建军一百年奋斗目标，是我军的责任，也是全党全国的责任。中央和国家机关、地方各级党委和政府要强化国防观念，贯彻改革要求，履行好国防建设领域应尽职责。要在经济社会发展布局中充分考虑军事布局需求，在重大基础设施建设中刚性落实国防要求，在战备训练重大工程建设等方面给予有力支持，在家属随军就业、军人子女入学、退役军人安置、优抚政策落实等方面积极排忧解难。

注　释

〔1〕国防和军队现代化新“三步走”，指到2027年实现建军一百年奋斗目标、到2035年基本实现国防和军队现代化、到本世纪中叶全面建成世界一流军队。

深入实施新时代人才强军战略*

（2021 年 11 月 26 日）

强军之道，要在得人。人才是推动我军高质量发展、赢得军事竞争和未来战争主动的关键因素，对实现党在新时代的强军目标、把我军全面建成世界一流军队具有重大现实意义和深远历史意义。要贯彻中央人才工作会议精神，深入实施新时代人才强军战略，确保为实现建军一百年奋斗目标提供坚实支撑，人才总体水平跻身世界强国军队前列。

党的十九届六中全会全面总结了我们党百年奋斗重大成就和历史经验，强调要坚持党管人才原则，深入实施新时代人才强国战略，加快建设世界重要人才中心和创新高地，聚天下英才而用之。要结合全会精神学习贯彻，全面做好新时代人才强军各项工作。

党的十八大以来，党中央和中央军委实施人才强军战略，坚持人才工作正确政治方向，聚焦备战打仗培养人才，加强军事人员现代化建设布局，深化军事人力资源政策制度改革，推动人才领域开放融合，我军人才工作取得历史性成就。

---

* 这是习近平在中央军委人才工作会议上的讲话要点。

世界百年未有之大变局加速演变，新一轮科技革命和军事革命日新月异，我军正按照国防和军队现代化新“三步走”战略安排、向实现建军一百年奋斗目标迈进，全军要增强深入实施新时代人才强军战略的使命感和紧迫感，科学谋划，抓紧行动，全方位加强人才工作，更好发挥人才对强军事业的引领和支撑作用。

实施新时代人才强军战略，要贯彻新时代党的强军思想，贯彻新时代军事战略方针，贯彻国防和军队现代化战略安排，聚焦实现建军一百年奋斗目标，推动军事人员能力素质、结构布局、开发管理全面转型升级，锻造德才兼备的高素质、专业化新型军事人才，确保军事人员现代化取得重大进展，关键领域人才发展取得重大突破。实施新时代人才强军战略，必须把党对军队绝对领导贯彻到人才工作各方面和全过程，必须把能打仗、打胜仗作为人才工作出发点和落脚点，必须面向世界军事前沿、面向国家安全重大需求、面向国防和军队现代化，必须全方位培养用好人才，必须深化军事人力资源政策制度改革，必须贯彻人才强国战略。

实施新时代人才强军战略，要统筹全局、突出重点，全面推进人才培养、使用、评价、服务、支持、激励等各项工作，以重点突破带动整体提升。要在党和国家人才工作大盘子中谋划推进我军人才工作，坚持军事需求导向，搞好规划对接、政策对接、工作对接，形成我军人才工作高效推进的良好局面。

政治标准是我军人才第一位的标准，政治要求是对我军人才最根本的要求。要牢牢把住政治关，加强思想政治建设，做好铸魂育人和政治考察工作，确保培养和使用的人才政治上绝对过硬。

要坚持走好人才自主培养之路，坚持军队培养为主、多种方式相结合，形成具有我军特色的人才培养和使用模式，提高备战打仗人才供给能力和水平。要下大气力强化科技素养，提高打赢现代战争实际本领。要贯彻新时代军事教育方针，落实院校优先发展战略，加快建设一流军事院校、培养一流军事人才。要加强实践历练，鼓励引导官兵在火热军事实践中经风雨、见世面、壮筋骨、长才干。

要用好用活各方面人才，坚持以用为本，精准高效配置军事人力资源，确保人才得到最佳配置、发挥最大效能。要坚持分类施策，抓好联合作战指挥人才、新型作战力量人才、高层次科技创新人才、高水平战略管理人才培养使用，发挥好军士和文职人员作用。

要把握军事人才成长规律，把握各类人才发展特点要求，创新管理理念和方式方法，加强专业化、精细化、科学化管理。要推进军事人力资源政策制度体系优化，加强政策制度配套建设。要在全军营造信任人才、尊重人才、支持人才、关爱人才浓厚氛围，把广大人才干事创业积极性、主动性、创造性充分激发出来。

军委要加强对人才工作的领导，各级党委要履行好主体责任。领导干部特别是高级干部要有强烈的人才意识，当好新时代的伯乐。中央和国家机关、地方各级党委和政府要支持军队做好人才工作，齐心协力把强军事业不断推向前进。

贯彻依法治军战略，提高国防和军队建设法治化水平*

（2022 年 3 月 7 日）

依法治军是我们党建军治军的基本方式，是实现党在新时代的强军目标的必然要求。要贯彻依法治军战略，提高国防和军队建设法治化水平，为推进强军事业提供坚强法治保障。

过去的一年，全军坚决贯彻党中央和中央军委决策指示，边斗争、边备战、边建设，实现了“十四五”良好开局，为党和国家事业发展提供了有力支撑。

党的十八大以来，党中央把依法治军纳入全面依法治国总盘子，党的十八届四中全会对依法治军作出重要部署，中央军委专门制定新形势下深入推进依法治军从严治军的决定。经过这些年不懈努力，依法治军实践取得重大进展。党的十九届六中全会提出要贯彻依法治军战略，这是党中央把握新时代建军治军特点规律、从强军事业全局出发作出的重要决策部署。

要全面把握依法治军战略。要贯彻新时代党的强军思想，贯彻新时代中国特色社会主义法治思想，着眼于全面加强我

* 这是习近平在出席十三届全国人大五次会议解放军和武警部队代表团全体会议时的讲话要点。

军革命化现代化正规化建设，构建中国特色军事法治体系，加快治军方式根本性转变，提高国防和军队建设法治化水平。要坚持党对军队绝对领导，坚持战斗力标准，坚持建设中国特色军事法治体系，坚持按照法治要求转变治军方式，坚持从严治军铁律，坚持抓住领导干部这个“关键少数”，坚持官兵主体地位，坚持贯彻全面依法治国要求。

贯彻依法治军战略是系统工程，要统筹全局、突出重点，以重点突破带动整体推进。要深化军事立法工作，打好政策制度改革攻坚战，提高立法质量，增强立法系统性、整体性、协同性。要做好法规制度实施工作，落实联合作战法规制度，深化依法治训、按纲施训，强化我军建设规划计划刚性约束，严格依法加强部队管理。要强化法规制度执行监督工作，明晰责任主体和评估标准，健全监督机制，严格责任追究，确保法规制度落地见效。要加强涉外军事法治工作，统筹谋划军事行动和法治斗争，健全军事领域涉外法律法规，更好用法治维护国家利益。

要汇聚贯彻依法治军战略强大合力。军委要加强组织领导，各级要认真履职尽责，法治工作机构要发挥好职能作用，领导干部要带头依法指导和开展工作。中央和国家机关、地方各级党委和政府要强化国防意识，自觉履行法定的国防建设职责，依法保障好军队建设、军事行动和军人合法权益。

全军要抓紧抓实备战打仗工作，协助地方做好维护社会大局稳定工作，及时有效处置各种突发情况，保持国家安全稳定，完成好党和人民赋予的各项任务。

十六、统筹发展和安全

贯彻总体国家安全观，构建大安全格局*

（2020 年 12 月 11 日）

国家安全工作是党治国理政一项十分重要的工作，也是保障国泰民安一项十分重要的工作。做好新时代国家安全工作，要坚持总体国家安全观，抓住和用好我国发展的重要战略机遇期，把国家安全贯穿到党和国家工作各方面全过程，同经济社会发展一起谋划、一起部署，坚持系统思维，构建大安全格局，促进国际安全和世界和平，为建设社会主义现代化国家提供坚强保障。

党的十九届五中全会《建议》首次把统筹发展和安全纳入“十四五”时期我国经济社会发展的指导思想，并列专章作出战略部署，突出了国家安全在党和国家工作大局中的重要地位。这是由我国发展所处的历史方位、国家安全所面临的形势任务决定的。

我们党诞生于国家内忧外患、民族危难之时，对国家安全的重要性有着刻骨铭心的认识。新中国成立以来，党中央

---

* 这是习近平在主持中共十九届中央政治局第二十六次集体学习时的讲话要点。

对发展和安全高度重视，始终把维护国家安全工作紧紧抓在手上。党的十八大以来，党中央加强对国家安全工作的集中统一领导，把坚持总体国家安全观纳入坚持和发展中国特色社会主义基本方略，从全局和战略高度对国家安全作出一系列重大决策部署，强化国家安全工作顶层设计，完善各重要领域国家安全政策，健全国家安全法律法规，有效应对了一系列重大风险挑战，保持了我国国家安全大局稳定。

我就贯彻总体国家安全观提出 10 点要求。一是坚持党对国家安全工作的绝对领导，坚持党中央对国家安全工作的集中统一领导，加强统筹协调，把党的领导贯穿到国家安全工作各方面全过程，推动各级党委（党组）把国家安全责任制落到实处。二是坚持中国特色国家安全道路，贯彻总体国家安全观，坚持政治安全、人民安全、国家利益至上有机统一，以人民安全为宗旨，以政治安全为根本，以经济安全为基础，捍卫国家主权和领土完整，防范化解重大安全风险，为实现中华民族伟大复兴提供坚强安全保障。三是坚持以人民安全为宗旨，国家安全一切为了人民、一切依靠人民，充分发挥广大人民群众积极性、主动性、创造性，切实维护广大人民群众安全权益，始终把人民作为国家安全的基础性力量，汇聚起维护国家安全的强大力量。四是坚持统筹发展和安全，坚持发展和安全并重，实现高质量发展和高水平安全的良性互动，既通过发展提升国家安全实力，又深入推进国家安全思路、体制、手段创新，营造有利于经济社会发展的安全环境，在发展中更多考虑安全因素，努力实现发展和安全的动态平衡，全面提高国家安全工作能力和水平。五是坚持把政治安全放在首要位置，维护政权安全和制度安全，更加积极主动做好各方面工作。六是坚持统筹推进各领域安全，统筹应对传统安全和非传统安全，发挥国家安全工作协调机制作用，用好国家安全政策工具箱。七是坚持把防范化解国家安全风险摆在突出位置，提高风险预见、预判能力，力争把可能带来重大风险的隐患发现和处置于萌芽状态。八是坚持推进国际共同安全，高举合作、创新、法治、共赢的旗帜，推动树立共同、综合、合作、可持续的全球安全观，加强国际安全合作，完善全球安全治理体系，共同构建普遍安全的人类命运共同体。九是坚持推进国家安全体系和能力现代化，坚持以改革创新为动力，加强法治思维，构建系统完备、科学规范、运行有效的国家安全制度体系，提高运用科学技术维护国家安全的能力，不断增强塑造国家安全态势的能力。十是坚持加强国家安全干部队伍建设，加强国家安全战线党的建设，坚持以政治建设为统领，打造坚不可摧的国家安全干部队伍。

把国家发展建立在更加安全、更为可靠的基础之上*

（2020 年 12 月 16 日）

在统筹国内国际两个大局、统筹疫情防控和经济社会发展的实践中，我们深化了对在严峻挑战下做好经济工作的规律性认识。

一是党中央权威是危难时刻全党全国各族人民迎难而上的根本依靠。中国特色社会主义制度，我国基本国情，决定了实现我们的奋斗目标、应对前进道路上的惊涛骇浪，必须坚持党的集中统一领导，必须维护党中央权威。实践再次证明，重大历史关头，重大考验面前，领导力是最关键的条件，党中央的判断力、决策力、行动力具有决定性作用。只要毫不动摇坚持党的领导、毫不动摇维护党中央权威，把全体人民紧紧团结在党的周围，我们就一定能够战胜一切艰难险阻，乘风破浪，勇往直前。

二是人民至上是作出正确抉择的根本前提。应对历史罕见的大危机，立场决定方向，也决定行动优先序。我们党始终代表最广大人民根本利益，坚持立党为公、执政为民，大

---

* 这是习近平在中央经济工作会议上讲话的一部分。

疫面前我们坚持人民至上、生命至上，确定了先控制疫情、再局部复工、然后全面复工的最优路径。实践再次证明，只要心里始终装着人民，始终把人民利益放在最高位置，我们就一定能够作出正确决策，并依靠人民战胜一切艰难险阻。

三是制度优势是形成共克时艰磅礴力量的根本保障。上下同欲者胜。在大灾大难面前，我们众志成城、临危不惧，坚持发挥党的领导和我国社会主义制度的政治优势，协同调动各地方各部门各领域各方面力量，聚集起战胜困难的强大合力。实践再次证明，只要坚定道路自信、理论自信、制度自信、文化自信，坚持集中力量办大事的制度优势，我们就一定能够使全党全国各族人民紧密团结起来，发挥出攻坚克难、推动事业发展的强大能量。

四是科学决策和创造性应对是化危为机的根本方法。应对非凡困难必须有非凡之策。这次冲击既不同于1929年世界经济大萧条，也不同于2008年国际金融危机，供给中断、需求萎缩同时发生，挑战前所未有。我们坚持战略设计和战术运用有效结合，经济社会政策并用，供给需求同时发力，发挥产业体系完整优势，加强物资供应保障，实行跨周期设计和逆周期调节，以合理代价取得最大成效。实践再次证明，只要准确识变、科学应变、主动求变，善于决策时运筹帷幄、落实时如臂使指，我们就一定能够在抗击大风险中创造出大机遇，始终立于不败之地。

五是科技自立自强是促进发展大局的根本支撑。在抗击新冠肺炎疫情、应对外部经济环境变化、抵御外部势力打压的进程中，我们高度重视科技的重大作用，用科学防治降服病魔、保障人民生命健康，用科技创新保持产业链供应链运行，用加快突破“卡脖子”的关键核心技术保证经济安全、推动实现高质量发展。实践再次证明，只要秉持科学精神、把握科学规律、大力推动自主创新，我们就一定能够把国家发展建立在更加安全、更为可靠的基础之上。

牢牢把住粮食安全主动权*

（2020 年 12 月 28 日）

“五谷者，万民之命，国之重宝。”[1] 我反复强调，粮食多一点少一点是战术问题，粮食安全是战略问题。今年应对新冠肺炎疫情，粮食和重要农副产品供给充裕功不可没，充分印证了这一点。

我国粮食供求紧平衡的格局没有改变，结构性矛盾刚着手解决，总量不足问题又重新凸显。今后一个时期粮食需求还会持续增加，供求紧平衡将越来越紧，再加上国际形势复杂严峻，确保粮食安全的弦要始终绷得很紧很紧，宁可多生产、多储备一些，多了的压力和少了的压力不可同日而语。粮食生产年年要抓紧，面积、产量不能掉下来，供给、市场不能出问题。

“民非谷不食，谷非地不生。”[2] 耕地是粮食生产的命根子。早在 2013 年，我就讲过要像保护大熊猫那样保护耕地，严防死守 18 亿亩耕地红线。这些年，我先后对清理整治大棚房、违建别墅、乱占耕地建房和遏制耕地“非农化”、防止“非粮化”等提出要求，有关部门打了一套组合拳。但是，耕

---

* 这是习近平在中央农村工作会议上讲话的一部分。

地乱象仍屡禁不止。比如，一些地方占用基本农田大搞绿化造林、挖湖造景，一些地方在公路、铁路、河渠两旁占用良田建设几十米甚至几百米宽的绿化带。我们土地是不少，但同 14 亿人口的需求一比，又是稀缺资源！建城市、搞工业、保生态都要用地，必须精打细算，排出优先序，绝不能占用耕地和违背自然规律去搞造林绿化。各省区市现有用于粮食生产的耕地必须保住，不能再往下降了！保耕地，不仅要保数量，还要提质量。建设高标准农田是一个重要抓手，要坚定不移抓下去，提高建设标准和质量，真正实现旱涝保收、高产稳产。这个决心一定要下，该拿的钱一定要拿！要把黑土地保护作为一件大事来抓，把黑土地用好养好。要采取“长牙齿”的硬措施，落实最严格的耕地保护制度。对有令不行、有禁不止、失职渎职的，要严肃追究责任。

耕地就那么多，稳产增产根本出路在科技。以生物技术和信息技术为特征的新一轮农业科技革命正在孕育大的突破，各国都在抢占制高点。作为一个农业大国，我们绝不能落后。要坚持农业科技自立自强，加快推进农业关键核心技术攻关。我反复思考，感到有一条必须明确，就是农业现代化，种子是基础。我在这次中央经济工作会议上专门强调了这个问题。这设备那设备，这条件那条件，没有良种难以实现农业现代化！大豆等种子讲了多少年，但突破进度还是很不理想。要拿出攻破“卡脖子”技术的干劲，明确方向和目标，加快实施农业生物育种重大科技项目，早日实现重要农产品的种源自主可控。有关部门要在严格监管、风险可控前提下，加快推进生物育种研发应用。要加快打通科技进村入户的通道，促进政府公益性服务和市场社会化服务协同发力。既要用物联网、大数据等现代信息技术发展智慧农业，也要加快补上烘干仓储、冷链保鲜、农业机械等现代农业物质装备短板，特别是要加大农业重要装备自主研制力度，加强动植物防疫检疫体系、防灾减灾体系等建设。

调动农民种粮积极性，关键是让农民种粮有钱挣。这几年种粮成本增加、效益不高，不少地方甚至连年亏损。要稳定和加强种粮农民补贴，提升收储调控能力，坚持完善最低收购价政策，扩大完全成本保险和收入保险范围。现在，粮食生产一大软肋是生产成本偏高，解决办法还是要创新经营方式，要培育好家庭农场、农民合作社，发展适度规模经营，健全专业化社会化服务体系，把一家一户办不了、办起来不划算的事交给社会化服务组织来办。要加强农民农业生产技术和管理能力培训，促进管理现代化。

地方各级党委和政府要扛起粮食安全的政治责任。这些年，我国粮食生产明显向主产区集中，这有其合理性，但集中过度也会带来风险。如果各地都只想吃饭不想种粮、只想吃肉不想养猪，那谁来保供给！不能把粮食当成一般商品，光算经济账、不算政治账，光算眼前账、不算长远账。主产区、主销区、产销平衡区都有责任保面积、保产量，饭碗要一起端、责任要一起扛。此乃国之大者！粮食安全要实行党政同责，“米袋子”省长要负责，书记也要负责。长期以来，产粮大省、大市、大县为保障国家粮食安全作出了重要贡献，值得表扬。要完善粮食主产区利益补偿机制，加大奖补力度，决不能让重农抓粮吃亏！

现在，城乡居民食物消费结构在不断升级，今后农产品保供，既要保数量，也要保多样、保质量。要深入推进农业供给侧结构性改革，推动品种培优、品质提升、品牌打造和标准化生产。要继续抓好生猪生产恢复，促进产业稳定发展。像大豆、棉花、玉米、小麦等一些大宗农产品生产，要抓紧研究部署，该扩大产量的要果断下决心，不能让人家拿住我们！这是涉及国家安全的大事！要打好农产品贸易这张牌，但关键要控风险、可替代、有备手，实施农产品进口多元化战略，支持企业走出去，提高关键物流节点掌控能力，增强供应链韧性。保粮食安全要一个品种一个品种深入研究、制定方案、落实下去。制止餐饮浪费最近有所好转，必须长期抓下去，推动全社会形成勤俭节约的良好风尚。

注　　释

〔1〕见南北朝时期贾思勰《齐民要术·杂说第三十》引《范子计然》。

〔2〕见《管子·八观》。

切实筑牢国家生物安全屏障*

（2021 年 9 月 29 日）

生物安全关乎人民生命健康，关乎国家长治久安，关乎中华民族永续发展，是国家总体安全的重要组成部分，也是影响乃至重塑世界格局的重要力量。要深刻认识新形势下加强生物安全建设的重要性和紧迫性，贯彻总体国家安全观，贯彻落实生物安全法，统筹发展和安全，按照以人为本、风险预防、分类管理、协同配合的原则，加强国家生物安全风险防控和治理体系建设，提高国家生物安全治理能力，切实筑牢国家生物安全屏障。

党的十八大以来，党中央把加强生物安全建设摆上更加突出的位置，纳入国家安全战略，颁布施行生物安全法，出台国家生物安全政策和国家生物安全战略，健全国家生物安全工作组织领导体制机制，积极应对生物安全重大风险，加强生物资源保护利用，举全党全国全社会之力打好新冠肺炎疫情防控人民战争，我国生物安全防范意识和防护能力不断增强，维护生物安全基础不断巩固，生物安全建设取得历史性成就。

---

* 这是习近平在主持中共十九届中央政治局第三十三次集体学习时的讲话要点。

现在，传统生物安全问题和新型生物安全风险相互叠加，境外生物威胁和内部生物风险交织并存，生物安全风险呈现出许多新特点，我国生物安全风险防控和治理体系还存在短板弱项。必须科学分析我国生物安全形势，把握面临的风险挑战，明确加强生物安全建设的思路和举措。

要完善国家生物安全治理体系，加强战略性、前瞻性研究谋划，完善国家生物安全战略。要健全党委领导、政府负责、社会协同、公众参与、法治保障的生物安全治理机制，强化各级生物安全工作协调机制。要从立法、执法、司法、普法、守法各环节全面发力，健全国家生物安全法律法规体系和制度保障体系，加强生物安全法律法规和生物安全知识宣传教育，提高全社会生物安全风险防范意识。要夯实联防联控、群防群控的基层基础，打好生物安全风险防控人民战争。

要强化系统治理和全链条防控，坚持系统思维，科学施策，统筹谋划，抓好全链条治理。要织牢织密生物安全风险监测预警网络，健全监测预警体系，重点加强基层监测站点建设，提升末端发现能力。要快速感知识别新发突发传染病、重大动植物疫情、微生物耐药性、生物技术环境安全等风险因素，做到早发现、早预警、早应对。要建立健全重大生物安全突发事件的应急预案，完善快速应急响应机制。要加强应急物资和能力储备，既要储备实物，也要储备产能。要实行积极防御、主动治理，坚持人病兽防、关口前移，从源头前端阻断人兽共患病的传播路径。要立足更精准更有效地防，理顺基层动植物疫病防控体制机制，明确机构定位，提升专业能力，夯实基层基础。

要盯牢抓紧生物安全重点风险领域，强化底线思维和风险意识。要强化生物资源安全监管，制定完善生物资源和人类遗传资源目录。要加强入境检疫，强化潜在风险分析和违规违法行为处罚，坚决守牢国门关口。对已经传入并造成严重危害的，要摸清底数，“一种一策”精准治理，有效灭除。要加强对国内病原微生物实验室生物安全的管理，严格执行有关标准规范，严格管理实验样本、实验动物、实验活动废弃物。要加强对抗微生物药物使用和残留的管理。

要加快推进生物科技创新和产业化应用，推进生物安全领域科技自立自强，打造国家生物安全战略科技力量，健全生物安全科研攻关机制，严格生物技术研发应用监管，加强生物实验室管理，严格科研项目伦理审查和科学家道德教育。要促进生物技术健康发展，在尊重科学、严格监管、依法依规、确保安全的前提下，有序推进生物育种、生物制药等领域产业化应用。要把优秀传统理念同现代生物技术结合起来，中西医结合、中西药并用，集成推广生物防治、绿色防控技术和模式，协同规范抗菌药物使用，促进人与自然和谐共生。

要积极参与全球生物安全治理，同国际社会携手应对日益严峻的生物安全挑战，加强生物安全政策制定、风险评估、应急响应、信息共享、能力建设等方面的双多边合作交流。要办好《生物多样性公约》第十五次缔约方大会，推动制定“2020 年后全球生物多样性框架”，为世界贡献中国智慧、提供中国方案。要倡导本着科学原则、按科学规则推动新冠病毒溯源工作。

加强生物安全建设是一项长期而艰巨的任务，需要持续用力、扎实推进。各级党委（党组）和政府要切实把思想认识和行动统一到党中央决策部署上来，把生物安全工作责任落到实处，做到守土有责、守土尽责。要加大投入力度，完善政策措施，强化要素保障，把生物安全建设重点任务抓实抓好抓出成效，提高生物安全风险防控和治理体系现代化水平，牢牢掌握国家生物安全主动权。要持之以恒抓好新冠肺炎疫情防控，坚决克服麻痹思想、厌战情绪、侥幸心理、松懈心态，从严从紧落实各项防控措施，守住来之不易的防控成果。

十七、坚持“一国两制”和推进祖国统一

始终坚持“爱国者治港”，确保“一国两制”行稳致远*

（2021 年 1 月 27 日、12 月 22 日）

一

因为疫情防控需要，这次采取视频连线方式听取你对 2020 年工作的述职报告。我首先向香港特别行政区全体居民表示诚挚的慰问。新冠肺炎疫情已经持续一年多，给世界带来严重冲击。香港作为高度开放的国际性城市，所受影响比较大。前一段时间，香港暴发第四波疫情，对市民生命安全和身体健康造成较大威胁，也给大家工作生活造成许多困扰。我很关心、很担忧。中央政府已经并将继续采取一切必要措施，全力支持香港特别行政区抗击疫情。大家要坚定信心、团结抗疫。祖国永远是香港的坚强后盾，眼前的困难一定能够战胜。

一年来，你和特别行政区政府沉着应对“修例风波”、新冠肺炎疫情和外部环境不利变化带来的多重严重冲击，想方设法维护秩序、防控疫情、纾缓民困、恢复经济，已取得一

---

* 这是习近平在听取香港特别行政区行政长官林郑月娥述职报告时的谈话要点。

定的成效。特别要指出的是，全国人大常委会制定颁布香港国安法后，你带领特别行政区政府坚决执行，依法止暴制乱，努力推动香港重回正轨。在涉及国家安全等大是大非问题上，你立场坚定、敢于担当，展现出爱国爱港的情怀和对国家、对香港高度负责的精神。中央对你和特别行政区政府履职尽责的表现是充分肯定的。

香港由乱及治的重大转折，再次昭示了一个深刻道理，那就是要确保“一国两制”实践行稳致远，必须始终坚持“爱国者治港”。这是事关国家主权、安全、发展利益，事关香港长期繁荣稳定的根本原则。只有做到“爱国者治港”，中央对特别行政区的全面管治权才能得到有效落实，宪法和基本法确立的宪制秩序才能得到有效维护，各种深层次问题才能得到有效解决，香港才能实现长治久安，并为实现中华民族伟大复兴作出应有的贡献。

（2021 年 1 月 27 日在听取香港特别行政区行政长官林郑月娥 2020 年度述职报告时的谈话要点）

二

一年来，香港由乱到治的局面不断巩固，局势不断向好发展。新冠肺炎疫情防控成效明显，经济逐步复苏，社会保持安定。林郑月娥行政长官领导特别行政区政府，依照全国人大有关决定和全国人大常委会有关立法，对香港选举制度作出系统性修改完善；成功举办选举委员会选举和立法会选举，推动符合香港实际的民主发展迈出坚实步伐；坚决执行香港国安法，依法止暴制乱、拨乱反正，维护法治的权威和尊严；采取积极措施，推动特别行政区融入国家发展大局，全面深化同内地交流合作。中央对林郑月娥行政长官和特别行政区政府的工作是充分肯定的。

几天前，香港举行了第七届立法会选举。在新选举制度下，香港特别行政区选举委员会选举和第七届立法会选举先后举行，都取得了成功。广大香港同胞当家作主的民主权利得到体现，“爱国者治港”原则得到落实，社会各阶层各界别广泛、均衡参与的政治格局得到确立。实践证明，新选举制度符合“一国两制”原则，符合香港实际，为确保“一国两制”行稳致远、确保香港长期繁荣稳定提供了制度支撑，是一套好制度。

今年是中国共产党成立100周年。党的十九届六中全会作出关于党的百年奋斗重大成就和历史经验的决议，“一国两制”作为重要内容写入其中。香港回归祖国20多年不平凡的历程充分证明，实行“一国两制”，有利于维护国家根本利益，有利于维护香港根本利益，有利于维护广大香港同胞根本利益。中央将继续坚定不移贯彻“一国两制”方针。我们坚信，随着实践不断深入和制度体系不断完善，“一国两制”的优越性将进一步彰显。广大香港同胞一定能弘扬爱国爱港的光荣传统，同全国各族人民携手并肩，为实现中华民族伟大复兴共同奋斗。

（2021年12月22日在会见来京述职的香港特别行政区行政长官林郑月娥时的谈话要点）

把具有澳门特色的“一国两制”成功实践不断推向前进*

（2021 年 1 月 27 日、12 月 22 日）

一

因为疫情防控需要，这次采取视频方式听取你对 2020 年工作的述职报告。2020 年是你和新一届特别行政区政府的开局之年。面对突如其来的新冠肺炎疫情，你们快速反应、措施有力，在较短时间内控制住了疫情，迄今已连续超过 300 天没有本地新增确诊病例，赢得了澳门市民和各有关方面高度赞誉。在防控疫情的同时，你们采取有力措施恢复经济、纾解民困，取得了积极成效，促进了澳门社会和谐。对你和特别行政区政府的工作，中央是充分肯定的。

中央始终关心澳门同胞的福祉、关心澳门发展。我们将继续全力支持澳门统筹疫情防控和经济社会发展，支持澳门完善维护国家安全的法律制度和执行机制，支持澳门加快经济适度多元发展，支持澳门更好融入国家发展大局，把具有澳门特色的“一国两制”成功实践不断推向前进。

---

* 这是习近平在听取澳门特别行政区行政长官贺一诚述职报告时的谈话要点。

把具有澳门特色的“一国两制”成功实践不断推向前进

（2021年1月27日在听取澳门特别行政区行政长官贺一诚2020年度述职报告时的谈话要点）

二

12月20日，澳门特别行政区举行了庆祝回归祖国22周年的活动，借此机会，向广大澳门同胞致以节日的问候和祝福。

一年来，澳门保持稳定发展良好态势。有效防控新冠肺炎疫情，努力实现“动态清零”，同内地保持人员正常往来。澳门经济逐步复苏，困难群体和小微企业得到扶助。维护国家安全的法律制度和执行机制不断完善。澳门特别行政区第七届立法会选举顺利完成，“爱国者治澳”原则得到进一步落实。中央公布实施《横琴粤澳深度合作区建设总体方案》，澳门融入国家发展大局迈出新步伐。中央对贺一诚行政长官和特别行政区政府的工作是充分肯定的。

新冠肺炎疫情在全球持续蔓延，对各国经济社会产生了严重影响。经过这次疫情，澳门社会各界对澳门经济结构方面存在的问题认识更加清醒，对澳门发展的路向思考更加深刻。祖国始终是澳门保持长期繁荣稳定的坚强后盾，中央将继续坚定不移贯彻“一国两制”方针，继续支持澳门积极推进经济适度多元发展，不断书写具有澳门特色“一国两制”成功实践新篇章。

（2021年12月22日在会见来京述职的澳门特别行政区行政长官贺一诚时的谈话要点）

共同创造祖国完全统一、民族伟大复兴的光荣伟业*

（2021 年 10 月 9 日）

孙中山先生说过：“‘统一’是中国全体国民的希望。能够统一，全国人民便享福；不能统一，便要受害。”[1]台湾问题因民族弱乱而产生，必将随着民族复兴而解决。这是中华民族历史演进大势所决定的，更是全体中华儿女的共同意志，正像孙中山先生所说：“世界潮流，浩浩荡荡，顺之则昌，逆之则亡”[2]。

以和平方式实现祖国统一，最符合包括台湾同胞在内的中华民族整体利益。我们坚持“和平统一、一国两制”的基本方针，坚持一个中国原则和“九二共识”，推动两岸关系和平发展。两岸同胞都要站在历史正确的一边，共同创造祖国完全统一、民族伟大复兴的光荣伟业。

中华民族具有反对分裂、维护统一的光荣传统。“台独”分裂是祖国统一的最大障碍，是民族复兴的严重隐患。凡是数典忘祖、背叛祖国、分裂国家的人，从来没有好下场，必

* 这是习近平在纪念辛亥革命 110 周年大会上讲话的一部分。

将遭到人民的唾弃和历史的审判！台湾问题纯属中国内政，不容任何外来干涉。任何人都不要低估中国人民捍卫国家主权和领土完整的坚强决心、坚定意志、强大能力！祖国完全统一的历史任务一定要实现，也一定能够实现！

注释

〔**1**〕见孙中山《与日本新闻记者的谈话》（《孙中山全集》第 8 卷，人民出版社 2015 年版，第 730 页）。

〔**2**〕见孙中山《题词》（《孙中山全集》第 15 卷，人民出版社 2015 年版，第 120 页）。

2020 年 6 月 17 日，习近平在北京以视频方式主持中非团结抗疫特别峰会并发表主旨讲话。

2020 年 11 月 20 日，习近平在北京以视频方式出席亚太经合组织第二十七次领导人非正式会议并发表讲话。

2021 年 2 月 9 日，习近平在北京以视频方式主持中国—中东欧国家领导人峰会并发表主旨讲话。

2021年4月22日，应美国总统拜登邀请，习近平在北京以视频方式出席领导人气候峰会并发表讲话。

2021 年 7 月 6 日，习近平在北京以视频方式出席中国共产党与世界政党领导人峰会并发表主旨讲话。

2021 年 9 月 17 日，习近平在北京以视频方式出席上海合作组织成员国元首理事会第二十一次会议并发表讲话。

2021 年 10 月 25 日，习近平在北京出席中华人民共和国恢复联合国合法席位 50 周年纪念会议并发表讲话。

2021 年 12 月 3 日，习近平在北京同老挝人民革命党中央总书记、国家主席通伦通过视频连线共同出席中老铁路通车仪式。

2022 年 1 月 25 日，习近平在北京主持中国同中亚五国建交 30 周年视频峰会并发表讲话。

2022 年 2 月 4 日，北京第二十四届冬季奥林匹克运动会开幕式在国家体育场举行。习近平出席开幕式并宣布本届冬奥会开幕。

2022 年 2 月 5 日，习近平和夫人彭丽媛在北京人民大会堂举行宴会，欢迎出席北京 2022 年冬奥会开幕式的国际贵宾。这是习近平和彭丽媛同国际贵宾合影。

2022 年 2 月 5 日，习近平在北京人民大会堂会见来华出席北京 2022 年冬奥会的联合国秘书长古特雷斯。

十八、弘扬全人类共同价值，推动构建人类命运共同体

共同佑护各国人民生命和健康*

（2020 年 5 月 18 日）

人类文明史也是一部同疾病和灾难的斗争史。病毒没有国界，疫病不分种族。面对来势汹汹的新冠肺炎疫情，国际社会没有退缩，各国人民勇敢前行，守望相助、风雨同舟，展现了人间大爱，汇聚起同疫情斗争的磅礴之力。

经过艰苦卓绝努力，付出巨大代价，中国有力扭转了疫情局势，维护了人民生命安全和身体健康。中方始终本着公开、透明、负责任的态度，及时向世卫组织及相关国家通报疫情信息，第一时间发布病毒基因序列等信息，毫无保留同各方分享防控和救治经验，尽己所能为有需要的国家提供了大量支持和帮助。

现在，疫情还在蔓延，防控仍需努力。我愿提出以下建议。

第一，全力搞好疫情防控。这是当务之急。我们要坚持以民为本、生命至上，科学调配医疗力量和重要物资，在防护、隔离、检测、救治、追踪等重要领域采取有力举措，尽快遏制疫情在全球蔓延态势，尽力阻止疫情跨境传播。要加强信息分享，交流有益经验和做法，开展检测方法、临床救

---

* 这是习近平在第七十三届世界卫生大会视频会议开幕式上致辞的一部分。

治、疫苗药物研发国际合作，并继续支持各国科学家们开展病毒源头和传播途径的全球科学研究。

第二，发挥世卫组织领导作用。在谭德塞总干事带领下，世卫组织为领导和推进国际抗疫合作作出了重大贡献，国际社会对此高度赞赏。当前，国际抗疫正处于关键阶段，支持世卫组织就是支持国际抗疫合作、支持挽救生命。中国呼吁国际社会加大对世卫组织政治支持和资金投入，调动全球资源，打赢疫情阻击战。

第三，加大对非洲国家支持。发展中国家特别是非洲国家公共卫生体系薄弱，帮助他们筑牢防线是国际抗疫斗争重中之重。我们应该向非洲国家提供更多物资、技术、人力支持。中国已向 50 多个非洲国家和非盟交付了大量医疗援助物资，专门派出了 5 个医疗专家组。在过去 70 年中，中国派往非洲的医疗队为两亿多人次非洲人民提供了医疗服务。目前，常驻非洲的 46 支中国医疗队正在投入当地的抗疫行动。

第四，加强全球公共卫生治理。人类终将战胜疫情，但重大公共卫生突发事件对人类来说不会是最后一次。要针对这次疫情暴露出来的短板和不足，完善公共卫生安全治理体系，提高突发公共卫生事件应急响应速度，建立全球和地区防疫物资储备中心。中国支持在全球疫情得到控制之后，全面评估全球应对疫情工作，总结经验，弥补不足。这项工作需要科学专业的态度，需要世卫组织主导，坚持客观公正原则。

第五，恢复经济社会发展。有条件的国家要在做好常态化疫情防控的前提下，遵照世卫组织专业建议，有序开展复工复产复学。要加强国际宏观经济政策协调，维护全球产业链供应链稳定畅通，尽力恢复世界经济。

第六，加强国际合作。人类是命运共同体，团结合作是战胜疫情最有力的武器。这是国际社会抗击艾滋病、埃博拉、禽流感、甲型H1N1流感等重大疫情取得的重要经验，是各国人民合作抗疫的人间正道。

中国始终秉持构建人类命运共同体理念，既对本国人民生命安全和身体健康负责，也对全球公共卫生事业尽责。为推进全球抗疫合作，我宣布：

——中国将在两年内提供20亿美元国际援助，用于支持受疫情影响的国家特别是发展中国家抗疫斗争以及经济社会恢复发展。

——中国将同联合国合作，在华设立全球人道主义应急仓库和枢纽，努力确保抗疫物资供应链，并建立运输和清关绿色通道。

——中国将建立30个中非对口医院合作机制，加快建设非洲疾控中心总部，助力非洲提升疾病防控能力。

——中国新冠疫苗研发完成并投入使用后，将作为全球公共产品，为实现疫苗在发展中国家的可及性和可担负性作出中国贡献。

——中国将同二十国集团成员一道落实“暂缓最贫困国家债务偿付倡议”，并愿同国际社会一道，加大对疫情特别重、压力特别大的国家的支持力度，帮助其克服当前困难。

我呼吁，让我们携起手来，共同佑护各国人民生命和健康，共同佑护人类共同的地球家园，共同构建人类卫生健康共同体！

中阿比以往任何时候都更需要加强合作、共克时艰、携手前行*

（2020 年 7 月 6 日）

2018 年，我在中阿合作论坛第八届部长级会议开幕式上宣布中阿双方建立战略伙伴关系，倡议打造中阿命运共同体，共同推动构建人类命运共同体，得到阿拉伯国家热情响应。两年来，中阿双方加强战略协调和行动对接，政治互信日益巩固，共建“一带一路”合作成果丰硕，人文交流丰富多彩，全面合作、共同发展、面向未来的中阿战略伙伴关系得到深化。

新冠肺炎疫情发生以来，中国和阿拉伯国家风雨同舟、守望相助，坚定相互支持，开展密切合作，这是中阿命运与共的生动写照。当前形势下，中阿双方比以往任何时候都更需要加强合作、共克时艰、携手前行。希望双方以此次会议召开为契机，加强战略沟通协调，稳步推进抗疫等各领域合作，推动中阿命运共同体建设不断走深走实，更好造福中阿双方人民。

---

* 这是习近平致中国—阿拉伯国家合作论坛第九届部长级会议贺信的主要部分。

做大亚太合作蛋糕，实现共同繁荣*

（2020 年 11 月 20 日）

当前，世界和亚太正在经历深刻变革，新冠肺炎疫情暴发加速了这一趋势。世界经济陷入低迷，经济全球化遭遇逆风，单边主义、保护主义抬头，公平和效率、增长和分配、技术和就业等矛盾更加突出，贫富差距仍普遍存在，全球治理体系面临新的挑战。亚太地区数十年来第一次出现经济整体负增长，保护人民健康、实现经济复苏任务艰巨。亚太合作未来的路怎么走，关乎地区发展，关乎人民福祉，关乎世界未来。

今年，亚太经合组织的一项重要任务是开启 2020 年后的合作愿景，我们达成了共建亚太共同体的目标。我们应该以此为新起点，开启亚太合作新阶段，延续亚太地区强劲发展势头，迎接亚太地区共同繁荣未来，共同构建开放包容、创新增长、互联互通、合作共赢的亚太命运共同体。

第一，坚持开放包容。世界经济正如我们身边的太平洋，汇聚千流、连通四海，铸就了浩瀚宽广的胸怀，孕育了波涛

---

* 这是习近平在亚太经合组织第二十七次领导人非正式会议上发言的一部分。

澎湃的活力。在平等相待基础上开展合作，在相互尊重基础上化解分歧，是亚太经济发展繁荣的根本。一路走来，亚太经合组织致力于推动区域经济一体化，围绕落实茂物目标取得了长足进展，也在引领多边贸易体制演变上发挥了重要作用。但是，实现自由开放的贸易和投资绝非可以一蹴而就。亚太地区要继续领风气之先，坚决维护和平稳定，坚定捍卫多边主义，坚持构建开放型世界经济，毫不动摇支持以世界贸易组织为核心的多边贸易体制，促进自由开放的贸易和投资，引导经济全球化朝着更加开放、包容、普惠、平衡、共赢的方向发展。我们要继续推进区域经济一体化，早日建成亚太自由贸易区。中方欢迎区域全面经济伙伴关系协定完成签署，也将积极考虑加入全面与进步跨太平洋伙伴关系协定。我们在推动自由开放贸易的同时，经济技术合作也不能放松。我们要继续落实亚太经合组织高质量增长战略和包容行动议程，照顾发展中成员关切，特别关注妇女等群体面临的特殊困难，支持中小微企业发展，促进包容和可持续增长。中方将举办包容性贸易和投资研讨会，就贸易和投资政策广泛惠及人民提出建议。我们愿同各方一道把有关建议落到实处。

第二，坚持创新增长。数字经济是全球未来的发展方向，创新是亚太经济腾飞的翅膀。我们应该主动把握时代机遇，充分发挥本地区人力资源广、技术底子好、市场潜力大的特点，打造竞争新优势，为各国人民过上更好日子开辟新可能。我们要全面落实亚太经合组织互联网和数字经济路线图，促进新技术传播和运用，加强数字基础设施建设，消除数字鸿沟。我们要完善经济治理，努力营造开放、公平、公正、非歧视的营商环境。中方今年开展智慧城市案例研究，将推动制定智慧城市指导原则，为亚太创新城市发展提供样板。中方提出倡议，推动各方分享数字技术抗疫和恢复经济的经验，倡导优化数字营商环境，激发市场主体活力，释放数字经济潜力，为亚太经济复苏注入新动力。明年，中方还将举办数字减贫研讨会，发挥数字技术优势，助力亚太地区消除贫困事业。

第三，坚持互联互通。互联互通是区域经济一体化的重要基础，也是实现全球联动发展的必要条件，其重要性在疫情背景下就显得更加突出。我们要继续推进落实亚太经合组织互联互通蓝图，畅通人员、货物、资金、数据安全有序流动，实现亚太地区无缝联接。中方已经同印尼、韩国、新加坡等成员开通了疫情期间人员流动“快捷通道”，将继续建设人员流动便利化网络。我们要推动国际防疫健康信息互认。中方愿同各方一起积极稳妥推进货物“绿色通道”建设，提高通关效率，打通堵点、连接断点，推动搭建国际产业链、供应链合作平台，维护全球和地区产业链、供应链安全畅通运转。我们要促进各方发展规划和互联互通倡议彼此对接，形成合力。中方愿同各方携手高质量共建“一带一路”，为亚太互联互通建设搭建更广阔平台，为亚太和世界经济注入更强劲动力。

第四，坚持合作共赢。亚太各成员发展高度互补，利益深度融合。亚太经济合作从来不是零和博弈、你输我赢的政治游戏，而是相互成就、互利共赢的发展平台。马来西亚有句谚语，“遇山一起爬，遇沟一起跨”。这正是亚太大家庭精神的精髓。疫情再度告诉我们，只有团结合作，才能战胜挑战。我们要深化互信、包容、合作、共赢的亚太伙伴关系，秉持共商共建共享理念，不断提升区域合作水平，做大亚太合作蛋糕，实现共同繁荣。我们要在协商一致基础上推进务实合作，妥善处理矛盾和分歧，维护亚太合作正确方向，让亚太经合组织行稳致远。

应对疫情是当前最紧迫的任务。我们要加强疫苗研发和交流，努力让疫苗成为全球公共产品，促进疫苗在发展中国家的可及性和可负担性。中方已经加入“新冠肺炎疫苗实施计划”。中方支持亚太经合组织加强公共卫生、中小微企业等领域政策交流和能力建设，提出远程医疗倡议，让贫困和偏远地区人民得到及时、有效医治，助力抗疫合作和经济复苏。

中方高度重视亚太经合组织作用，将继续支持亚太经合组织发展，始终不渝扎根亚太、建设亚太、造福亚太。

加强政党合作，共谋人民幸福*

（2021 年 7 月 6 日）

尊敬的各位政党领导人，

女士们，先生们，朋友们：

很高兴在中国共产党成立 100 周年之际，同来自 160 多个国家的 500 多个政党和政治组织等领导人、逾万名政党和各界代表共聚“云端”，探讨“为人民谋幸福与政党的责任”这个重大命题。这段时间，170 多个国家的 600 多个政党和政治组织等就中国共产党成立 100 周年发来 1500 多封贺电贺信，表达对中国共产党的友好情谊和美好祝愿。我谨代表中国共产党，向大家表示衷心的感谢！

几天前，我们举行大会，庆祝中国共产党成立 100 周年。100 年来，中国共产党团结带领中国人民接续奋斗，推动中华民族迎来了从站起来、富起来到强起来的伟大飞跃。100 年来，中国共产党坚持中国人民和世界各国人民命运与共，在世界大局和时代潮流中把握中国发展的前进方向、促进各国共同发展繁荣。

中国共产党和中国人民取得的历史性成就，离不开世界

---

* 这是习近平在中国共产党与世界政党领导人峰会上的主旨讲话。

各国人民的大力支持。在这里，我代表中国共产党和中国人民，向关心、支持、帮助中国共产党和中国革命、建设、改革事业的各国政党、人民和朋友，表示诚挚的谢意！

女士们、先生们、朋友们！

当今世界正经历百年未有之大变局，世界多极化、经济全球化处于深刻变化之中，各国相互联系、相互依存、相互影响更加密切。为了应对新冠肺炎疫情挑战、促进经济复苏、维护世界稳定，国际社会作出了艰苦努力，各国政党作出了积极探索，展现了责任担当。同时，一些地方战乱和冲突仍在持续，饥荒和疾病仍在流行，隔阂和对立仍在加深，各国人民追求幸福生活的呼声更加强烈。

今天，人类社会再次面临何去何从的历史当口，是敌视对立还是相互尊重？是封闭脱钩还是开放合作？是零和博弈还是互利共赢？选择就在我们手中，责任就在我们肩上。

人类是一个整体，地球是一个家园。面对共同挑战，任何人任何国家都无法独善其身，人类只有和衷共济、和合共生这一条出路。政党作为推动人类进步的重要力量，要锚定正确的前进方向，担起为人民谋幸福、为人类谋进步的历史责任。我认为，政党应该努力做到以下几点。

第一，我们要担负起引领方向的责任，把握和塑造人类共同未来。人民渴望富足安康，渴望公平正义。大时代需要大格局，大格局呼唤大胸怀。从“本国优先”的角度看，世界是狭小拥挤的，时时都是“激烈竞争”。从命运与共的角度看，世界是宽广博大的，处处都有合作机遇。我们要倾听人民心声，顺应时代潮流，推动各国加强协调和合作，把本国人民利益同世界各国人民利益统一起来，朝着构建人类命运共同体的方向前行。

第二，我们要担负起凝聚共识的责任，坚守和弘扬全人类共同价值。各国历史、文化、制度、发展水平不尽相同，但各国人民都追求和平、发展、公平、正义、民主、自由的全人类共同价值。我们要本着对人类前途命运高度负责的态度，做全人类共同价值的倡导者，以宽广胸怀理解不同文明对价值内涵的认识，尊重不同国家人民对价值实现路径的探索，把全人类共同价值具体地、现实地体现到实现本国人民利益的实践中去。

第三，我们要担负起促进发展的责任，让发展成果更多更公平地惠及各国人民。发展是实现人民幸福的关键。在人类追求幸福的道路上，一个国家、一个民族都不能少。世界上所有国家、所有民族都应该享有平等的发展机会和权利。我们要直面贫富差距、发展鸿沟等重大现实问题，关注欠发达国家和地区，关爱贫困民众，让每一片土地都孕育希望。中国古人说：“适己而忘人者，人之所弃；克己而利人者，众之所戴。”[1]发展是世界各国的权利，而不是少数国家的专利。我们要推动各国加强发展合作、各国人民共享发展成果，提升全球发展的公平性、有效性、协同性，共同反对任何人搞技术封锁、科技鸿沟、发展脱钩。我相信，任何以阻挠他国发展、损害他国人民生活为要挟的政治操弄都是不得人心的，也终将是徒劳的！

第四，我们要担负起加强合作的责任，携手应对全球性风险和挑战。面对仍在肆虐的新冠肺炎疫情，我们要坚持科学施策，倡导团结合作，弥合“免疫鸿沟”，反对将疫情政治化、病毒标签化，共同推动构建人类卫生健康共同体。面对恐怖主义等人类公敌，我们要以合作谋安全、谋稳定，共同扎好安全的“篱笆”。面对脆弱的生态环境，我们要坚持尊重自然、顺应自然、保护自然，共建绿色家园。面对气候变化给人类生存和发展带来的严峻挑战，我们要勇于担当、同心协力，共谋人与自然和谐共生之道。

第五，我们要担负起完善治理的责任，不断增强为人民谋幸福的能力。通向幸福的道路不尽相同，各国人民有权选择自己的发展道路和制度模式，这本身就是人民幸福的应有之义。民主同样是各国人民的权利，而不是少数国家的专利。实现民主有多种方式，不可能千篇一律。一个国家民主不民主，要由这个国家的人民来评判，而不能由少数人说了算！我们要加强交流互鉴，完善沟通机制、把握社情民意、健全组织体系、提高治理能力，推进适合本国国情的民主政治建设，不断提高为人民谋幸福的能力和成效。

女士们、先生们、朋友们！

为人民谋幸福，是中国共产党始终坚守的初心。今天，中国已经实现了全面建成小康社会的奋斗目标，开启了全面建设社会主义现代化国家新征程，中国人民的获得感、幸福感、安全感不断提升。办好中国的事，让 14 亿多中国人民过上更加美好的生活，促进人类和平与发展的崇高事业，这是中国共产党矢志不渝的奋斗目标。中国共产党将坚持以人民为中心的发展思想，在宏阔的时空维度中思考民族复兴和人类进步的深刻命题，团结带领中国人民上下求索、锐意进取，创造更加美好的未来。

历史告诉我们，拥抱世界，才能拥抱明天；携手共进，才能行稳致远。中国共产党愿同各国政党一起努力，让梦想照进现实，让行动成就未来，始终不渝做世界和平的建设者、全球发展的贡献者、国际秩序的维护者。

——中国共产党将团结带领中国人民深入推进中国式现代化，为人类对现代化道路的探索作出新贡献。中国共产党坚持一切从实际出发，带领中国人民探索出中国特色社会主义道路。历史和实践已经并将进一步证明，这条道路，不仅走得对、走得通，而且也一定能够走得稳、走得好。我们将坚定不移沿着这条光明大道走下去，既发展自身又造福世界。现代化道路并没有固定模式，适合自己的才是最好的，不能削足适履。每个国家自主探索符合本国国情的现代化道路的努力都应该受到尊重。中国共产党愿同各国政党交流互鉴现代化建设经验，共同丰富走向现代化的路径，更好为本国人民和世界各国人民谋幸福。

——中国共产党将团结带领中国人民全面深化改革和扩大开放，为世界各国共同发展繁荣作出新贡献。当前，经济全球化虽然面临不少阻力，但存在更多动力，总体看，动力胜过阻力，各国走向开放、走向合作的大势没有改变、也不会改变。中国共产党愿同各国政党加强沟通，共同引导经济全球化朝着更加开放、包容、普惠、平衡、共赢的方向发展。我们愿同国际社会加强高质量共建“一带一路”合作，共同为促进全球互联互通做增量，让更多国家、更多民众共享发展成果。

——中国共产党将履行大国大党责任，为增进人类福祉作出新贡献。消除贫困是各国人民的共同愿望，是各国政党努力实现的重要目标。中共十八大以来，中国现行标准下 9899 万农村贫困人口全部脱贫，提前 10 年实现《联合国 2030 年可持续发展议程》减贫目标。中国共产党愿为人类减贫进程贡献更多中国方案和中国力量。中国将全力支持国际抗疫合作，增强发展中国家疫苗可及性和可负担性。中国将为履行碳达峰、碳中和目标承诺付出极其艰巨的努力，为全球应对气候变化作出更大贡献。中国将承办《生物多样性公约》第十五次缔约方大会，同各方共商全球生物多样性治理新战略，共同开启全球生物多样性治理新进程。

——中国共产党将积极推动完善全球治理，为人类社会携手应对共同挑战作出新贡献。现行国际体系和国际秩序的核心理念是多边主义。多边主义践行得好一点，人类面临的共同问题就会解决得好一点。国际规则应该是世界各国共同认可的规则，而不应由少数人来制定。国家间的合作应该以服务全人类为宗旨，而不应以小集团政治谋求世界霸权。我们要共同反对以多边主义之名行单边主义之实的各种行为，共同反对霸权主义和强权政治。中国将坚决维护联合国宪章宗旨和原则，倡导国际上的事大家商量着办，推动国际秩序和国际体系朝着更加公正合理的方向发展。我愿再次重申，中国永远是发展中国家大家庭的一员，将坚定不移致力于提高发展中国家在国际治理体系中的代表性和发言权。中国永远不称霸、不搞扩张、不谋求势力范围。中国共产党将同各国政党一道，通过政党间协商合作促进国家间协调合作，在全球治理中更好发挥政党应有的作用。

女士们、先生们、朋友们！

道阻且长，行则将至；行而不辍，未来可期。前方的路会有曲折，但也充满希望。中国共产党愿继续同各国政党和政治组织一道，站在历史正确的一边，站在人类进步的一边，为推动构建人类命运共同体、建设更加美好的世界作出新的更大贡献！

谢谢大家。

注　释

〔1〕见明代方孝孺《杂铭》。

上海合作组织要在人类共同发展宏大格局中推进自身发展*

（2021年9月17日）

过去20年，是国际格局持续演变、全球治理体系深刻重塑的20年，也是上海合作组织蓬勃发展、成员国互利合作硕果累累的20年。20年来，本组织始终遵循“互信、互利、平等、协商、尊重多样文明、谋求共同发展”的“上海精神”，致力于世界和平与发展和人类进步事业，为构建新型国际关系和人类命运共同体作出重要理论和实践探索。

——我们共促政治互信，缔结长期睦邻友好合作条约，开创“结伴不结盟、对话不对抗”全新模式，在涉及彼此核心利益和重大关切问题上相互支持，成为各自发展道路上可信赖的坚强后盾。

——我们共护安全稳定，率先提出打击“三股势力”〔1〕，坚决遏制毒品走私、网络犯罪、跨国有组织犯罪蔓延势头，联合举办反恐演习和边防行动，积极倡导政治解决国际和地区热点问题，构筑起守护地区和平安宁的铜墙铁壁。

---

* 这是习近平在上海合作组织成员国元首理事会第二十一次会议上讲话的一部分。

——我们共谋繁荣发展，推动区域务实合作向纵深发展，打造艺术节、上合大学、传统医学论坛等人文品牌项目，创造成员国经济总量和对外贸易额年均增长约12%、人员往来成倍递增的“上合速度”和“上合效益”，加快构建各国人民共享幸福的美好家园。

——我们共担国际道义，就弘扬多边主义和全人类共同价值发出响亮声音，就反对霸权主义和强权政治表明公正立场，同观察员国、对话伙伴及赞同本组织宗旨原则的国际和地区组织密切协作，奏响了国际社会同呼吸、共命运的时代乐章。

今天，上海合作组织已经站在新的历史起点上。我们应该高举“上海精神”旗帜，在国际关系民主化历史潮流中把握前进方向，在人类共同发展宏大格局中推进自身发展，构建更加紧密的上海合作组织命运共同体，为世界持久和平和共同繁荣作出更大贡献。为此，我提出以下建议。

第一，走团结合作之路。我们要充分利用各层级会晤机制和平台，加强政策对话和沟通协调，尊重彼此合理关切，及时化解合作中出现的问题，共同把稳上合组织发展方向。我们要坚定制度自信，绝不接受“教师爷”般颐指气使的说教，坚定支持各国探索适合本国国情的发展道路和治理模式。我们要支持各自平稳推进国内选举等重要政治议程，绝不允许外部势力以任何借口干涉地区国家内政，把本国发展进步的前途命运牢牢掌握在自己手中。

应对新冠肺炎疫情仍是当前最紧迫的任务。我们要秉持人民至上、生命至上理念，弘扬科学精神，深入开展国际抗疫合作，推动疫苗公平合理分配，坚决抵制病毒溯源政治化。中方从保障各国人民生命安全和身体健康出发，迄今已向 100 多个国家和国际组织提供将近 12 亿剂疫苗和原液，居全球首位。中方将加紧实现全年向世界提供 20 亿剂疫苗，深化同发展中国家抗疫合作，用好中方向“新冠疫苗实施计划”捐赠的 1 亿美元，为人类彻底战胜疫情作出应有贡献。

第二，走安危共担之路。面对复杂多变的地区安全形势，我们要坚持共同、综合、合作、可持续的安全观，严厉打击“东伊运”等“三股势力”，深化禁毒、边防、大型活动安保合作，尽快完善本组织安全合作机制，推进落实反极端主义公约等法律文件，加强各国主管部门维稳处突能力建设。

阿富汗局势已经发生重大变化，外国军队撤出后，阿富汗历史翻开了新的一页。同时，阿富汗仍面临诸多艰巨任务，需要国际社会特别是地区国家支持和帮助。各成员国应该加强协作，用好“上海合作组织—阿富汗联络组”等平台，推动阿富汗局势平稳过渡，引导阿富汗搭建广泛包容的政治架构，奉行稳健温和的内外政策，坚决打击一切形式的恐怖主义，同周边国家实现友好相处，真正走上和平、稳定、发展的道路。

第三，走开放融通之路。上海合作组织各国都处在发展关键阶段，应该发挥山水相邻、利益交融的独特优势，坚持开放合作导向，相互成就发展振兴的美好愿景。我们要持续推进贸易和投资自由化便利化，保障人员、货物、资金、数据安全有序流动，打造数字经济、绿色能源、现代农业合作增长点。共建“一带一路”是各国共同发展的大舞台，我们要推动共建“一带一路”倡议同各国发展战略及欧亚经济联盟等区域合作倡议深入对接，维护产业链供应链稳定畅通，促进各国经济融合、发展联动、成果共享。

为助力各国疫后经济复苏，中方愿继续分享市场机遇，力争未来5年同本组织国家累计贸易额实现2.3万亿美元目标，优化贸易结构，改善贸易平衡。中方将设立中国—上海合作组织经贸学院，助力本组织多边经贸合作发展。中方2018年在上海合作组织框架内设立的首期300亿元人民币等值专项贷款即将实施完毕，将启动实施二期专项贷款用于共建“一带一路”合作，重点支持现代化互联互通、基础设施建设、绿色低碳可持续发展等项目。

第四，走互学互鉴之路。上海合作组织发展最牢固的基础在于文明互鉴，最深厚的力量在于民心相通。我们要倡导不同文明交流对话、和谐共生。要在科技、教育、文化、卫生、扶贫等领域打造更多接地气、聚人心项目，用好青年交流营、妇女论坛、媒体论坛、民间友好论坛等平台，发挥好上海合作组织睦邻友好合作委员会等社会团体作用，搭建各国人民相知相亲的桥梁。

未来3年，中方将向上海合作组织国家提供1000名扶贫培训名额，建成10所鲁班工坊，在“丝路一家亲”行动框架内开展卫生健康、扶贫救助、文化教育等领域30个合作项目，帮助有需要的国家加强能力建设、改善民生福祉。中方将于明年举办本组织青年科技创新论坛，激发各国青年创新活力。中方倡议成立本组织传统医药产业联盟，为各国开展传统医学合作开辟新路径。中方欢迎各方参加2022年北京冬奥会、冬残奥会，共同呈现一届简约、安全、精彩的奥运盛会。

第五，走公平正义之路。“一时强弱在于力，千秋胜负在于理。”〔2〕解决国际上的事情，不能从所谓“实力地位”出发，推行霸权、霸道、霸凌，应该以联合国宪章宗旨和原则为遵循，坚持共商共建共享。要践行真正的多边主义，反对打着所谓“规则”旗号破坏国际秩序、制造对抗和分裂的行径。要恪守互利共赢的合作观，拆除割裂贸易、投资、技术的高墙壁垒，营造包容普惠的发展前景。

注　　释

〔**1**〕“三股势力”，指暴力恐怖势力、民族分裂势力、宗教极端势力。

〔**2**〕参见《东周列国志》第十四回。原文是：“一时之强弱在力，千古之胜负在理。”

维护地球家园，促进人类可持续发展*

（2021 年 10 月 12 日）

“万物各得其和以生，各得其养以成。”[1]生物多样性使地球充满生机，也是人类生存和发展的基础。保护生物多样性有助于维护地球家园，促进人类可持续发展。

昆明大会以“生态文明：共建地球生命共同体”为主题，推动制定“2020 年后全球生物多样性框架”，为未来全球生物多样性保护设定目标、明确路径，具有重要意义。国际社会要加强合作，心往一处想、劲往一处使，共建地球生命共同体。

人与自然应和谐共生。当人类友好保护自然时，自然的回报是慷慨的；当人类粗暴掠夺自然时，自然的惩罚也是无情的。我们要深怀对自然的敬畏之心，尊重自然、顺应自然、保护自然，构建人与自然和谐共生的地球家园。

绿水青山就是金山银山。良好生态环境既是自然财富，也是经济财富，关系经济社会发展潜力和后劲。我们要加快

---

* 这是习近平在《生物多样性公约》第十五次缔约方大会领导人峰会上主旨讲话的主要部分。

形成绿色发展方式，促进经济发展和环境保护双赢，构建经济与环境协同共进的地球家园。

新冠肺炎疫情给全球发展蒙上阴影，推进联合国 2030 年可持续发展议程面临更大挑战。面对恢复经济和保护环境的双重任务，发展中国家更需要帮助和支持。我们要加强团结、共克时艰，让发展成果、良好生态更多更公平惠及各国人民，构建世界各国共同发展的地球家园。

我们处在一个充满挑战，也充满希望的时代。行而不辍，未来可期。为了我们共同的未来，我们要携手同行，开启人类高质量发展新征程。

第一，以生态文明建设为引领，协调人与自然关系。我们要解决好工业文明带来的矛盾，把人类活动限制在生态环境能够承受的限度内，对山水林田湖草沙进行一体化保护和系统治理。

第二，以绿色转型为驱动，助力全球可持续发展。我们要建立绿色低碳循环经济体系，把生态优势转化为发展优势，使绿水青山产生巨大效益。我们要加强绿色国际合作，共享绿色发展成果。

第三，以人民福祉为中心，促进社会公平正义。我们要心系民众对美好生活的向往，实现保护环境、发展经济、创造就业、消除贫困等多面共赢，增强各国人民的获得感、幸福感、安全感。

第四，以国际法为基础，维护公平合理的国际治理体系。我们要践行真正的多边主义，有效遵守和实施国际规则，不能合则用、不合则弃。设立新的环境保护目标应该兼顾雄心和务实平衡，使全球环境治理体系更加公平合理。

中国生态文明建设取得了显著成效。前段时间，云南大象的北上及返回之旅，让我们看到了中国保护野生动物的成果。中国将持续推进生态文明建设，坚定不移贯彻创新、协调、绿色、开放、共享的新发展理念，建设美丽中国。

在此，我宣布，中国将率先出资 15 亿元人民币，成立昆明生物多样性基金，支持发展中国家生物多样性保护事业。中方呼吁并欢迎各方为基金出资。

为加强生物多样性保护，中国正加快构建以国家公园为主体的自然保护地体系，逐步把自然生态系统最重要、自然景观最独特、自然遗产最精华、生物多样性最富集的区域纳入国家公园体系。中国正式设立三江源、大熊猫、东北虎豹、海南热带雨林、武夷山等第一批国家公园，保护面积达 23 万平方公里，涵盖近 30% 的陆域国家重点保护野生动植物种类。同时，本着统筹就地保护与迁地保护相结合的原则，启动北京、广州等国家植物园体系建设。

为推动实现碳达峰、碳中和目标，中国将陆续发布重点领域和行业碳达峰实施方案和一系列支撑保障措施，构建起碳达峰、碳中和“1+N”政策体系。中国将持续推进产业结构和能源结构调整，大力发展可再生能源，在沙漠、戈壁、荒漠地区加快规划建设大型风电光伏基地项目，第一期装机容量约 1 亿千瓦的项目已于近期有序开工。

人不负青山，青山定不负人。生态文明是人类文明发展的历史趋势。让我们携起手来，秉持生态文明理念，站在为子孙后代负责的高度，共同构建地球生命共同体，共同建设清洁美丽的世界！

注　　释

〔**1**〕见《荀子·天论》。

命运与共，共建家园*

（2021 年 11 月 22 日）

尊敬的文莱苏丹哈桑纳尔陛下，

各位同事：

很高兴同大家相聚“云端”，共同庆祝中国东盟建立对话关系 30 周年，回顾发展成就，总结历史经验，擘画未来蓝图。

中国东盟建立对话关系 30 年来，走过了不平凡的历程。这 30 年，是经济全球化深入发展、国际格局深刻演变的 30 年，是中国和东盟把握时代机遇、实现双方关系跨越式发展的 30 年。我们摆脱冷战阴霾，共同维护地区稳定。我们引领东亚经济一体化，促进共同发展繁荣，让 20 多亿民众过上了更好生活。我们走出一条睦邻友好、合作共赢的光明大道，迈向日益紧密的命运共同体，为推动人类进步事业作出了重要贡献。

今天，我们正式宣布建立中国东盟全面战略伙伴关系。这是双方关系史上新的里程碑，将为地区和世界和平稳定、繁荣发展注入新的动力。

---

* 这是习近平在中国—东盟建立对话关系 30 周年纪念峰会上的讲话。

各位同事！

30年来中国东盟合作的成就，得益于双方地缘相近、人文相通得天独厚的条件，更离不开我们积极顺应时代发展潮流，作出正确历史选择。

一是相互尊重，坚守国际关系基本准则。东方文化讲究“己所不欲，勿施于人”[1]，平等相待、和合与共是我们的共同诉求。我们率先倡导和平共处五项原则和“万隆精神”，中国在东盟对话伙伴中最先加入《东南亚友好合作条约》。我们照顾彼此重大关切，尊重各自发展路径，以真诚沟通增进理解和信任，以求同存异妥处分歧和问题，共同维护和弘扬亚洲价值观。

二是合作共赢，走和平发展道路。中国和东盟国家有相似历史遭遇，实现国家安定和人民幸福是我们的共同目标。我们坚定维护地区和平稳定，始终聚焦发展主题，率先建立自由贸易区，高质量共建“一带一路”，共同推动签署《区域全面经济伙伴关系协定》，促进了地区融合发展和人民福祉。

三是守望相助，践行亲诚惠容理念。中国和东盟比邻而居，互帮互助是我们的共同传统。中国和文莱谚语都讲“有福同享，有难同当”。我们像亲戚一样常来常往，重情义，讲信义，遇到喜事共庆贺，遇到难事互帮衬。通过携手应对亚洲金融危机、国际金融危机、新冠肺炎疫情等挑战，强化了命运共同体意识。

四是包容互鉴，共建开放的区域主义。中国和东盟民族文化宗教多姿多彩，多元包容是我们的共同基因。我们从东亚文明中汲取智慧，以开放理念引领地区经济一体化，以平等协商推进东盟主导的地区合作，以包容心态构建开放而非排他的朋友圈，落实了共商共建共享原则。

30 年的宝贵经验是中国和东盟的共同财富，为双方发展全面战略伙伴关系奠定了基础、提供了遵循。我们要倍加珍惜、长久坚持，并在新的实践中不断丰富和发展。

各位同事！

“路遥知马力，日久见人心。”中国过去是、现在是、将来也永远是东盟的好邻居、好朋友、好伙伴。我愿重申，中方将坚定不移以东盟为周边外交优先方向，坚定不移支持东盟团结和东盟共同体建设，坚定不移支持东盟在区域架构中的中心地位，坚定不移支持东盟在地区和国际事务中发挥更大作用。

不久前，中国共产党召开了十九届六中全会，全面总结了中国共产党的百年奋斗重大成就和历史经验，中国人民正满怀信心在全面建设社会主义现代化国家新征程上前行。中国发展将为地区和世界提供更多机遇、注入强劲动力。中国愿同东盟把握大势、排除干扰、同享机遇、共创繁荣，把全面战略伙伴关系落到实处，朝着构建更为紧密的中国—东盟命运共同体迈出新的步伐。

对于未来的中国东盟关系，我愿提出 5 点建议。

第一，共建和平家园。没有和平，一切都无从谈起。和平是我们最大的共同利益，也是各国人民最大的共同期盼。我们要做地区和平的建设者和守护者，坚持对话不对抗、结伴不结盟，携手应对威胁破坏和平的各种负面因素。我们要践行真正的多边主义，坚持国际和地区的事大家商量着办。

中方坚决反对霸权主义和强权政治，愿同周边邻国长期友好相处，共同维护地区持久和平，绝不寻求霸权，更不会以大欺小。中方支持东盟建设无核武器区的努力，愿尽早签署《东南亚无核武器区条约》议定书。

第二，共建安宁家园。新冠肺炎疫情再次证明，世界上不存在绝对安全的孤岛，普遍安全才是真正的安全。中方愿启动“中国东盟健康之盾”合作倡议：包括再向东盟国家提供1.5亿剂新冠疫苗无偿援助，助力地区国家提高接种率；再向东盟抗疫基金追加500万美元，加大疫苗联合生产和技术转让，开展关键药物研发合作，提升东盟自主保障水平；帮助东盟加强基层公共卫生体系建设和人才培养，提高应对重大突发公共卫生事件能力。本地区还面临各类传统安全和非传统安全挑战，要坚持共同、综合、合作、可持续的安全观，深化防务、反恐、海上联合搜救和演练、打击跨国犯罪、灾害管理等领域合作。要共同维护南海稳定，把南海建成和平之海、友谊之海、合作之海。

第三，共建繁荣家园。我不久前提出全球发展倡议，旨在推动国际社会合力应对挑战，促进世界经济复苏，加快落实联合国2030年可持续发展议程。这一倡议契合东盟各国发展需要，可以与《东盟共同体愿景2025》协同增效。中方愿在未来3年再向东盟提供15亿美元发展援助，用于东盟国家抗疫和恢复经济。中方愿同东盟开展国际发展合作，启动协议谈判，支持建立中国—东盟发展知识网络，愿加强减贫领域交流合作，促进均衡包容发展。

我们要全面发挥《区域全面经济伙伴关系协定》的作用，

尽早启动中国东盟自由贸易区3.0版建设，提升贸易和投资自由化便利化水平，拓展数字经济、绿色经济等新领域合作，共建经贸创新发展示范园区。中国拥有巨大国内市场，将始终向东盟国家开放，愿进口更多东盟国家优质产品，包括在未来5年力争从东盟进口1500亿美元农产品。要高质量共建“一带一路”，同东盟提出的印太展望开展合作。中方愿进一步打造“一带一路”国际产能合作高质量发展示范区，欢迎东盟国家参与共建国际陆海贸易新通道。中方将启动科技创新提升计划，向东盟提供1000项先进适用技术，未来5年支持300名东盟青年科学家来华交流。倡议开展数字治理对话，深化数字技术创新应用。

第四，共建美丽家园。人与自然和谐共生是实现永续发展的基础。中方愿同东盟开展应对气候变化对话，加强政策沟通和经验分享，对接可持续发展规划。要共同推动区域能源转型，探讨建立清洁能源合作中心，加强可再生能源技术分享。要加强绿色金融和绿色投资合作，为地区低碳可持续发展提供支撑。中方愿发起中国东盟农业绿色发展行动计划，提高各国农业发展的韧性和可持续性。要增强中国—东盟国家海洋科技联合研发中心活力，构建蓝色经济伙伴关系，促进海洋可持续发展。

第五，共建友好家园。要倡导和平、发展、公平、正义、民主、自由的全人类共同价值，深化文明交流互鉴，用好地区多元文化特色和优势。要积极考虑疫后有序恢复人员往来，继续推进文化、旅游、智库、媒体、妇女等领域交流，使双方民众更加相知、相亲、相融。中国和东盟的未来属于青年，中方愿同东盟加强职业教育、学历互认等合作，增加中国—东盟菁英奖学金名额，开展青年营等活动。明年，我们将相继迎来北京冬奥会和杭州亚运会，中方愿以此为契机，深化同东盟各国的体育交流合作。

各位同事！

中国古人说："谋度于义者必得，事因于民者必成。"〔2〕让我们把人民对美好生活的向往放在心头，把维护和平、促进发展的时代使命扛在肩上，携手前行，接续奋斗，构建更为紧密的中国—东盟命运共同体，共创更加繁荣美好的地区和世界！

注　释

〔1〕见《论语·颜渊》。

〔2〕见《晏子春秋·内篇问上》。

让中非友好合作精神代代相传、发扬光大*

（2021 年 11 月 29 日）

今年是中非开启外交关系 65 周年。65 年来，中非双方在反帝反殖的斗争中结下了牢不可破的兄弟情谊，在发展振兴的征程上走出了特色鲜明的合作之路，在纷繁复杂的变局中谱写了守望相助的精彩篇章，为构建新型国际关系树立了光辉典范。

中非关系为什么好？中非友谊为什么深？关键在于中非双方缔造了历久弥坚的中非友好合作精神，那就是“真诚友好、平等相待，互利共赢、共同发展，主持公道、捍卫正义，顺应时势、开放包容”。这是中非双方数十年来休戚与共、并肩奋斗的真实写照，是中非友好关系继往开来的力量源泉。

今年是中国恢复在联合国合法席位 50 周年。在此，我谨向当年支持中国的广大非洲朋友表示衷心的感谢！我愿郑重重申，中国永远不会忘记非洲国家的深情厚谊，将继续秉持真实亲诚理念和正确义利观，同非洲朋友一道，让中非友好

---

* 这是习近平在中非合作论坛第八届部长级会议开幕式上主旨演讲的主要部分。

合作精神代代相传、发扬光大。

我在2018年中非合作论坛北京峰会上提出构建更加紧密的中非命运共同体，得到非方领导人一致赞同。3年多来，中非双方并肩携手，全力推进落实“八大行动”[1]等峰会成果，完成了一大批重点合作项目，中非贸易额和中国对非洲的投资额稳步攀升，几乎所有论坛非方成员都加入了共建“一带一路”合作大家庭，为中非全面战略合作伙伴关系注入了强劲动力。

千里之行，始于足下。站在构建新时代中非命运共同体的历史起点上，我愿提出4点主张。

第一，坚持团结抗疫。我们要坚持人民至上、生命至上，弘扬科学精神，支持疫苗知识产权豁免，切实保障疫苗在非洲的可及性和可负担性，弥合“免疫鸿沟”。

第二，深化务实合作。我们要开创中非合作新局面，扩大贸易和投资规模，共享减贫脱贫经验，加强数字经济合作，促进非洲青年创业和中小企业发展。我在今年联合国大会上提出的全球发展倡议，同非盟《2063年议程》和联合国2030年可持续发展议程高度契合，欢迎非洲国家积极支持和参与。

第三，推进绿色发展。面对气候变化这一全人类重大挑战，我们要倡导绿色低碳理念，积极发展太阳能、风能等可再生能源，推动应对气候变化《巴黎协定》有效实施，不断增强可持续发展能力。

第四，维护公平正义。世界需要真正的多边主义。和平、发展、公平、正义、民主、自由是全人类的共同价值，是中非双方孜孜以求的共同目标。我们都主张走符合自身国情的发展道路，都致力于维护发展中国家权益，都反对干涉内政、种族歧视、单边制裁。我们要理直气壮坚持发展中国家的正义主张，把我们的共同诉求和共同利益转化为共同行动。

本次会议前，中非双方共同制订了《中非合作2035年愿景》。作为愿景首个三年规划，中国将同非洲国家密切配合，共同实施“九项工程”。

一是卫生健康工程。为实现非盟确定的2022年60%非洲人口接种新冠疫苗的目标，我宣布，中国将再向非方提供10亿剂疫苗，其中6亿剂为无偿援助，4亿剂以中方企业与有关非洲国家联合生产等方式提供。中国还将为非洲国家援助实施10个医疗卫生项目，向非洲派遣1500名医疗队员和公共卫生专家。

二是减贫惠农工程。中国将为非洲援助实施10个减贫和农业项目，向非洲派遣500名农业专家，在华设立一批中非现代农业技术交流示范和培训联合中心，鼓励中国机构和企业在非洲建设中非农业发展与减贫示范村，支持在非中国企业社会责任联盟发起“百企千村”活动。

三是贸易促进工程。中国将为非洲农产品输华建立“绿色通道”，加快推动检疫准入程序，进一步扩大同中国建交的最不发达国家输华零关税待遇的产品范围，力争未来3年从非洲进口总额达到3000亿美元。中国将提供100亿美元贸易融资额度，用于支持非洲出口，在华建设中非经贸深度合作先行区和“一带一路”中非合作产业园。中国将为非洲援助实施10个设施联通项目，同非洲大陆自由贸易区秘书处成立中非经济合作专家组，继续支持非洲大陆自由贸易区建设。

四是投资驱动工程。中国未来3年将推动企业对非洲投资总额不少于100亿美元，设立“中非民间投资促进平台”。中国将为非洲援助实施10个工业化和就业促进项目，向非洲金融机构提供100亿美元授信额度，重点扶持非洲中小企业发展，设立中非跨境人民币中心。中国将免除非洲最不发达国家截至2021年年底到期未还的政府间无息贷款债务。中国愿从国际货币基金组织增发的特别提款权中拿出100亿美元，转借给非洲国家。

五是数字创新工程。中国将为非洲援助实施10个数字经济项目，建设中非卫星遥感应用合作中心，支持建设中非联合实验室、伙伴研究所、科技创新合作基地。中国将同非洲国家携手拓展“丝路电商”合作，举办非洲好物网购节和旅游电商推广活动，实施非洲“百店千品上平台”行动。

六是绿色发展工程。中国将为非洲援助实施10个绿色环保和应对气候变化项目，支持“非洲绿色长城”建设，在非洲建设低碳示范区和适应气候变化示范区。

七是能力建设工程。中国将为非洲援助新建或升级10所学校，邀请1万名非洲高端人才参加研修研讨活动。实施“未来非洲—中非职业教育合作计划”，开展“非洲留学生就业直通车”活动。中国将继续同非洲国家合作设立“鲁班工坊”，鼓励在非中国企业为当地提供不少于80万个就业岗位。

八是人文交流工程。中国愿支持所有非洲建交国成为中国公民组团出境旅游目的地国。在华举办非洲电影节，在非洲举办中国电影节。举办中非青年服务论坛和中非妇女论坛。

九是和平安全工程。中国将为非洲援助实施10个和平安全领域项目，继续落实对非盟军事援助，支持非洲国家自主维护地区安全和反恐努力，开展中非维和部队联合训练、现场培训、轻小武器管控合作。

塞内加尔开国总统桑戈尔曾经写道，“让我们向新生的世界报到吧。”〔2〕我相信，在中非双方共同努力下，这次中非合作论坛会议一定能够取得圆满成功，凝聚起中非27亿人民的磅礴力量，推动构建高水平中非命运共同体。

注　　释

〔**1**〕“八大行动”，这里指产业促进行动、设施联通行动、贸易便利行动、绿色发展行动、能力建设行动、健康卫生行动、人文交流行动、和平安全行动。

〔**2**〕见列奥波尔德·塞达·桑戈尔《向面具祈祷》。

推动中拉关系进入新时代*

（2021 年 12 月 3 日）

中国—拉共体论坛成立 7 年来，双方本着加强团结协作、推进南南合作的初心，将论坛打造成双方互利的主要平台，推动中拉关系进入平等、互利、创新、开放、惠民的新时代。

当今世界进入新的动荡变革期，中拉都面临着推动疫后复苏、实现人民幸福的时代新课题。欢迎拉方积极参与全球发展倡议，同中方一道，共克时艰、共创机遇，共同构建全球发展命运共同体。

历史告诉我们，和平发展、公平正义、合作共赢才是人间正道。中拉同属发展中国家，是平等互利、共同发展的全面合作伙伴，独立自主、发展振兴的共同梦想把我们紧紧团结在一起。让我们共同谋划中拉关系蓝图，增添中拉合作动力，为增进中拉人民福祉和人类进步事业作出新贡献。

---

* 这是习近平向中国—拉共体论坛第三届部长会议发表的视频致辞要点。

共同维护世界和平安宁*

（2022 年 4 月 21 日）

“治国常富，而乱国常贫。”[1]安全是发展的前提，人类是不可分割的安全共同体。事实再次证明，冷战思维只会破坏全球和平框架，霸权主义和强权政治只会危害世界和平，集团对抗只会加剧 21 世纪安全挑战。为了促进世界安危与共，中方愿在此提出全球安全倡议：我们要坚持共同、综合、合作、可持续的安全观，共同维护世界和平和安全；坚持尊重各国主权、领土完整，不干涉别国内政，尊重各国人民自主选择的发展道路和社会制度；坚持遵守联合国宪章宗旨和原则，摒弃冷战思维，反对单边主义，不搞集团政治和阵营对抗；坚持重视各国合理安全关切，秉持安全不可分割原则，构建均衡、有效、可持续的安全架构，反对把本国安全建立在他国不安全的基础之上；坚持通过对话协商以和平方式解决国家间的分歧和争端，支持一切有利于和平解决危机的努力，不能搞双重标准，反对滥用单边制裁和“长臂管辖”；坚持统筹维护传统领域和非传统领域安全，共同应对

---

* 这是习近平在博鳌亚洲论坛 2022 年年会开幕式上主旨演讲的一部分。

地区争端和恐怖主义、气候变化、网络安全、生物安全等全球性问题。

注　　释

〔**1**〕见《管子·治国》。

十九、完善全球治理，践行真正的多边主义

高举多边主义旗帜，为建设美好世界作出应有贡献*

（2020 年 11 月 17 日）

环顾全球，疫情使各国人民生命安全和身体健康遭受巨大威胁，全球公共卫生体系面临严峻考验，人类社会正在经历百年来最严重的传染病大流行。国际贸易和投资急剧萎缩，人员、货物流动严重受阻，不稳定不确定因素层出不穷，世界经济正在经历上世纪 30 年代大萧条以来最严重的衰退。单边主义、保护主义、霸凌行径愈演愈烈，治理赤字、信任赤字、发展赤字、和平赤字有增无减。

同时，我们坚信，和平与发展的时代主题没有改变，世界多极化和经济全球化的时代潮流也不可能逆转。我们要为人民福祉着想，秉持人类命运共同体理念，用实际行动为建设美好世界作出应有贡献。

——我们要坚持多边主义，维护世界和平稳定。历史昭示我们，恪守多边主义，追求公平正义，战乱冲突可以避免；搞单边主义、强权政治，纷争对抗将愈演愈烈。如果无视规

---

* 这是习近平在金砖国家领导人第十二次会晤上讲话的一部分。

则和法治，继续大搞单边霸凌、“退群毁约”，不仅违背世界人民普遍愿望，也是对各国正当权利和尊严的践踏。

面对多边和单边、公道和霸道之争，金砖国家要坚定维护国际公平正义，高举多边主义旗帜，捍卫联合国宪章宗旨和原则，维护以联合国为核心的国际体系，维护以国际法为基础的国际秩序。各国应该超越意识形态，尊重彼此根据自身国情选择的社会制度、经济模式、发展道路。要倡导共同、综合、合作、可持续的安全观，通过协商和谈判化解分歧，反对干涉内政，反对单边制裁和“长臂管辖”，共同营造和平稳定的发展环境。

——我们要坚持团结协作，合力克服疫情挑战。当前，病毒仍在全球肆虐，疫情还在不断反复，夺取全球抗疫胜利仍需付出艰苦努力。经过近一年的抗疫斗争，许多国家在疫情防控方面积累了宝贵经验，在药物和疫苗研发上取得了显著进展。近一年的抗疫实践证明，只要团结一心、科学防治，病毒传播可以控制，疫情影响能够克服。

我们要坚持人民至上、生命至上，调集一切资源、尽一切努力保护人民生命安全和身体健康。要加强国际联防联控，分享疫情信息，交流抗疫经验，遏制病毒传播。要支持世界卫生组织发挥关键领导作用。中国企业正在同俄罗斯、巴西伙伴合作开展疫苗三期临床试验，我们也愿同南非、印度开展有关合作。中方已经加入“新冠肺炎疫苗实施计划”，将在这个平台上同各国特别是其他发展中国家分享疫苗。我们愿积极考虑向有需要的金砖国家提供疫苗。为推动金砖国家疫苗研发中心建设，中方已经设立疫苗研发中国中心，愿通过线上线下相结合方式，推进五国疫苗联合研发和试验、合作建厂、授权生产、标准互认等工作。我倡议五国召开传统医药研讨会，探索传统医药在新冠肺炎防治方面的作用，为全球疫情防控增添有力武器。

事实证明，将疫情政治化、污名化，搞“甩锅”、推责，干扰的是全球合作抗疫大局。我们要推动以团结取代分歧，以理性消除偏见，扫除“政治病毒”，凝聚起各国携手抗疫的最大合力。

——我们要坚持开放创新，促进世界经济复苏。根据国际货币基金组织预测，今年世界经济将萎缩 4.4%，新兴市场国家和发展中国家将经历 60 年来首次负增长。一手防疫情，一手稳经济，是各国刻不容缓的任务。我们要在确保安全前提下，积极推进经济复苏，在疫情防控常态化中实现经济社会活动有序开展。要加强宏观经济政策协调，推动落实“人员与货物跨境流动便利化倡议”，保障产业链、供应链安全畅通，助力各国复工复产、恢复经济。

利用疫情搞“去全球化”，鼓吹所谓“经济脱钩”、“平行体系”，最终只会损害本国和各国共同利益。当前形势下，我们要坚定不移构建开放型世界经济，维护以世界贸易组织为核心的多边贸易体制，反对滥用国家安全之名行保护主义之实。要利用好疫情催生的新业态新模式，加强科技创新合作，营造开放、公平、公正、非歧视的营商环境，共同实现更高质量、更具韧性的发展。

中方愿同各方一道加快建设金砖国家新工业革命伙伴关系。我们将在福建省厦门市建立金砖国家新工业革命伙伴关系创新基地，开展政策协调、人才培养、项目开发等领域合作，欢迎金砖国家积极参与。近期，中方发起了《全球数据安全倡议》，推动共建和平、安全、开放、合作、有序的网络空间，促进数字经济健康发展，希望得到金砖国家支持。

——我们要坚持民生优先，推进全球可持续发展。发展是解决一切问题的总钥匙。无论是消除疫情影响、重回生活正轨，还是平息冲突动乱、解决人道主义危机，根本上都要靠以人民为中心的发展。世界银行预测，2020 年全球人均收入将下降 3.6%，8800 万至 1.15 亿人将因疫情陷入极端贫困。

我们要直面疫情挑战，推动国际社会将落实《联合国 2030 年可持续发展议程》置于国际发展合作核心，将消除贫困作为首要目标，让资源更多向减贫、教育、卫生、基础设施建设等领域倾斜。要支持联合国发挥统筹协调作用，推动构建更加平等均衡的全球发展伙伴关系，让发展成果更多惠及发展中国家，更好满足弱势群体需求。

——我们要坚持绿色低碳，促进人与自然和谐共生。全球变暖不会因疫情停下脚步，应对气候变化一刻也不能松懈。我们要落实好应对气候变化《巴黎协定》，恪守共同但有区别的责任原则，为发展中国家特别是小岛屿国家提供更多帮助。中国愿承担与自身发展水平相称的国际责任，继续为应对气候变化付出艰苦努力。我不久前在联合国宣布，中国将提高国家自主贡献力度，采取更有力的政策和举措，二氧化碳排放力争于 2030 年前达到峰值，努力争取 2060 年前实现碳中和。我们将说到做到！

让多边主义的火炬照亮人类前行之路*

（2021 年 1 月 25 日）

尊敬的施瓦布主席，

女士们，先生们，朋友们：

过去一年，突如其来的新冠肺炎疫情肆虐全球，全球公共卫生面临严重威胁，世界经济陷入深度衰退，人类经历了史上罕见的多重危机。

这一年，各国人民以巨大的决心和勇气，同病魔展开殊死搏斗，依靠科学理性的力量，弘扬人道主义精神，全球抗疫取得初步成效。现在，疫情还远未结束，近期又出现反弹，抗疫仍在继续，但我们坚信，寒冬阻挡不了春天的脚步，黑夜遮蔽不住黎明的曙光。人类一定能够战胜疫情，在同灾难的斗争中成长进步、浴火重生。

女士们、先生们、朋友们！

历史总在不断前进，世界回不到从前。我们今天所作的每一个抉择、采取的每一项行动，都将决定世界的未来。我

* 这是习近平在世界经济论坛“达沃斯议程”对话会上的特别致辞。

们要解决好这个时代面临的四大课题。

第一，加强宏观经济政策协调，共同推动世界经济强劲、可持续、平衡、包容增长。人类正在遭受第二次世界大战结束以来最严重的经济衰退，各大经济板块历史上首次同时遭受重创，全球产业链供应链运行受阻，贸易和投资活动持续低迷。各国出台数万亿美元经济救助措施，但世界经济复苏势头仍然很不稳定，前景存在很大不确定性。我们既要把握当下，统筹疫情防控和经济发展，加强宏观经济政策支持，推动世界经济早日走出危机阴影，更要放眼未来，下决心推动世界经济动力转换、方式转变、结构调整，使世界经济走上长期健康稳定发展的轨道。

第二，摒弃意识形态偏见，共同走和平共处、互利共赢之路。世界上没有两片完全相同的树叶，也没有完全相同的历史文化和社会制度。各国历史文化和社会制度各有千秋，没有高低优劣之分，关键在于是否符合本国国情，能否获得人民拥护和支持，能否带来政治稳定、社会进步、民生改善，能否为人类进步事业作出贡献。各国历史文化和社会制度差异自古就存在，是人类文明的内在属性。没有多样性，就没有人类文明。多样性是客观现实，将长期存在。差异并不可怕，可怕的是傲慢、偏见、仇视，可怕的是想把人类文明分为三六九等，可怕的是把自己的历史文化和社会制度强加给他人。各国应该在相互尊重、求同存异基础上实现和平共处，促进各国交流互鉴，为人类文明发展进步注入动力。

第三，克服发达国家和发展中国家发展鸿沟，共同推动各国发展繁荣。当前，公平问题日益突出，南北差距有待弥合，可持续发展事业面临严峻挑战。疫情之下，各国经济复苏表现分化，南北发展差距面临扩大甚至固化风险。广大发展中国家普遍期望获得更多发展资源和空间，要求在全球经济治理中享有更多代表性和发言权。应该看到，发展中国家发展起来了，整个世界繁荣稳定就会有更加坚实的基础，发达国家也将从中受益。国际社会应该着眼长远、落实承诺，为发展中国家发展提供必要支持，保障发展中国家正当发展权益，促进权利平等、机会平等、规则平等，让各国人民共享发展机遇和成果。

第四，携手应对全球性挑战，共同缔造人类美好未来。在经济全球化时代，类似新冠肺炎疫情的突发公共卫生事件绝不会是最后一次，全球公共卫生治理亟待加强。地球是人类赖以生存的唯一家园，加大应对气候变化力度，推动可持续发展，关系人类前途和未来。人类面临的所有全球性问题，任何一国想单打独斗都无法解决，必须开展全球行动、全球应对、全球合作。

女士们、先生们、朋友们！

世界上的问题错综复杂，解决问题的出路是维护和践行多边主义，推动构建人类命运共同体。

——我们要坚持开放包容，不搞封闭排他。多边主义的要义是国际上的事由大家共同商量着办，世界前途命运由各国共同掌握。在国际上搞“小圈子”、“新冷战”，排斥、威胁、恐吓他人，动不动就搞脱钩、断供、制裁，人为造成相互隔离甚至隔绝，只能把世界推向分裂甚至对抗。一个分裂的世界无法应对人类面临的共同挑战，对抗将把人类引入死胡同。在这个问题上，人类付出过惨痛代价。殷鉴不远，我们决不能再走那条老路。

我们要秉持人类命运共同体理念，坚守和平、发展、公平、正义、民主、自由的全人类共同价值，摆脱意识形态偏见，最大程度增强合作机制、理念、政策的开放性和包容性，共同维护世界和平稳定。要建设开放型世界经济，坚定维护多边贸易体制，不搞歧视性、排他性标准、规则、体系，不搞割裂贸易、投资、技术的高墙壁垒。要巩固二十国集团作为全球经济治理主要平台的地位，密切宏观经济政策协调，维护全球产业链供应链稳定顺畅，维护全球金融体系稳健运行，推进结构性改革，扩大全球总需求，推动世界经济实现更高质量、更有韧性的发展。

——我们要坚持以国际法则为基础，不搞唯我独尊。中国古人讲："法者，治之端也。"〔1〕国际社会应该按照各国共同达成的规则和共识来治理，而不能由一个或几个国家来发号施令。联合国宪章是公认的国与国关系的基本准则。没有这些国际社会共同制定、普遍公认的国际法则，世界最终将滑向弱肉强食的丛林法则，给人类带来灾难性后果。

我们要厉行国际法治，毫不动摇维护以联合国为核心的国际体系、以国际法为基础的国际秩序。多边机构是践行多边主义的平台，也是维护多边主义的基本框架，其权威性和有效性理应得到维护。要坚持通过制度和规则来协调规范各国关系，反对恃强凌弱，不能谁胳膊粗、拳头大谁说了算，也不能以多边主义之名、行单边主义之实。要坚持原则，规则一旦确定，大家都要有效遵循。"有选择的多边主义"不应成为我们的选择。

——我们要坚持协商合作，不搞冲突对抗。各国历史文化和社会制度差异不是对立对抗的理由，而是合作的动力。要尊重和包容差异，不干涉别国内政，通过协商对话解决分歧。历史和现实一再告诉我们，当今世界，如果走对立对抗的歧路，无论是搞冷战、热战，还是贸易战、科技战，最终将损害各国利益、牺牲人民福祉。

我们要摒弃冷战思维、零和博弈的旧理念，坚持互尊互谅，通过战略沟通增进政治互信。要恪守互利共赢的合作观，拒绝以邻为壑、自私自利的狭隘政策，抛弃垄断发展优势的片面做法，保障各国平等发展权利，促进共同发展繁荣。要提倡公平公正基础上的竞争，开展你追我赶、共同提高的田径赛，而不是搞相互攻击、你死我活的角斗赛。

——我们要坚持与时俱进，不搞故步自封。世界正在经历百年未有之大变局，既是大发展的时代，也是大变革的时代。21 世纪的多边主义要守正出新、面向未来，既要坚持多边主义的核心价值和基本原则，也要立足世界格局变化，着眼应对全球性挑战需要，在广泛协商、凝聚共识基础上改革和完善全球治理体系。

我们要发挥世界卫生组织作用，构建人类卫生健康共同体。要推进世界贸易组织和国际金融货币体系改革，促进世界经济增长，保障发展中国家发展权益和空间。要秉持以人为中心、基于事实的政策导向，探讨制定全球数字治理规则。要落实应对气候变化《巴黎协定》，促进绿色发展。要坚持发展优先，落实联合国 2030 年可持续发展议程，确保各国特别是发展中国家分享全球发展带来的好处。

女士们、先生们、朋友们！

中国人民经过长期艰苦奋斗，全面建成小康社会胜利在望，脱贫攻坚取得历史性成果，开启了全面建设社会主义现代化国家新征程。我们将立足新发展阶段，贯彻新发展理念，积极构建以国内大循环为主体、国内国际双循环相互促进的新发展格局，同各国一道，共建持久和平、普遍安全、共同繁荣、开放包容、清洁美丽的世界。

——中国将继续积极参与国际抗疫合作。抗击疫情是国际社会面临的最紧迫任务。这既是坚持人民至上、生命至上的基本要求，也是稳定恢复经济的基本前提。我们要深化团结合作，加强信息共享和联防联控，坚决打赢全球疫情阻击战。特别是要加强疫苗研发、生产、分配合作，让疫苗真正成为各国人民用得上、用得起的公共产品。中国迄今已向150多个国家和13个国际组织提供抗疫援助，为有需要的国家派出36个医疗专家组，积极支持并参与疫苗国际合作。中国将继续同各国分享疫情防控有益经验，向应对疫情能力薄弱的国家和地区提供力所能及的帮助，促进疫苗在发展中国家的可及性和可负担性，助力世界早日彻底战胜疫情。

——中国将继续实施互利共赢的开放战略。经济全球化是社会生产力发展的客观要求和科技进步的必然结果，利用疫情搞“去全球化”、搞封闭脱钩，不符合任何一方利益。中国始终支持经济全球化，坚定实施对外开放基本国策。中国将继续促进贸易和投资自由化便利化，维护全球产业链供应链顺畅稳定，推进高质量共建“一带一路”。中国将着力推动规则、规制、管理、标准等制度型开放，持续打造市场化、法治化、国际化营商环境，发挥超大市场优势和内需潜力，为各国合作提供更多机遇，为世界经济复苏和增长注入更多动力。

——中国将继续促进可持续发展。中国将全面落实联合国2030年可持续发展议程。中国将加强生态文明建设，加快调整优化产业结构、能源结构，倡导绿色低碳的生产生活方式。我已经宣布，中国力争于2030年前二氧化碳排放达到峰值、2060年前实现碳中和。实现这个目标，中国需要付出极其艰巨的努力。我们认为，只要是对全人类有益的事情，中国就应该义不容辞地做，并且做好。中国正在制定行动方案并已开始采取具体措施，确保实现既定目标。中国这么做，是在用实际行动践行多边主义，为保护我们的共同家园、实现人类可持续发展作出贡献。

——中国将继续推进科技创新。科技创新是人类社会发展的重要引擎，是应对许多全球性挑战的有力武器，也是中国构建新发展格局、实现高质量发展的必由之路。中国将加大科技投入，狠抓创新体系建设，加速科技成果向现实生产力转化，加强知识产权保护，推动实现依靠创新驱动的内涵型增长。科技成果应该造福全人类，而不应该成为限制、遏制其他国家发展的手段。中国将以更加开放的思维和举措推进国际科技交流合作，同各国携手打造开放、公平、公正、非歧视的科技发展环境，促进互惠共享。

——中国将继续推动构建新型国际关系。你输我赢、赢者通吃不是中国人的处世哲学。中国坚定奉行独立自主的和平外交政策，努力以对话弥合分歧、以谈判化解争端，在相互尊重、平等互利基础上，积极发展同各国友好合作关系。作为发展中国家的坚定一员，中国将不断深化南南合作，为发展中国家消除贫困、缓解债务压力、实现经济增长作出贡献。中国将更加积极地参与全球经济治理，推动经济全球化朝着更加开放、包容、普惠、平衡、共赢的方向发展。

女士们、先生们、朋友们！

人类只有一个地球，人类也只有一个共同的未来。无论是应对眼下的危机，还是共创美好的未来，人类都需要同舟共济、团结合作。实践一再证明，任何以邻为壑的做法，任何单打独斗的思路，任何孤芳自赏的傲慢，最终都必然归于失败！让我们携起手来，让多边主义火炬照亮人类前行之路，向着构建人类命运共同体不断迈进！

谢谢大家。

注　　释

〔**1**〕见《荀子·君道》。

坚定信心，共克时艰，共建更加美好的世界*

（2021 年 9 月 21 日）

主席先生：

2021 年对中国人民是一个极其特殊的年份。今年是中国共产党成立 100 周年。今年也是中华人民共和国恢复在联合国合法席位 50 周年，中国将隆重纪念这一历史性事件。我们将继续积极推动中国同联合国合作迈向新台阶，为联合国崇高事业不断作出新的更大贡献。

主席先生！

一年前，各国领导人共同出席了联合国成立 75 周年系列峰会，发表了政治宣言，承诺合作抗击疫情，携手应对挑战，坚持多边主义，加强联合国作用，构建今世后代的共同未来。

一年来，世界百年未有之大变局和新冠肺炎疫情全球大流行交织影响。各国人民对和平发展的期盼更加殷切，对公平正义的呼声更加强烈，对合作共赢的追求更加坚定。

当前，疫情仍在全球肆虐，人类社会已被深刻改变。世界进入新的动荡变革期。每一个负责任的政治家都必须以信

---

* 这是习近平在第七十六届联合国大会一般性辩论上的讲话。

心、勇气、担当，回答时代课题，作出历史抉择。

第一，我们必须战胜疫情，赢得这场事关人类前途命运的重大斗争。一部世界文明史也是同瘟疫斗争的历史，人类总是在不断战胜挑战中实现更大发展和进步。这次疫情虽然来势凶猛，我们终将战而胜之。

我们要坚持人民至上、生命至上，呵护每个人的生命、价值、尊严。要弘扬科学精神、秉持科学态度、遵循科学规律，统筹常态化精准防控和应急处置，统筹疫情防控和经济社会发展。要加强国际联防联控，最大限度降低疫情跨境传播风险。

疫苗是战胜疫情的利器。我多次强调，要把疫苗作为全球公共产品，确保发展中国家的可及性和可负担性，当务之急是要在全球范围内公平合理分配疫苗。中国将努力全年对外提供20亿剂疫苗，在向“新冠疫苗实施计划”捐赠1亿美元基础上，年内再向发展中国家无偿捐赠1亿剂疫苗。中国将继续支持和参与全球科学溯源，坚决反对任何形式的政治操弄。

第二，我们必须复苏经济，推动实现更加强劲、绿色、健康的全球发展。发展是实现人民幸福的关键。面对疫情带来的严重冲击，我们要共同推动全球发展迈向平衡协调包容新阶段。在此，我愿提出全球发展倡议：

——坚持发展优先。将发展置于全球宏观政策框架的突出位置，加强主要经济体政策协调，保持连续性、稳定性、可持续性，构建更加平等均衡的全球发展伙伴关系，推动多边发展合作进程协同增效，加快落实联合国2030年可持续发展议程。

——坚持以人民为中心。在发展中保障和改善民生，保护和促进人权，做到发展为了人民、发展依靠人民、发展成果由人民共享，不断增强民众的幸福感、获得感、安全感，实现人的全面发展。

——坚持普惠包容。关注发展中国家特殊需求，通过缓债、发展援助等方式支持发展中国家尤其是困难特别大的脆弱国家，着力解决国家间和各国内部发展不平衡、不充分问题。

——坚持创新驱动。抓住新一轮科技革命和产业变革的历史性机遇，加速科技成果向现实生产力转化，打造开放、公平、公正、非歧视的科技发展环境，挖掘疫后经济增长新动能，携手实现跨越发展。

——坚持人与自然和谐共生。完善全球环境治理，积极应对气候变化，构建人与自然生命共同体。加快绿色低碳转型，实现绿色复苏发展。中国将力争2030年前实现碳达峰、2060年前实现碳中和，这需要付出艰苦努力，但我们会全力以赴。中国将大力支持发展中国家能源绿色低碳发展，不再新建境外煤电项目。

——坚持行动导向。加大发展资源投入，重点推进减贫、粮食安全、抗疫和疫苗、发展筹资、气候变化和绿色发展、工业化、数字经济、互联互通等领域合作，加快落实联合国2030年可持续发展议程，构建全球发展命运共同体。中国已宣布未来3年内再提供30亿美元国际援助，用于支持发展中国家抗疫和恢复经济社会发展。

第三，我们必须加强团结，践行相互尊重、合作共赢的国际关系理念。一个和平发展的世界应该承载不同形态的文明，必须兼容走向现代化的多样道路。民主不是哪个国家的专利，而是各国人民的权利。近期国际形势的发展再次证明，外部军事干涉和所谓的民主改造贻害无穷。我们要大力弘扬和平、发展、公平、正义、民主、自由的全人类共同价值，摒弃小圈子和零和博弈。

国与国难免存在分歧和矛盾，但要在平等和相互尊重基础上开展对话合作。一国的成功并不意味着另一国必然失败，这个世界完全容得下各国共同成长和进步。我们要坚持对话而不对抗、包容而不排他，构建相互尊重、公平正义、合作共赢的新型国际关系，扩大利益汇合点，画出最大同心圆。

中华民族传承和追求的是和平和睦和谐理念。我们过去没有，今后也不会侵略、欺负他人，不会称王称霸。中国始终是世界和平的建设者、全球发展的贡献者、国际秩序的维护者、公共产品的提供者，将继续以中国的新发展为世界提供新机遇。

第四，我们必须完善全球治理，践行真正的多边主义。世界只有一个体系，就是以联合国为核心的国际体系。只有一个秩序，就是以国际法为基础的国际秩序。只有一套规则，就是以联合国宪章宗旨和原则为基础的国际关系基本准则。

联合国应该高举真正的多边主义旗帜，成为各国共同维护普遍安全、共同分享发展成果、共同掌握世界命运的核心平台。要致力于稳定国际秩序，提升广大发展中国家在国际事务中的代表性和发言权，在推动国际关系民主化和法治化方面走在前列。要平衡推进安全、发展、人权三大领域工作，制定共同议程，聚焦突出问题，重在采取行动，把各方对多边主义的承诺落到实处。

主席先生！

世界又站在历史的十字路口。我坚信，人类和平发展进步的潮流不可阻挡。让我们坚定信心，携手应对全球性威胁和挑战，推动构建人类命运共同体，共同建设更加美好的世界！

在中华人民共和国恢复联合国合法席位五十周年纪念会议上的讲话

（2021 年 10 月 25 日）

尊敬的古特雷斯秘书长，
各位驻华使节和国际组织驻华代表，
女士们，先生们，
朋友们，同志们：

50 年前的今天，第二十六届联合国大会以压倒性多数通过第 2758 号决议，决定恢复中华人民共和国在联合国的一切权利，承认中华人民共和国政府代表是中国在联合国的唯一合法代表。这是中国人民的胜利，也是世界各国人民的胜利！

今天，在这个特殊的日子里，我们汇聚一堂，回顾历史，展望未来，很有意义。

新中国恢复在联合国合法席位，是世界上的一个大事件，也是联合国的一个大事件。这是世界上一切爱好和平和主持正义的国家共同努力的结果。这标志着占世界人口四分之一的中国人民从此重新走上联合国舞台。这对中国、对世界都具有重大而深远的意义。

在这里，我谨代表中国政府和中国人民，向联合国大会第2758号决议所有提案国和支持国，表示衷心的感谢！向一切主持正义的国家和人民，致以崇高的敬意！

女士们、先生们，朋友们、同志们！

新中国恢复在联合国合法席位以来的50年，是中国和平发展、造福人类的50年。

——这50年，中国人民始终发扬自强不息精神，在风云变幻中把握中国前进方向，书写了中国以及人类发展的壮阔史诗。在新中国成立以来国家建设和发展的基础上，中国人民开启了改革开放历史新时期，成功开创和发展中国特色社会主义，不断解放和发展社会生产力，不断提高生活水平，实现了从生产力相对落后的状况到经济总量跃居世界第二的历史性突破。经过艰苦奋斗，中国人民用自己的双手在中华大地上实现了全面建成小康社会的目标，打赢了脱贫攻坚战，历史性地解决了绝对贫困问题，开启了全面建设社会主义现代化国家新征程，迎来了中华民族伟大复兴的光明前景。

——这50年，中国人民始终同世界各国人民团结合作，维护国际公平正义，为世界和平与发展作出了重大贡献。中国人民热爱和平，深知和平安宁的珍贵，始终奉行独立自主的和平外交政策，主持公道，伸张正义，坚决反对霸权主义和强权政治。中国人民坚定支持广大发展中国家维护自身主权、安全、发展利益的正义斗争。中国人民致力于推动共同发展，从“坦赞铁路”到“一带一路”，向发展中国家提供力所能及的帮助，不断以中国发展为世界提供新机遇。在新冠肺炎疫情席卷全球的危难之际，中国积极同世界分享防控经验，向各国输送了大批抗疫物资、疫苗药品，深入开展病毒溯源科学合作，真诚为人类彻底战胜疫情而积极努力。

——这 50 年，中国人民始终维护联合国权威和地位，践行多边主义，中国同联合国合作日益深化。中国忠实履行联合国安理会常任理事国职责和使命，维护联合国宪章宗旨和原则，维护联合国在国际事务中的核心作用。中国积极倡导以和平方式政治解决争端，派出 5 万多人次参加联合国维和行动，已经成为第二大联合国会费国、第二大维和摊款国。中国率先实现联合国千年发展目标，带头落实 2030 年可持续发展议程，对世界减贫贡献超过 70%。中国始终遵循联合国宪章和《世界人权宣言》精神，坚持把人权普遍性同中国实际结合起来，走出了一条符合时代潮流、具有中国特色的人权发展道路，为中国人权进步和国际人权事业作出了重大贡献。

女士们、先生们，朋友们、同志们！

世界潮流，浩浩荡荡，顺之则昌，逆之则亡。过去 50 年，尽管国际形势跌宕起伏，但在世界各国人民共同努力下，世界总体保持稳定，世界经济快速发展，科技创新日新月异，一大批发展中国家成长壮大，十几亿人口摆脱贫困，几十亿人口不断走向现代化。

当前，世界百年未有之大变局加速演进，和平发展进步力量不断增长。我们应该顺应历史大势，坚持合作、不搞对抗，坚持开放、不搞封闭，坚持互利共赢、不搞零和博弈，坚决反对一切形式的霸权主义和强权政治，坚决反对一切形式的单边主义和保护主义。

——我们应该大力弘扬和平、发展、公平、正义、民主、自由的全人类共同价值，共同为建设一个更加美好的世界提供正确理念指引。和平与发展是我们的共同事业，公平正义是我们的共同理想，民主自由是我们的共同追求。世界是丰富多彩的，多样性是人类文明的魅力所在，更是世界发展的活力和动力之源。“非尽百家之美，不能成一人之奇。”[1] 文明没有高下、优劣之分，只有特色、地域之别，只有在交流中才能融合，在融合中才能进步。一个国家走的道路行不行，关键要看是否符合本国国情，是否顺应时代发展潮流，能否带来经济发展、社会进步、民生改善、社会稳定，能否得到人民支持和拥护，能否为人类进步事业作出贡献。

——我们应该携手推动构建人类命运共同体，共同建设持久和平、普遍安全、共同繁荣、开放包容、清洁美丽的世界。人类是一个整体，地球是一个家园。任何人、任何国家都无法独善其身。人类应该和衷共济、和合共生，朝着构建人类命运共同体方向不断迈进，共同创造更加美好未来。推动构建人类命运共同体，不是以一种制度代替另一种制度，不是以一种文明代替另一种文明，而是不同社会制度、不同意识形态、不同历史文化、不同发展水平的国家在国际事务中利益共生、权利共享、责任共担，形成共建美好世界的最大公约数。

——我们应该坚持互利共赢，共同推动经济社会发展更好造福人民。中国古人说：“为治之本，务在于安民；安民之本，在于足用。”[2]推动发展、安居乐业是各国人民共同愿望。为了人民而发展，发展才有意义；依靠人民而发展，发展才有动力。世界各国应该坚持以人民为中心，努力实现更高质量、更有效率、更加公平、更可持续、更为安全的发展。要破解发展不平衡不充分问题，提高发展的平衡性、协调性、包容性。要增强人民发展能力，形成人人参与、人人享有的发展环境，创造发展成果更多更公平惠及每一个国家每一个人的发展局面。不久前，我在第七十六届联合国大会上提出全球发展倡议，希望各国共同努力，克服新冠肺炎疫情对全球发展的冲击，加快落实2030年可持续发展议程，构建全球发展共同体。

——我们应该加强合作，共同应对人类面临的各种挑战和全球性问题。地区争端和恐怖主义、气候变化、网络安全、生物安全等全球性问题正摆在国际社会面前，只有形成更加包容的全球治理、更加有效的多边机制、更加积极的区域合作，才能有效加以应对。气候变化是大自然对人类敲响的警钟。世界各国应该采取实际行动为自然守住安全边界，鼓励绿色复苏、绿色生产、绿色消费，推动形成文明健康生活方式，形成人与自然和谐共生的格局，让良好生态环境成为可持续发展的不竭源头。

——我们应该坚决维护联合国权威和地位，共同践行真正的多边主义。推动构建人类命运共同体，需要一个强有力的联合国，需要改革和建设全球治理体系。世界各国应该维护以联合国为核心的国际体系、以国际法为基础的国际秩序、以联合国宪章宗旨和原则为基础的国际关系基本准则。国际规则只能由联合国 193 个会员国共同制定，不能由个别国家和国家集团来决定。国际规则应该由联合国 193 个会员国共同遵守，没有也不应该有例外。对联合国，世界各国都应该秉持尊重的态度，爱护好、守护好这个大家庭，决不能合则利用、不合则弃之，让联合国在促进人类和平与发展的崇高事业中发挥更为积极的作用。中国愿同各国秉持共商共建共享理念，探索合作思路，创新合作模式，不断丰富新形势下多边主义实践。

女士们、先生们，朋友们、同志们！

追昔抚今，鉴往知来。站在新的历史起点，中国将坚持走和平发展之路，始终做世界和平的建设者；坚持走改革开放之路，始终做全球发展的贡献者；坚持走多边主义之路，始终做国际秩序的维护者。

“青山一道同云雨，明月何曾是两乡。”[3] 让我们携起手来，站在历史正确的一边，站在人类进步的一边，为实现世界永续和平发展，为推动构建人类命运共同体而不懈奋斗！

谢谢大家。

注　　释

〔1〕见清代刘开《与阮芸台宫保论文书》。

〔2〕见《淮南子·诠言训》。

〔3〕见唐代王昌龄《送柴侍御》。

坚持开放包容、合作共赢，践行真正的多边主义*

（2021 年 10 月 30 日）

面对世界百年未有之大变局和世纪疫情，二十国集团作为国际经济合作主要论坛，要负起应有责任，为了人类未来、人民福祉，坚持开放包容、合作共赢，践行真正的多边主义，推动构建人类命运共同体。我愿提出 5 点建议。

第一，团结合作，携手抗疫。面对在全球肆虐的新冠肺炎病毒，谁都无法独善其身，团结合作是最有力武器。国际社会应该齐心协力，以科学态度应对并战胜疫情，搞病毒污名化、溯源政治化同团结抗疫的精神背道而驰。我们要加强防控、诊疗手段合作，提高应对重大突发公共卫生事件能力。二十国集团包含了世界主要经济体，应该在凝聚共识、动员资源、推动合作上发挥引领作用。

早在疫情暴发初期，我就提出新冠疫苗应该成为全球公共产品。在此，我愿进一步提出全球疫苗合作行动倡议：（一）加强疫苗科研合作，支持疫苗企业同发展中国家联合研

* 这是习近平在二十国集团领导人第十六次峰会第一阶段会议上讲话的一部分。

发生产。（二）坚持公平公正，加大向发展中国家提供疫苗力度，落实世界卫生组织提出的2022年全球接种目标。（三）支持世界贸易组织就疫苗知识产权豁免早日作出决定，鼓励疫苗企业向发展中国家转让技术。（四）加强跨境贸易合作，保障疫苗及原辅料贸易畅通。（五）公平对待各种疫苗，以世界卫生组织疫苗紧急使用清单为依据推进疫苗互认。（六）为全球疫苗合作特别是发展中国家获取疫苗提供金融支持。

目前，中国已向100多个国家和国际组织提供超过16亿剂疫苗，今年全年将对外提供超过20亿剂。中国正同16个国家开展疫苗联合生产，初步形成7亿剂的年产能。我在今年5月的全球健康峰会上倡议举办新冠疫苗国际合作论坛，已于8月成功举办，与会各国达成全年超过15亿剂的合作意向。中国还同30个国家一道发起“一带一路”疫苗合作伙伴关系倡议，呼吁国际社会共同促进疫苗全球公平分配。中方愿同各方携手努力，提高疫苗在发展中国家的可及性和可负担性，为构筑全球疫苗防线作出积极贡献。

第二，加强协调，促进复苏。疫情给世界经济带来的影响复杂深远，应该对症下药、标本兼治。我们应该加强宏观经济政策协调，保持政策的连续性、稳定性、可持续性。主要经济体应该采取负责任的宏观经济政策，防止自身举措导致通胀攀升、汇率波动、债务高企，避免对发展中国家的负面外溢影响，维护国际经济金融体系稳健运行。

同时，我们应该着眼长远，完善全球经济治理体系和规则，弥补相关治理赤字。要继续推动按期完成国际货币基金组织第十六轮份额检查，筑牢国际金融安全网。中国支持国际开发协会提前启动第二十轮增资谈判，有关投票权改革方案应该切实反映国际经济格局变化，提升发展中国家话语权。中国欢迎国际货币基金组织增发6500亿美元特别提款权，愿转借给受疫情影响严重的低收入国家。

我们应该维护以世界贸易组织为核心的多边贸易体制，建设开放型世界经济。二十国集团应该继续为世界贸易组织改革提供政治指引，坚持其核心价值和基本原则，保障发展中国家权益和发展空间。要尽快恢复争端解决机制正常运转，推动世贸组织第十二届部长级会议取得积极成果。要维护产业链供应链安全稳定，畅通世界经济运行脉络。中方倡议举办产业链供应链韧性与稳定国际论坛，欢迎二十国集团成员和相关国际组织积极参与。

基础设施建设在带动经济增长上发挥着重要作用。中国通过共建“一带一路”等倡议为此作出了不懈努力。中国愿同各方一道，秉持共商共建共享原则，坚持开放、绿色、廉洁理念，努力实现高标准、惠民生、可持续目标，推动高质量共建“一带一路”取得更多丰硕成果。

第三，普惠包容，共同发展。疫情给全球特别是发展中国家带来多重危机，饥饿人口总数已达8亿左右，落实2030年可持续发展议程面临前所未有的挑战。我们应该坚持以人民为中心，提升全球发展的公平性、有效性、包容性，努力不让任何一个国家掉队。

二十国集团应该将发展置于宏观政策协调的突出位置，落实好2030年可持续发展行动计划，落实支持非洲和最不发达国家实现工业化倡议，促进现有发展合作机制协同增效。

发达经济体要履行官方发展援助承诺，为发展中国家提供更多资源。

不久前，我在联合国发起全球发展倡议，呼吁国际社会加强在减贫、粮食安全、抗疫和疫苗、发展筹资、气候变化和绿色发展、工业化、数字经济、互联互通领域合作，以加快落实2030年可持续发展议程，实现更加强劲、绿色、健康的全球发展。这同二十国集团推动全球发展宗旨和重点方向高度契合，欢迎各国积极参与。

第四，创新驱动，挖掘动力。创新是推动经济社会发展、应对人类共同挑战的决定性因素。二十国集团应该合力挖掘创新增长潜力，在充分参与、广泛共识基础上制定规则，为创新驱动发展营造良好生态。人为搞小圈子，甚至以意识形态划线，只会制造隔阂、增加障碍，对科技创新有百害而无一益。

数字经济是科技创新的重要前沿。二十国集团要共担数字时代的责任，加快新型数字基础设施建设，促进数字技术同实体经济深度融合，帮助发展中国家消除“数字鸿沟”。中国已经提出《全球数据安全倡议》，我们可以共同探讨制定反映各方意愿、尊重各方利益的数字治理国际规则，积极营造开放、公平、公正、非歧视的数字发展环境。中国高度重视数字经济国际合作，已经决定申请加入《数字经济伙伴关系协定》，愿同各方合力推动数字经济健康有序发展。

第五，和谐共生，绿色永续。二十国集团应该秉持共同但有区别的责任原则，推动全面落实应对气候变化《巴黎协定》，支持《联合国气候变化框架公约》第二十六次缔约方大会和《生物多样性公约》第十五次缔约方大会取得成功。发达国家应该在减排问题上作出表率，充分照顾发展中国家的特殊困难和关切，落实气候融资承诺，并在技术、能力建设等方面为发展中国家提供支持。这是即将召开的第二十六次缔约方大会取得成功的关键。

中国一直主动承担与国情相符合的国际责任，积极推进经济绿色转型，不断自主提高应对气候变化行动力度，过去10年淘汰1.2亿千瓦煤电落后装机，第一批装机约1亿千瓦的大型风电光伏基地项目已于近期有序开工。中国将力争2030年前实现碳达峰、2060年前实现碳中和。我们将践信守诺，携手各国走绿色、低碳、可持续发展之路。

共创后疫情时代美好世界*

（2022 年 1 月 17 日）

当今世界正在经历百年未有之大变局。这场变局不限于一时一事、一国一域，而是深刻而宏阔的时代之变。时代之变和世纪疫情相互叠加，世界进入新的动荡变革期。如何战胜疫情？如何建设疫后世界？这是世界各国人民共同关心的重大问题，也是我们必须回答的紧迫的重大课题。

“天下之势不盛则衰，天下之治不进则退。”[1] 世界总是在矛盾运动中发展的，没有矛盾就没有世界。纵观历史，人类正是在战胜一次次考验中成长、在克服一场场危机中发展。我们要在历史前进的逻辑中前进、在时代发展的潮流中发展。

不论风吹雨打，人类总是要向前走的。我们要善于从历史长周期比较分析中进行思考，又要善于从细微处洞察事物的变化，在危机中育新机、于变局中开新局，凝聚起战胜困难和挑战的强大力量。

第一，携手合作，聚力战胜疫情。面对这场事关人类前途命运的世纪疫情，国际社会打响了一场顽强的阻击战。事实再次表明，在全球性危机的惊涛骇浪里，各国不是乘坐在

---

* 这是习近平在 2022 年世界经济论坛视频会议上演讲的一部分。

190 多条小船上，而是乘坐在一条命运与共的大船上。小船经不起风浪，巨舰才能顶住惊涛骇浪。在国际社会共同努力下，全球抗疫已经取得重要进展，但疫情反复延宕，病毒变异增多，传播速度加快，给人民生命安全和身体健康带来严重威胁，给世界经济发展带来深刻影响。

坚定信心、同舟共济，是战胜疫情的唯一正确道路。任何相互掣肘，任何无端“甩锅”，都会贻误战机、干扰大局。世界各国要加强国际抗疫合作，积极开展药物研发合作，共筑多重抗疫防线，加快建设人类卫生健康共同体。特别是要用好疫苗这个有力武器，确保疫苗公平分配，加快推进接种速度，弥合国际“免疫鸿沟”，把生命健康守护好、把人民生活保障好。

中国言必信、行必果，已向 120 多个国家和国际组织提供超过 20 亿剂疫苗。中国将再向非洲国家提供 10 亿剂疫苗，其中 6 亿剂为无偿援助，还将无偿向东盟国家提供 1.5 亿剂疫苗。

第二，化解各类风险，促进世界经济稳定复苏。世界经济正在走出低谷，但也面临诸多制约因素。全球产业链供应链紊乱、大宗商品价格持续上涨、能源供应紧张等风险相互交织，加剧了经济复苏进程的不确定性。全球低通胀环境发生明显变化，复合型通胀风险正在显现。如果主要经济体货币政策“急刹车”或“急转弯”，将产生严重负面外溢效应，给世界经济和金融稳定带来挑战，广大发展中国家将首当其冲。我们要探索常态化疫情防控条件下的经济增长新动能、社会生活新模式、人员往来新路径，推进跨境贸易便利化，保障产业链供应链安全畅通，推动世界经济复苏进程走稳走实。

经济全球化是时代潮流。大江奔腾向海，总会遇到逆流，但任何逆流都阻挡不了大江东去。动力助其前行，阻力促其强大。尽管出现了很多逆流、险滩，但经济全球化方向从未改变、也不会改变。世界各国要坚持真正的多边主义，坚持拆墙而不筑墙、开放而不隔绝、融合而不脱钩，推动构建开放型世界经济。要以公平正义为理念引领全球治理体系变革，维护以世界贸易组织为核心的多边贸易体制，在充分协商基础上，为人工智能、数字经济等打造各方普遍接受、行之有效的规则，为科技创新营造开放、公正、非歧视的有利环境，推动经济全球化朝着更加开放、包容、普惠、平衡、共赢的方向发展，让世界经济活力充分迸发出来。

现在，大家有一种共识，就是推动世界经济走出危机、实现复苏，必须加强宏观政策协调。主要经济体要树立共同体意识，强化系统观念，加强政策信息透明和共享，协调好财政、货币政策目标、力度、节奏，防止世界经济再次探底。主要发达国家要采取负责任的经济政策，把控好政策外溢效应，避免给发展中国家造成严重冲击。国际经济金融机构要发挥建设性作用，凝聚国际共识，增强政策协同，防范系统性风险。

第三，跨越发展鸿沟，重振全球发展事业。全球发展进程正在遭受严重冲击，南北差距、复苏分化、发展断层、技术鸿沟等问题更加突出。人类发展指数 30 年来首次下降，世界新增 1 亿多贫困人口，近 8 亿人生活在饥饿之中，粮食安全、教育、就业、医药卫生等民生领域面临更多困难。一些发展中国家因疫返贫、因疫生乱，发达国家也有很多人陷入生活困境。

不论遇到什么困难，我们都要坚持以人民为中心的发展思想，把促进发展、保障民生置于全球宏观政策的突出位置，落实联合国2030年可持续发展议程，促进现有发展合作机制协同增效，促进全球均衡发展。我们要坚持共同但有区别的责任原则，在发展框架内推进应对气候变化国际合作，落实《联合国气候变化框架公约》第二十六次缔约方大会成果。发达经济体要率先履行减排责任，落实资金、技术支持承诺，为发展中国家应对气候变化、实现可持续发展创造必要条件。

去年，我在联合国大会上提出全球发展倡议，呼吁国际社会关注发展中国家面临的紧迫问题。这个倡议是向全世界开放的公共产品，旨在对接联合国2030年可持续发展议程，推动全球共同发展。中国愿同各方携手合作，共同推进倡议落地，努力不让任何一个国家掉队。

第四，摒弃冷战思维，实现和平共处、互利共赢。当今世界并不太平，煽动仇恨、偏见的言论不绝于耳，由此产生的种种围堵、打压甚至对抗对世界和平安全有百害而无一利。历史反复证明，对抗不仅于事无补，而且会带来灾难性后果。搞保护主义、单边主义，谁也保护不了，最终只会损人害己。搞霸权霸凌，更是逆历史潮流而动。国家之间难免存在矛盾和分歧，但搞你输我赢的零和博弈是无济于事的。任何执意打造“小院高墙”、“平行体系”的行径，任何热衷于搞排他性“小圈子”、“小集团”、分裂世界的行径，任何泛化国家安全概念、对其他国家经济科技发展进行遏制的行径，任何煽动意识形态对立、把经济科技问题政治化、武器化的行径，都严重削弱国际社会应对共同挑战的努力。和平发展、合作共赢才是人间正道。不同国家、不同文明要在彼此尊重中共同发展、在求同存异中合作共赢。

我们要顺应历史大势，致力于稳定国际秩序，弘扬全人类共同价值，推动构建人类命运共同体。要坚持对话而不对抗、包容而不排他，反对一切形式的单边主义、保护主义，反对一切形式的霸权主义和强权政治。

注　　释

〔1〕见南宋吕祖谦《东莱博议·葵丘之会》。

二十、推动“一带一路”建设高质量发展

把“一带一路”打造成合作之路、健康之路、复苏之路、增长之路*

（2020 年 6 月 18 日）

这次突如其来的疫情给各国人民生命安全和身体健康带来严重威胁，对世界经济造成严重冲击，一些国家特别是发展中国家经济社会面临严重困难。为应对疫情，各国立足自身国情，采取有力防控措施，取得了积极成效。很多国家在做好疫情防控的同时，正努力恢复经济社会发展。中国坚持人民至上、生命至上，愿努力为全球尽早战胜疫情、促进世界经济恢复作出贡献。

疫情给我们带来一系列深刻启示。各国命运紧密相连，人类是同舟共济的命运共同体。无论是应对疫情，还是恢复经济，都要走团结合作之路，都应坚持多边主义。促进互联互通、坚持开放包容，是应对全球性危机和实现长远发展的必由之路，共建“一带一路”国际合作可以发挥重要作用。

中国始终坚持和平发展、坚持互利共赢。我们愿同合作伙伴一道，把“一带一路”打造成团结应对挑战的合作之路、

---

* 这是习近平向“一带一路”国际合作高级别视频会议发表的书面致辞要点。

维护人民健康安全的健康之路、促进经济社会恢复的复苏之路、释放发展潜力的增长之路。通过高质量共建“一带一路”，携手推动构建人类命运共同体。

建设更紧密的“一带一路”伙伴关系*

（2021 年 4 月 20 日）

我多次说过，“一带一路”是大家携手前进的阳光大道，不是某一方的私家小路。所有感兴趣的国家都可以加入进来，共同参与、共同合作、共同受益。共建“一带一路”追求的是发展，崇尚的是共赢，传递的是希望。

面向未来，我们将同各方继续高质量共建“一带一路”，践行共商共建共享原则，弘扬开放、绿色、廉洁理念，努力实现高标准、惠民生、可持续目标。

——我们将建设更紧密的卫生合作伙伴关系。中国企业已经在印度尼西亚、巴西、阿联酋、马来西亚、巴基斯坦、土耳其等共建“一带一路”伙伴国开展疫苗联合生产。我们将在传染病防控、公共卫生、传统医药等领域同各方拓展合作，共同护佑各国人民生命安全和身体健康。

——我们将建设更紧密的互联互通伙伴关系。中方将同各方携手，加强基础设施“硬联通”以及规则标准“软联

* 这是习近平在博鳌亚洲论坛 2021 年年会开幕式上视频主旨演讲的一部分。

通”，畅通贸易和投资合作渠道，积极发展丝路电商，共同开辟融合发展的光明前景。

——我们将建设更紧密的绿色发展伙伴关系。加强绿色基建、绿色能源、绿色金融等领域合作，完善“一带一路”绿色发展国际联盟、“一带一路”绿色投资原则等多边合作平台，让绿色切实成为共建“一带一路”的底色。

——我们将建设更紧密的开放包容伙伴关系。世界银行有关报告认为，到2030年，共建“一带一路”有望帮助全球760万人摆脱极端贫困、3200万人摆脱中度贫困。我们将本着开放包容精神，同愿意参与的各相关方共同努力，把“一带一路”建成“减贫之路”、“增长之路”，为人类走向共同繁荣作出积极贡献。

推动共建“一带一路”高质量发展不断取得新成效*

（2021 年 11 月 19 日）

完整、准确、全面贯彻新发展理念，以高标准、可持续、惠民生为目标，巩固互联互通合作基础，拓展国际合作新空间，扎牢风险防控网络，努力实现更高合作水平、更高投入效益、更高供给质量、更高发展韧性，推动共建“一带一路”高质量发展不断取得新成效。

8 年来，在党中央坚强领导下，我们统筹谋划推动高质量发展、构建新发展格局和共建“一带一路”，坚持共商共建共享原则，把基础设施“硬联通”作为重要方向，把规则标准“软联通”作为重要支撑，把同共建国家人民“心联通”作为重要基础，推动共建“一带一路”高质量发展，取得实打实、沉甸甸的成就。通过共建“一带一路”，提高了国内各区域开放水平，拓展了对外开放领域，推动了制度型开放，构建了广泛的朋友圈，探索了促进共同发展的新路子，实现了同共建国家互利共赢。

---

* 这是习近平在第三次“一带一路”建设座谈会上的讲话要点。

要正确认识和把握共建“一带一路”面临的新形势。总体上看，和平与发展的时代主题没有改变，经济全球化大方向没有变，国际格局发展战略态势对我有利，共建“一带一路”仍面临重要机遇。同时，世界百年未有之大变局正加速演变，新一轮科技革命和产业变革带来的激烈竞争前所未有，气候变化、疫情防控等全球性问题对人类社会带来的影响前所未有，共建“一带一路”国际环境日趋复杂。我们要保持战略定力，抓住战略机遇，统筹发展和安全、统筹国内和国际、统筹合作和斗争、统筹存量和增量、统筹整体和重点，积极应对挑战，趋利避害，奋勇前进。

要夯实发展根基。要深化政治互信，发挥政策沟通的引领和催化作用，探索建立更多合作对接机制，推动把政治共识转化为具体行动、把理念认同转化为务实成果。要深化互联互通，完善陆、海、天、网“四位一体”互联互通布局，深化传统基础设施项目合作，推进新型基础设施项目合作，提升规则标准等“软联通”水平，为促进全球互联互通做增量。要深化贸易畅通，扩大同周边国家贸易规模，鼓励进口更多优质商品，提高贸易和投资自由化便利化水平，促进贸易均衡共赢发展。要继续扩大三方或多方市场合作，开展国际产能合作。要深化资金融通，吸引多边开发机构、发达国家金融机构参与，健全多元化投融资体系。要深化人文交流，形成多元互动的人文交流大格局。

要稳步拓展合作新领域。要稳妥开展健康、绿色、数字、创新等新领域合作，培育合作新增长点。要加强抗疫国际合作，继续向共建国家提供力所能及的帮助。要支持发展中国家能源绿色低碳发展，推进绿色低碳发展信息共享和能力建设，深化生态环境和气候治理合作。要深化数字领域合作，发展“丝路电商”，构建数字合作格局。要实施好科技创新行动计划，加强知识产权保护国际合作，打造开放、公平、公正、非歧视的科技发展环境。

要更好服务构建新发展格局。要统筹考虑和谋划构建新发展格局和共建“一带一路”，聚焦新发力点，塑造新结合点。要加快完善各具特色、互为补充、畅通安全的陆上通道，优化海上布局，为畅通国内国际双循环提供有力支撑。要加强产业链供应链畅通衔接，推动来源多元化。要优质打造标志性工程。民生工程是快速提升共建国家民众获得感的重要途径，要加强统筹谋划，形成更多接地气、聚人心的合作成果。

要全面强化风险防控。要落实风险防控制度，压紧压实企业主体责任和主管部门管理责任。要探索建立境外项目风险的全天候预警评估综合服务平台，及时预警、定期评估。要加强海外利益保护、国际反恐、安全保障等机制的协同协作。要统筹推进疫情防控和共建“一带一路”合作，全力保障境外人员生命安全和身心健康，突出防控措施的精准性，着力保障用工需求、人员倒班回国、物资供应、资金支持等。要教育引导我国在海外企业和公民自觉遵守当地法律，尊重当地风俗习惯。要加快形成系统完备的反腐败涉外法律法规体系，加大跨境腐败治理力度。各类企业要规范经营行为，决不允许损害国家声誉。对违纪违法问题，发现一起就严肃处理一起。

要强化统筹协调。要坚持党的集中统一领导，领导小组要抓好重大规划、重大政策、重大项目、重大问题和年度重点工作等协调把关。有关部门要把共建“一带一路”工作纳入重要议事日程，统筹落实好境外项目建设和风险防控责任。地方要找准参与共建“一带一路”定位。要营造良好舆论氛围，深入阐释共建“一带一路”的理念、原则、方式等，共同讲好共建“一带一路”故事。

二十一、以伟大自我革命引领伟大社会革命

贯彻落实好新时代党的组织路线*

（2020年6月29日）

贯彻落实好新时代党的组织路线，需要全党共同努力。我们要正确理解新时代党的组织路线的科学内涵和实践要求，坚持目标导向、问题导向、结果导向相统一，准确把握好贯彻落实的基本要求。

第一，抓好坚持和完善党的领导、坚持和发展中国特色社会主义。党的组织路线是为党的政治路线服务的。正确政治路线决定正确组织路线，正确组织路线服务保证正确政治路线。党政军民学，东西南北中，党是领导一切的，这是党领导人民进行革命、建设、改革最可宝贵的经验。加强党的组织建设，根本目的是坚持和加强党的全面领导，为推进中国特色社会主义事业提供坚强保证。解放战争时期，党中央提出要为夺取全国政权做好干部准备工作，各级组织部门不到3个月时间就征调5.3万名干部到新解放区工作；1952年至1954年3年中，为开展大规模经济建设，全国抽调到工业部门的干部有16万多名，其中为苏联援助的重点厂矿选

* 这是习近平在主持中共十九届中央政治局第二十一次集体学习时讲话的一部分。

调领导干部3000多名；1956年，党中央提出充分发挥知识分子在社会主义建设中的作用，到1957年6月底，在全国11万名高级知识分子中，发展党员17500多名，李四光〔1〕、钱学森〔2〕等都是上世纪50年代入党的。现在，第一个百年奋斗目标即将胜利实现，我们即将开启全面建设社会主义现代化国家、实现第二个百年奋斗目标的新征程。当前，国际局势正在发生深刻复杂的变化，我们面临着许多可以预料和难以预料的风险挑战。面对复杂形势和艰巨任务，我们要全面把握世界百年未有之大变局和中华民族伟大复兴战略全局，有力应对重大挑战、抵御重大风险、克服重大阻力、化解重大矛盾，进行具有许多新的历史特点的伟大斗争，实现中华民族伟大复兴，最根本的保证还是党的领导。坚持党的领导，最根本的是坚持党中央权威和集中统一领导。要教育引导全党自觉在思想上政治上行动上同党中央保持高度一致，保持坚强政治定力和正确前进方向，充分发挥各级党委（党组）、各领域基层党组织的政治功能和组织功能，把广大党员、干部和各方面人才有效组织起来，把广大人民群众广泛凝聚起来，形成为夺取新时代中国特色社会主义新胜利而团结奋斗的强大力量。

第二，抓好用党的科学理论武装全党。组织是“形”，思想是“魂”。加强党的组织建设，既要“造形”，更要“铸魂”。我们党之所以能够完成近代以来各种政治力量不可能完成的艰巨任务，带领人民取得革命、建设、改革的辉煌成就，就在于始终把马克思主义作为行动指南，始终坚持用马克思主义中国化最新成果武装全党，使全党始终保持统一的思想、坚定的意志、协调的行动、强大的战斗力。我们党作为世界上最大的政党，大就要有大的样子，大也有大的难处，如何确保全党在共同思想理论基础上的高度集中统一尤其不易。要加强马克思主义特别是新时代中国特色社会主义思想的理论武装，使各级党组织和广大党员、干部特别是领导干部掌握马克思主义理论武器，提高马克思主义理论水平和运用能力，共同把党的创新理论转化为推进新时代中国特色社会主义伟大事业的实践力量。各级党委及其组织部门要自觉用党的科学理论指导党的组织建设，结合新的实际推进改革创新，使各项工作更好体现时代性、把握规律性、富于创造性，为实现新时代党的历史使命提供坚强组织保证。

第三，抓好党的组织体系建设。严密的组织体系，是马克思主义政党的优势所在、力量所在。列宁说过，无产阶级"所以能够成为而且必然会成为不可战胜的力量，就是因为它根据马克思主义原则形成的思想一致是用组织的物质统一来巩固的"[3]。我们党建立了包括党的中央组织、地方组织、基层组织在内的严密组织体系，其中地方党委3200多个，党组、工委14.5万个，基层党组织468.1万个。这是世界上任何其他政党都不具有的强大优势。党的中央组织、地方组织、基层组织都坚强有力、充分发挥作用，党的组织体系的优势和威力才能充分体现出来。只有党的各级组织都健全、都过硬，形成上下贯通、执行有力的严密组织体系，党的领导才能"如身使臂，如臂使指"[4]。这就是新时代党的组织路线强调"以组织体系建设为重点"的道理所在。党的十八大以来，我们抓党的建设，首先就抓中央委员会、中央政治局及其常委会的建设，制定的各项党内法规都对中央领导同志提出更高标准，要求中央领导同志在守纪律讲规矩、履行管党治党政治责任等方面为全党同志立标杆、作表率。中央和国家机关是贯彻落实党中央决策部署的“最初一公里”，不能出现“拦路虎”，要认真贯彻执行党组工作条例和党的工作机关条例，把中央和国家机关建设成为讲政治、守纪律、负责任、有效率的模范机关。地方党委是贯彻落实党中央决策部署的“中间段”，不能出现“中梗阻”，要认真贯彻执行地方党委工作条例，把地方党委建设成为坚决听从党中央指挥、管理严格、监督有力、班子团结、风气纯正的坚强组织。基层党组织是贯彻落实党中央决策部署的“最后一公里”，不能出现“断头路”，要坚持大抓基层的鲜明导向，持续整顿软弱涣散基层党组织，有效实现党的组织和党的工作全覆盖，抓紧补齐基层党组织领导基层治理的各种短板，把各领域基层党组织建设成为实现党的领导的坚强战斗堡垒。同时，要提高党员发展质量，加强党员教育管理，使广大党员在改革发展稳定中充分发挥先锋模范作用。各级党组织要提高政治领导力、思想引领力、群众组织力、社会号召力，把广大人民群众紧紧团结在党的周围。

第四，抓好执政骨干队伍和人才队伍建设。古人说：“贤良之士众，则国家之治厚；贤良之士寡，则国家之治薄。”〔5〕干部工作也好，人才工作也好，本质上都是用人问题。我们要应变局、育新机、开新局、谋复兴，关键是要把党的各级领导班子和干部队伍建设好、建设强。我说过，光有思路和部署，没有优秀的人来干，那也难以成事。新时代党的组织路线提出坚持德才兼备、以德为先、任人唯贤的方针，就是强调选干部、用人才既要重品德，也不能忽视才干。有才无德会坏事，有德无才会误事，有德有才方能干成事。党的十九届四中全会强调，要把提高治理能力作为新时代干部队伍建设的重大任务。要通过加强思想淬炼、政治历练、实践锻炼、专业训练，推动广大干部严格按照制度履行职责、行使权力、开展工作。各级党组织要严格把好政治关、廉洁关，决不能让政治上、廉洁上有问题的人蒙混过关、投机得逞。要严把素质能力关，围绕事业发展需要配班子用干部，及时把那些愿干事、真干事、干成事的干部发现出来、任用起来。培养选拔年轻干部要优中选优、讲求质量，不能拔苗助长，更不能降格以求。好干部是选拔出来的，也是培育和管理出来的。要加强干部教育培训，使广大干部政治素养、理论水平、专业能力、实践本领跟上时代发展步伐。要深化干部制度改革，完善管思想、管工作、管作风、管纪律的从严管理机制，推动干部能上能下、能进能出，推动形成能者上、优者奖、庸者下、劣者汰的正确导向。要建立健全干部担当作为的激励和保护机制，切实为勇于负责的干部负责、为勇于担当的干部担当、为敢抓敢管的干部撑腰。要深化人才发展体制机制改革，破除人才引进、培养、使用、评价、流动、激励等方面的体制机制障碍，实行更加积极、更加开放、更加有效的人才政策，形成具有吸引力和国际竞争力的人才制度体系，努力聚天下英才而用之。

第五，抓好党的组织制度建设。民主集中制是我们党的根本组织制度和领导制度。党的十八大以来，党中央先后制定和修订了新形势下党内政治生活若干准则、党组工作条例、地方党委工作条例、党的工作机关条例、支部工作条例以及农村、国企、机关基层党组织工作条例等一系列组织建设方面的党内法规。党的十九届四中全会把健全维护党的集中统一的组织制度作为坚持和完善党的领导制度体系的重要内容，纳入国家制度和国家治理体系之中。中央相关部门、各级党委（党组）要结合实际，把党的组织法规和党中央提出的要求具体化，建立健全包括组织设置、组织生活、组织运行、组织管理、组织监督等在内的完整组织制度体系，完善党委（党组）落实全面从严治党主体责任的制度并严格抓好执行，不断提高党的组织建设的制度化、规范化、科学化水平。

注　　释

〔**1**〕李四光（1889—1971），湖北黄冈人。中国地质学家，中国地质事业的奠基人之一。

〔**2**〕钱学森（1911—2009），浙江杭州人。中国力学家，工程控制论和物理力学的开创者，中国空间技术、系统科学和系统工程的奠基人。

〔**3**〕见列宁《进一步，退两步》（《列宁全集》第 8 卷，人民出版社 2017 年版，第 415 页）。

〔**4**〕见南宋吕中《类编皇朝大事记讲义・太祖皇帝》。

〔**5**〕见《墨子・尚贤上》。

反腐败斗争首先要从政治上看*

（2021 年 1 月 22 日）

一

党的十八大以来，我反复强调开展反腐败斗争首先要从政治上看，主要有 5 个方面的要求。一是腐败问题对党的执政基础破坏力最大、杀伤力也最大，是最容易颠覆政权的问题，是党面临的最大威胁，反腐败斗争是一场输不起也决不能输的重大政治斗争，必须决战决胜。二是反对腐败、建设廉洁政治，是我们党一贯坚持的鲜明政治立场，是坚持党的性质和宗旨的必然要求，是党自我革命必须长期抓好的重大政治任务，必须亮明党坚决反对腐败的旗帜，让腐败分子在党内没有藏身之地。三是政治腐败是最大的腐败，必须消除党内政治隐患，坚决防止党内形成利益集团，如果党的权力被他们攫取、党的领导干部成了他们的代理人甚至自己就搞利益集团，红色江山就会改变颜色。四是民心是最大的政治，人民群众最痛恨腐败，不得罪成百上千的腐败分子，就要得罪 14 亿人民，这是一笔再明白不过的政治账、人心向背账，

---

* 这是习近平在中共十九届中央纪委五次全会上讲话的节录。

必须坚持以正风肃纪反腐凝聚党心军心民心，厚植党执政的政治基础。五是党风廉政建设和反腐败斗争永远在路上，必须以抓铁有痕、踏石留印的坚韧和执着，打好这场攻坚战、持久战，使党永葆清正廉洁的政治本色。

二

从党风廉政建设和反腐败斗争上看，提高政治判断力，就是要以国家政治安全为大、以人民为重、以坚持和发展中国特色社会主义为本，深刻认识各类腐败问题的政治本质和政治危害，清醒辨别行为是非，有效抵御风险挑战，保证红色江山永不变色；提高政治领悟力，就是要从政治上领会好、领会透党中央关于党风廉政建设和反腐败斗争的精神，牢牢把握党中央关于全面从严治党的重大方针、重大原则、重点任务的政治内涵，自觉同党中央保持高度一致；提高政治执行力，就是要按照党中央指明的政治方向、确定的前进路线开展党风廉政建设和反腐败斗争，经常对表对标，及时校准偏差，强化责任意识，确保落实到位。

开展党史学习教育要突出重点*

（2021 年 2 月 20 日）

党中央印发的《通知》[1]，对这次学习教育工作提出了明确要求，总的来说就是要做到学史明理、学史增信、学史崇德、学史力行，教育引导全党同志学党史、悟思想、办实事、开新局。

第一，进一步感悟思想伟力，增强用党的创新理论武装全党的政治自觉。思想就是力量。一个民族要走在时代前列，就一刻不能没有理论思维，一刻不能没有思想指引。在近代中国最危急的时刻，中国共产党人找到了马克思列宁主义，并坚持把马克思列宁主义同中国实际相结合，用马克思主义真理的力量激活了中华民族历经几千年创造的伟大文明，使中华文明再次迸发出强大精神力量。实践证明，马克思主义是我们认识世界、把握规律、追求真理、改造世界的强大思想武器，是我们党和国家必须始终遵循的指导思想。

理论的生命力在于创新。马克思主义深刻改变了中国，中国也极大丰富了马克思主义。一百年来，我们党坚持解放思想和实事求是相统一、培元固本和守正创新相统一，不断

---

* 这是习近平在党史学习教育动员大会上讲话的一部分。

开辟马克思主义新境界，产生了毛泽东思想、邓小平理论、“三个代表”重要思想、科学发展观，产生了新时代中国特色社会主义思想，为党和人民事业发展提供了科学理论指导。我们党的历史，就是一部不断推进马克思主义中国化的历史，就是一部不断推进理论创新、进行理论创造的历史。

要教育引导全党从党的非凡历程中领会马克思主义是如何深刻改变中国、改变世界的，感悟马克思主义的真理力量和实践力量，深化对中国化马克思主义既一脉相承又与时俱进的理论品质的认识，特别是要结合党的十八大以来党和国家事业取得历史性成就、发生历史性变革的进程，深刻学习领会新时代党的创新理论，坚持不懈用党的创新理论最新成果武装头脑、指导实践、推动工作。

第二，进一步把握历史发展规律和大势，始终掌握党和国家事业发展的历史主动。历史发展有其规律，但人在其中不是完全消极被动的。只要把握住历史发展规律和大势，抓住历史变革时机，顺势而为，奋发有为，我们就能够更好前进。马克思、恩格斯早在170多年前就科学揭示了社会主义必然代替资本主义的历史规律。这是人类社会发展不可逆转的总趋势，但需要经历一个很长的历史过程。在这个过程中，我们要立足现实，把握好每个阶段的历史大势，做好当下的事情。

在一百年的奋斗中，我们党始终以马克思主义基本原理分析把握历史大势，正确处理中国和世界的关系，善于抓住和用好各种历史机遇。我们党的诞生就是顺应世界发展大势的结果。十月革命的胜利，社会主义的兴起，就是当时的世界大势。我们党从这个世界大势中产生，走在了时代前列。抗日战争时期，我们党从世界反法西斯战争和中国人民抗日救亡强烈愿望的大势出发，促成了抗日民族统一战线，并最终团结带领人民赢得了抗日战争伟大胜利。中华人民共和国的成立和巩固，也是顺应时代大潮的产物。那时，社会主义发展壮大，亚非拉民族解放运动风起云涌，出现了“东风压倒西风”的气象，新中国就是沐浴着这个东风诞生并站住了脚的。作出改革开放的重大决策，也是基于我们党对时代潮流的深刻洞察。当时，世界经济科技快速发展，我国发展同国际先进水平的差距明显拉大，邓小平同志说：“我们要赶上时代，这是改革要达到的目的。”[2] 我们党对世界大势作出了科学判断，下决心实现党和国家工作中心的转移，一往无前拉开了改革开放的历史大幕。

“虽有智慧，不如乘势。”[3] 了解历史才能看得远，理解历史才能走得远。要教育引导全党胸怀中华民族伟大复兴战略全局和世界百年未有之大变局，树立大历史观，从历史长河、时代大潮、全球风云中分析演变机理、探究历史规律，提出因应的战略策略，增强工作的系统性、预见性、创造性。

第三，进一步深化对党的性质宗旨的认识，始终保持马克思主义政党的鲜明本色。我们党来自于人民，党的根基和血脉在人民。为人民而生，因人民而兴，始终同人民在一起，为人民利益而奋斗，是我们党立党兴党强党的根本出发点和落脚点。

我们党的百年历史，就是一部践行党的初心使命的历史，就是一部党与人民心连心、同呼吸、共命运的历史。大革命失败后，30 多万牺牲的革命者中大部分是跟随我们党闹革命的人民群众；红军时期，人民群众就是党和人民军队的铜墙铁壁；抗日战争时期，我们党广泛发动群众，使日本侵略者陷入了人民战争的汪洋大海；淮海战役胜利是靠老百姓用小车推出来的，渡江战役胜利是靠老百姓用小船划出来的；社会主义革命和建设的成就是人民群众干出来的；改革开放的历史伟剧是亿万人民群众主演的。历史充分证明，江山就是人民，人民就是江山，人心向背关系党的生死存亡。赢得人民信任，得到人民支持，党就能够克服任何困难，就能够无往而不胜。反之，我们将一事无成，甚至走向衰败。

我们党的章程开宗明义明确，中国共产党是中国工人阶级的先锋队，同时是中国人民和中华民族的先锋队。党章也明确规定，党坚持全心全意为人民服务，在任何时候都把群众利益放在第一位，同群众同甘共苦，保持最密切的联系。这就要求我们必须坚持尊重社会发展规律和尊重人民历史主体地位的一致性、为崇高理想奋斗和为最广大人民谋利益的一致性、完成党的各项工作和实现人民利益的一致性，永不脱离群众，与群众有福同享、有难同当，有盐同咸、无盐同淡。要教育引导全党深刻认识党的性质宗旨，坚持一切为了人民、一切依靠人民，始终把人民放在心中最高位置、把人民对美好生活的向往作为奋斗目标，推动改革发展成果更多更公平惠及全体人民，推动共同富裕取得更为明显的实质性进展，把 14 亿中国人民凝聚成推动中华民族伟大复兴的磅礴力量。

第四，进一步总结党的历史经验，不断提高应对风险挑战的能力水平。我们党一步步走过来，很重要的一条就是不断总结经验、提高本领，不断提高应对风险、迎接挑战、化险为夷的能力水平。党的经验不是从天上掉下来的，也不是从书本上抄来的，而是我们党在历经艰辛、饱经风雨的长期摸索中积累下来的，饱含着成败和得失，凝结着鲜血和汗水，充满着智慧和勇毅。

当前，我国发展面临着前所未有的风险挑战，既有国内的也有国际的，既有政治、经济、文化、社会等领域的也有来自自然界的，既有传统的也有非传统的，“黑天鹅”、“灰犀牛”还会不期而至。要更好应对前进道路上各种可以预见和难以预见的风险挑战，我们必须从历史中获得启迪，从历史经验中提炼出克敌制胜的法宝。当年，毛泽东同志总结革命斗争经验，把统一战线、武装斗争、党的建设概括为克敌制胜的“三大法宝”，为我们党取得新民主主义革命胜利发挥了重要作用，至今依然发挥着重要作用。我在庆祝建党 95 周年、改革开放 40 周年、新中国成立 70 周年等重要场合，从不同角度对党的历史经验作了总结概括。我们要抓住建党一百年这个重要节点，从具有许多新的历史特点的伟大斗争出发，总结运用党在不同历史时期成功应对风险挑战的丰富经验，做好较长时间应对外部环境变化的思想准备和工作准备，不断增强斗争意识、丰富斗争经验、提升斗争本领，不断提高治国理政能力和水平，从最坏处着眼，做最充分的准备，朝好的方向努力，争取最好的结果。

堡垒最容易从内部被攻破。从某种意义上说，自从党成立以来，我们党面临的最大风险是内部变质、变色、变味，丧失马克思主义政党的政治本色，背离党的宗旨而失去最广大人民支持和拥护。党的百年历史，也是我们党不断保持党的先进性和纯洁性，不断防范被瓦解、被腐化的危险的历史。要教育引导全党通过总结历史经验教训，着眼于解决党的建设的现实问题，不断提高党的领导水平和执政水平、增强拒腐防变和抵御风险能力，确保我们党在世界形势深刻变化的历史进程中始终走在时代前列，在应对国内外各种风险挑战的历史进程中始终成为全国人民的主心骨，在坚持和发展中国特色社会主义的历史进程中始终成为坚强领导核心。

第五，进一步发扬革命精神，始终保持艰苦奋斗的昂扬精神。“人生天地间，长路有险夷。”[4]世界上没有哪个党像我们这样，遭遇过如此多的艰难险阻，经历过如此多的生死考验，付出过如此多的惨烈牺牲。一百年来，在应对各种困难挑战中，我们党锤炼了不畏强敌、不惧风险、敢于斗争、勇于胜利的风骨和品质。这是我们党最鲜明的特质和特点。在一百年的非凡奋斗历程中，一代又一代中国共产党人顽强拼搏、不懈奋斗，涌现了一大批视死如归的革命烈士、一大批顽强奋斗的英雄人物、一大批忘我奉献的先进模范，形成了井冈山精神、长征精神、遵义会议精神、延安精神、西柏坡精神、红岩精神、抗美援朝精神、“两弹一星”精神、特区精神、抗洪精神、抗震救灾精神、抗疫精神等伟大精神，构筑起了中国共产党人的精神谱系。我们党之所以历经百年而风华正茂、饱经磨难而生生不息，就是凭着那么一股革命加拼命的强大精神。

这些宝贵精神财富跨越时空、历久弥新，集中体现了党的坚定信念、根本宗旨、优良作风，凝聚着中国共产党人艰苦奋斗、牺牲奉献、开拓进取的伟大品格，深深融入我们党、国家、民族、人民的血脉之中，为我们立党兴党强党提供了丰厚滋养。

同时，我们要清醒看到，我们党长期执政，党员干部中容易出现承平日久、精神懈怠的心态。有的觉得现在已经可以好好喘口气、歇歇脚，做做安稳官、太平官了；有的觉得“船到码头车到站”，不思进取、庸政懒政混日子；有的为个人打算多了，患得患失、不敢担当却贪图名利、享受；有的习惯当“传声筒”、“中转站”，遇到困难绕着走、碰到难题往上交，缺乏攻坚克难的锐气和斗志。我反复强调要发扬将革命进行到底的精神，强调要发扬老一辈革命家“宜将剩勇追穷寇，不可沽名学霸王”[5]的革命精神，发扬共产党人“为有牺牲多壮志，敢教日月换新天”[6]的奋斗精神，这是有很深考虑的。大家想一想，在我国这样一个14亿人口的国家实现社会主义现代化，这是多么伟大、多么不易！要教育引导全党大力发扬红色传统、传承红色基因，赓续共产党人精神血脉，始终保持革命者的大无畏奋斗精神，鼓起迈进新征程、奋进新时代的精气神。

第六，进一步增强党的团结和集中统一，确保全党步调一致向前进。旗帜鲜明讲政治、保证党的团结和集中统一是党的生命，也是我们党能成为百年大党、创造世纪伟业的关键所在。实践证明，只要全党团结成“一块坚硬的钢铁”，就能够把全国各族人民团结起来，形成万众一心、无坚不摧的磅礴力量，战胜一切强大敌人、一切艰难险阻。

保证全党服从中央，维护党中央权威和集中统一领导，是党的政治建设的首要任务，必须常抓不懈。在党的历史上，遵义会议是一次具有伟大转折意义的重要会议。这次会议在红军第五次反“围剿”失败和长征初期严重受挫的历史关头召开，确立了毛泽东同志在党中央和红军的领导地位，开始确立了以毛泽东同志为主要代表的马克思主义正确路线在党中央的领导地位，开始形成以毛泽东同志为核心的党的第一代中央领导集体，开启了我们党独立自主解决中国革命实际问题的新阶段，在最危急关头挽救了党、挽救了红军、挽救了中国革命。但是，遵义会议后，全党真正深刻认识到维护党中央权威和集中统一领导的重大意义并成为自觉行动还经历了一个过程。长征途中，在我们党最需要团结的时候，张国焘挟兵自重、另立中央，公然走上分裂党和红军的道路。抗战初期，王明在党内拉帮结派、我行我素，不听党中央指挥，再次从反面教育了全党。延安时期，为了解决党内存在的思想分歧、宗派主义等问题，我们党开展了大规模的整风运动，使全党达到了空前的团结和统一，为夺取抗战胜利和全国解放奠定了强大思想政治基础。

“壹引其纲，万目皆张。”[7]党的十八大以来，我们全力推进党的政治建设，健全维护党中央权威和集中统一领导的各项制度，党的团结统一更加巩固。同时，我们也要看到，现在仍有一些党员、干部政治意识不强、政治敏锐性不高，不善于从政治上观察和处理问题，对“国之大者”不关心，对政治要求、政治规矩、政治纪律不上心，对各种问题的政治危害性不走心，对贯彻落实党中央的大政方针不用心，讲政治还没有从外部要求转化为内在主动。维护党中央权威和集中统一领导不能停留在口头上，而是要体现在行动上。要教育引导全党从党史中汲取正反两方面历史经验，坚定不移向党中央看齐，不断提高政治判断力、政治领悟力、政治执行力，切实增强“四个意识”、坚定“四个自信”、做到“两个维护”，自觉在思想上政治上行动上同党中央保持高度一致，确保全党上下拧成一股绳，心往一处想、劲往一处使。

注　释

〔**1**〕《通知》，这里指《关于在全党开展党史学习教育的通知》。

〔**2**〕见邓小平《改革的步子要加快》（《邓小平文选》第3卷，人民出版社1993年版，第242页）。

〔**3**〕见《孟子·公孙丑上》。

〔**4**〕见金代元好问《临汾李氏任运堂》。

〔**5**〕见毛泽东《七律·人民解放军占领南京》（《毛泽东诗词集》，中央文献出版社1996年版，第74页）。

〔**6**〕见本卷《在庆祝中国共产党成立一百周年大会上的讲话》注〔3〕。

〔**7**〕见《吕氏春秋·用民》。

做到学史明理、学史增信、学史崇德、学史力行*

（2021 年 3 月 22 日—7 月 23 日）

一

福建是革命老区，党史事件多、红色资源多、革命先辈多，开展党史学习教育具有独特优势。要在党史学习教育中做到学史明理，明理是增信、崇德、力行的前提。要从党的辉煌成就、艰辛历程、历史经验、优良传统中深刻领悟中国共产党为什么能、马克思主义为什么行、中国特色社会主义为什么好等道理，弄清楚其中的历史逻辑、理论逻辑、实践逻辑。要深刻领悟坚持中国共产党领导的历史必然性，坚定对党的领导的自信。要深刻领悟马克思主义及其中国化创新理论的真理性，增强自觉贯彻落实党的创新理论的坚定性。要深刻领悟中国特色社会主义道路的正确性，坚定不移走中国特色社会主义这条唯一正确的道路。要把各领域基层党组织建设成为坚强战斗堡垒。要不断提高不敢腐、不能腐、不

---

* 这是习近平 2021 年 3 月 22 日至 7 月 23 日期间有关做到学史明理、学史增信、学史崇德、学史力行论述的节录。

想腐的综合功效，持续巩固发展良好的政治生态。

（2021 年 3 月 22 日—25 日在福建考察时的讲话要点）

二

广西红色资源丰富，在党史学习教育中要用好这些红色资源，做到学史增信。学史增信，就是要增强信仰、信念、信心，这是我们战胜一切强敌、克服一切困难、夺取一切胜利的强大精神力量。要增强对马克思主义、共产主义的信仰，教育引导广大党员、干部从党百年奋斗中感悟信仰的力量，始终保持顽强意志，勇敢战胜各种重大困难和严峻挑战。要增强对中国特色社会主义的信念，教育引导广大党员、干部深刻认识到，中国特色社会主义是历史发展的必然结果，是发展中国的必由之路，是经过实践检验的科学真理，始终坚定道路自信、理论自信、制度自信、文化自信。要增强对实现中华民族伟大复兴的信心，教育引导广大党员、干部牢记初心使命、增强必胜信心，坚信我们党一定能够团结带领人民在中国特色社会主义道路上实现中华民族伟大复兴，努力创造属于我们这一代人、无愧新时代的历史功绩。信仰、信念、信心是最好的防腐剂。要始终抓好党风廉政建设，使不敢腐、不能腐、不想腐一体化推进有更多的制度性成果和更大的治理成效。

（2021 年 4 月 25 日—27 日在广西考察时的讲话要点）

三

我们党在百年奋斗中，培育形成了一系列各有特点的革命精神，集中体现了党的坚定信念、根本宗旨、优良作风，是激励我们不懈奋斗的宝贵精神财富。在党史学习教育中做到学史崇德，就是要引导广大党员、干部传承红色基因，涵养高尚的道德品质。一要崇尚对党忠诚的大德，广大党员、干部永远不能忘记入党时所作的对党忠诚、永不叛党的誓言，做到始终忠于党、忠于党的事业，做到铁心跟党走、九死而不悔。二要崇尚造福人民的公德，广大党员、干部要站稳人民立场，始终同人民风雨同舟、生死与共，勇于担当、积极作为，切实把造福人民作为最根本的职责。三要崇尚严于律己的品德，广大党员、干部要慎微慎独，清清白白做人、干干净净做事，努力做一个高尚的人、一个纯粹的人、一个有道德的人、一个脱离了低级趣味的人、一个有益于人民的人。

（2021年6月7日—9日在青海考察时的讲话要点）

四

学史力行是党史学习教育的落脚点，要把学史明理、学史增信、学史崇德的成果转化为改造主观世界和客观世界的实际行动。要在锤炼党性上力行，教育引导广大党员、干部发扬党的光荣传统、赓续红色血脉，用伟大建党精神滋养党性修养，坚定理想信念，不断提高政治判断力、政治领悟力、政治执行力，胸怀“国之大者”，始终用党性原则修身律己，切实以坚强党性取信于民、引领群众。要在为民服务上力行，教育引导广大党员、干部始终把人民放在心中最高位置，当好人民群众的知心人、贴心人、领路人，用心用情用力解决好群众急难愁盼问题，努力推动全体人民共同富裕取得更加明显的实质性进展。要在推动发展上力行，教育引导党员、干部把学习党史同推动工作结合起来，坚持求真务实、担当作为，创造性落实党中央决策部署，着力破解发展难题、厚植发展优势，努力做出无愧于党和人民、无愧于历史和时代的新业绩。

（2021 年 7 月 21 日—23 日在西藏考察时的讲话要点）

努力成为可堪大用能担重任的栋梁之才*

（2021 年 9 月 1 日）

今年是我们党成立一百周年，全党正在开展党史学习教育，安排大家到中央党校学习，接受比较系统的党性教育和理论培训，很有必要。中青班每期开班式，我都来讲一讲，主要是同大家谈谈心，对大家提点要求。

第一，信念坚定、对党忠诚。党的十八大以来，我反复强调，党员、干部必须坚定理想信念。我之所以反复强调这个问题，是因为一段时间里，受各种错误思想和糊涂观念影响，有相当数量的党员、干部丢掉了共产党人的理想信念，只讲功利不讲理想、只讲私欲不讲信仰了。

中国共产党成立一百年来，始终是有崇高理想和坚定信念的党。这个理想信念，就是马克思主义信仰、共产主义远大理想、中国特色社会主义共同理想。理想信念是中国共产党人的精神支柱和政治灵魂，也是保持党的团结统一的思想基础。我一直强调，对我们党的理想信念，不要语焉不详，

---

* 这是习近平在 2021 年秋季学期中央党校（国家行政学院）中青年干部培训班开班式上讲话的主要部分。

不要吞吞吐吐，而是要旗帜鲜明、理直气壮讲。共产党一旦丢了自己的理想信念，那就同其他政党没什么本质区别了，就会失去精神动力和精神纽带，就会成为乌合之众，难逃失败的命运。所以，我反复强调，理想信念是共产党人精神上的“钙”，共产党人如果没有理想信念，精神上就会“缺钙”，就会得“软骨病”，必然导致政治上变质、经济上贪婪、道德上堕落、生活上腐化。

对党员干部来讲，是有坚定理想信念，还是满脑子功利私欲，决定着一个人的思想境界和行为举止。党员干部有了坚定理想信念，才能经得住各种考验，走得稳、走得远；没有理想信念，或者理想信念不坚定，就经不起风吹浪打，关键时刻就会私心杂念丛生，甚至临阵脱逃。现实生活中，一些党员、干部精神空虚、意志消沉、心为物役，信奉金钱至上、名利至上、享乐至上，少数人更是把党和人民赋予的权力作为谋取私利的手段，堕入腐败深渊，说到底都是理想信念动摇所致。

我常说要修炼共产党人的“心学”，坚持学思用贯通、知信行统一，其中一个重要目的就是要求党员干部坚定理想信念、增强党性。形成坚定理想信念，既不是一蹴而就的，也不是一劳永逸的，也不是自己认为坚定就坚定的，而是要在斗争实践中不断砥砺、经受考验，而且这种考验是长期的，很多时候也是严酷的，是要终其一生的。无数革命先烈走上革命道路，首先是他们为了救国救民不断探寻真理，最终选择了马克思主义、共产主义。最近播放的电视连续剧《觉醒年代》，生动展示了我们党早期领导人，面对风雨如磐的斗争形势，面对各式各样的主义，最终坚定选择了马克思主义、共产主义，大家可能都看了。李大钊说："人生的目的，在发展自己的生命，可是也有为发展生命必须牺牲生命的时候……高尚的生活，常在壮烈的牺牲中。"[1] 李大钊面对刽子手的屠刀，大义凛然，慷慨就义，以行动证明他的理想信念是无比坚定的。从党的百年历史看，千千万万党员经过血与火、生与死的考验走到了最后，无数党员为了理想信仰献出了宝贵生命，也有不少人在艰苦条件和残酷斗争中动摇甚至背叛了自己的理想信仰。参加党的一大的13人中，王尽美、李汉俊、邓恩铭、何叔衡、陈潭秋5人牺牲，有人脱党，也有陈公博、周佛海、张国焘3人变节叛党。大浪淘沙乃历史规律。正如鲁迅[2]所说："因为终极目的的不同，在行进时，也时时有人退伍，有人落荒，有人颓唐，有人叛变，然而只要无碍于进行，则愈到后来，这队伍也就愈成为纯粹，精锐的队伍了。"[3] 年轻干部要牢记，坚定理想信念是终身课题，需要常修常炼，要信一辈子、守一辈子，三心二意、半途而废甚至背叛初衷肯定会出大问题。

理想信念坚定和对党忠诚是紧密联系的。理想信念坚定才能对党忠诚，对党忠诚是对理想信念坚定的最好诠释。小说《红岩》中刘思扬的原型刘国鋕，出生于四川一个富裕家庭，因叛徒出卖被捕入狱。特务劝他，只要交出组织、登报脱党，马上可以释放。面对劝诱，他斩钉截铁回答，我死了有党，等于没死；我如出卖组织，活着又有什么意义。陈毅同志把"革命重坚定"作为一生的座右铭。南昌起义时他没有赶上，后来冲破重重难关找到了起义队伍，到天心圩时队伍只剩下800人，他协助朱德同志收拢了部队，并对大家说："在胜利发展的情况下，做英雄是容易的；在失败退却的局面下，做英雄就困难得多了。只有经过失败的英雄，才是真正的英雄。我们要做失败时的英雄。"对党忠诚就是要这样，无论顺境逆境，都铁心跟党走、九死而不悔。

检验党员干部是不是对党忠诚，在革命年代就要看能不能为党和人民事业冲锋陷阵、舍生忘死，在和平时期也有明确的检验标准。比如，能不能坚持党的领导，坚决维护党中央权威和集中统一领导，自觉在思想上政治上行动上同党中央保持高度一致；能不能坚决贯彻执行党的理论和路线方针政策，不折不扣把党中央决策部署落到实处；能不能严守党的政治纪律和政治规矩，做政治上的明白人、老实人；能不能坚持党和人民事业高于一切，自觉执行组织决定，服从组织安排，等等，都是对党忠诚的直接检验。长期以来，我们党有一个光荣传统和优良作风，就是党叫干啥就干啥、党让去哪就去哪，哪里有事业哪里就是家，没有二话、毫无怨言。今天，我们依然要大力发扬这种光荣传统和优良作风。现在，有的干部只愿意待在"北上广"，不愿意到"新西兰"。这种态度就不能说是理想信念坚定、对党忠诚了。组织上安排年轻干部去艰苦边远地区工作，是信任更是培养，年轻干部应该以此为荣、争先恐后，而不是拈轻怕重、挑肥拣瘦、患得患失、讨价还价。在党组织安排的工作面前犹犹豫豫、想这想那，这样的干部是不能重用的！到了关键时候是要出问题的！艰难困苦、玉汝于成，刀要在石上磨、人要在事上练，不经风雨、不见世面是难以成大器的。

第二，注重实际、实事求是。坚持一切从实际出发，是我们想问题、作决策、办事情的出发点和落脚点。毛泽东同志早就指出：“按照实际情况决定工作方针，这是一切共产党员所必须牢牢记住的最基本的工作方法。我们所犯的错误，研究其发生的原因，都是由于我们离开了当时当地的实际情况，主观地决定自己的工作方针。”[4]毛泽东同志讲得很有针对性。党的十八大之后，我明确提出“严以修身、严以用权、严以律己，谋事要实、创业要实、做人要实”，并在全党开展了专题教育，其目的也在于此。党中央提了很多要求，都要持之以恒贯彻落实好。

坚持从实际出发，前提是深入实际、了解实际，只有这样才能做到实事求是。同样，只有有实事求是的态度才能重视深入实际、了解实际。要了解实际，就要掌握调查研究这个基本功。现在，各方面对调查研究是重视的，但还要下更大功夫，关键是把调查研究做深做实，避免浮在表面、流于形式。要眼睛向下、脚步向下，经常扑下身子、沉到一线，近的远的都要去，好的差的都要看，干部群众表扬和批评都要听，真正把情况摸实摸透。现在通信很发达，通过打打电话、发发微信、看看材料也能了解很多情况，但毕竟隔了一层，没有现场看、当面听、直接问和“七嘴八舌式”的讨论来得真实鲜活。过去常用的“蹲点调研”、“解剖麻雀”的调研方式依然是管用的。我们现在搞的各种试点，成功了再逐步推广，这就是“解剖麻雀”的方法。既要“身入”基层，更要“心到”基层，听真话、察真情，真研究问题、研究真问题，不能搞作秀式调研、盆景式调研、蜻蜓点水式调研，

“无实事求是之意，有哗众取宠之心”[5]是不行的！这就是严重的形式主义、官僚主义！要在深入分析思考上下功夫，去粗取精、去伪存真，由此及彼、由表及里，找到事物的本质和规律，找到解决问题的办法。要用好交换、比较、反复的方法，重视听取各方面意见包括少数人的意见、反对的意见，立体式地进行分析、三思而后行，防止自以为是、一得自矜。兼听则明、偏听则暗，能听到不同声音不是坏事，经过多次“否定之否定”的过程，进行的思考、作出的决策才能符合实际。

我提出精准扶贫战略，就是在深入调查研究的基础上提出来的。脱贫是贫困群众的殷切希望，也是老一辈革命家的长期愿望。如果不能做好脱贫工作，我们就对不起贫困地区的老百姓，也对不起老一辈革命家。党的十八大闭幕不久，我就到河北阜平县考察脱贫工作。党的十八大以来，我走遍14个集中连片特困地区，而且年年去、常常去，直接到贫困户看真贫、扶真贫，直接听取贫困地区干部群众意见，不断完善扶贫思路和扶贫举措，不断推进工作，带着感情去抓，带着践行宗旨的承诺去抓，最终在全党全国共同努力下打赢了脱贫攻坚战，贫困地区广大群众高兴了，老一辈革命家在九泉之下也会感到安慰。

坚持从实际出发、实事求是，不只是思想方法问题，也是党性强不强问题。从当前干部队伍实际看，坚持实事求是最需要解决的是党性问题。我父亲讲过，“我们党讲党性，我看实事求是就是最大的党性”。1943年，延安开始审查干部运动，在当时国民党反动势力对革命根据地大肆进行渗透破坏的情况下，对干部队伍进行认真审查是完全必要的，但在实际工作中由于过分严重地估计了敌情，特别是具体负责这项工作的康生推行极左方式、大搞“逼供信”，使审干工作发生了严重偏差，造成了大批冤假错案。我父亲当时是绥德地委书记，了解到绥德师范学校出现了不少学生迫于体罚逼供压力“假坦白”的事，感到非常痛心。他经过深入调查研究，慎重提出要把思想认识问题和政治立场问题区分开来，避免审干工作中的“扩大化”错误，并向党中央和西北局如实反映了有关情况，建议党中央及时制止“逼供信”、纠正“左”倾错误。在当时情况下，这样做是冒着很大政治风险的，而我父亲甘冒这个风险，就是因为他认为对党忠诚就不要说假话。县委书记的好榜样谷文昌也是实事求是的典范。东山县是 1950 年 5 月解放的，国民党在败退台湾前从东山疯狂抓壮丁、充兵源，仅有 1 万多户人家的东山就被抓走了 4700 多名青壮年，解放时这些壮丁家属被定为“敌伪家属”。时任东山县第一区工委书记的谷文昌则认为，壮丁们是被国民党绑走的，他们的家属是受害人，建议把“敌伪家属”改成“兵灾家属”，后来上级采纳了这个建议，并决定对这些家属政治上不歧视、经济上平等对待、生活困难给予救济，孤寡老人由乡村照顾。1953 年 7 月，国民党部队 1 万多人突袭东山，而我们守岛部队不过千人，兵力悬殊，但东山军民众志成城，最终取得了保卫战胜利。兵灾家属说：“国民党抓走我们的亲人，共产党把我们当成亲人养。哪怕做鬼，我也愿为共产党守岛！”得民心者，靠实事求是。

干部是不是实事求是可以从很多方面来看，最根本的要看是不是讲真话、讲实话，是不是干实事、求实效。那些见风使舵、处事圆滑的人，那些掩盖矛盾、粉饰太平的人，那些花拳绣腿、不干实事的人，那些好大喜功、急功近利的人，都不是真正的唯物主义者，都有私心杂念在作祟。年轻干部要坚持以党性立身做事，把说老实话、办老实事、做老实人作为党性修养和锻炼的重要内容，敢于坚持真理，善于独立思考，坚持求真务实。这对党和人民事业有益，对个人健康成长也有益。做人老实不是愚钝，做事踏实不会吃亏。对党不忠诚，做人不老实，就会生出取巧之心，就会去搞拉关系、走门路、权钱交易等投机钻营那一套，最终会聪明反被聪明误。

第三，勇于担当、善于作为。干事担事，是干部的职责所在，也是价值所在。党把干部放在各个岗位上是要大家担当干事，而不是做官享福。改革发展稳定工作那么多，要做好工作都要担当作为。如果不担当、不作为，没有执行力、战斗力，那是要打败仗的。

担当作为就要真抓实干、埋头苦干，决不能坐而论道、光说不练。我多次讲过两晋学士虚谈废务的故事，王衍就是其中一个代表人物，可谓舌辩滔滔、无人能及。西晋末年，羯族首领石勒起兵进犯洛阳，王衍作为太尉随军前去讨伐，结果兵败被俘。石勒问他西晋溃败的原因，他百般为自己开脱，说自己从年少时就不参与政事。石勒斥责他：你名盖四海，身居重任，少壮登朝，至于白首，怎么能说没参与朝廷政务，“破坏天下，正是君罪”[6]。后来，王衍被石勒派人杀死，王衍临死前哀叹，如果自己平时不是追求虚浮、而是努力做事，也不至于到这个地步。现实中，此类夸夸其谈、不干实事的人也很多。比如，有的唱功好、做功差，工作落实在口号上，决心停留在嘴巴上；有的摆花架子、做表面文章，应景造势、敷衍应付；有的消极懈怠、得过且过，上面推一推才动一动，不推就不作为；更有的有令不行、有禁不止，甚至欺上瞒下、弄虚作假。今年以来，一些地方在疫情防控、抗击自然灾害、生态环境保护、安全生产等方面出现这样那样的问题，核查下来，其中一个重要原因就是一些干部作风不务实、工作不扎实、责任不落实。

担当和作为是一体的，不作为就是不担当，有作为就要有担当。做事总是有风险的，天底下哪有那么多四平八稳、顺风顺水的事。正因为有风险，才需要担当。如果工作都那么好干，谁上去都能干，那还要什么担当呢？事物往往就是这样，越怕事越容易出事，越想绕道走矛盾就越堵着道。相反，只有豁得出去、敢闯敢干，下定“明知山有虎，偏向虎山行”的决心，真刀真枪干，矛盾和困难才可能得到解决。我在福建工作时，针对福建是林业大省、广大林农却守着“金山银山”过穷日子的状况，为解决产权归属不清等体制机制问题，推动实施了林权制度改革。当时，这项改革是有风险的，主要是上世纪 80 年代有些地方出现了乱砍滥伐的情况，中央暂停了分山到户工作。20 多年过去了，还能不能分山到户，大家都拿不准。经过反复思考，我认为，林权改革关系老百姓切身利益，这个问题不解决，矛盾总有一天会爆发，还是越早解决越好，况且经济发展了、农民生活水平提高了，乱砍滥伐因素减少了，只要政策制定得好、方法对头，风险是可控的。决心下定后，我们抓住“山要怎么分”、“树要怎么砍”、“钱从哪里来”、“单家独户怎么办”这4个难题深入调研、反复论证，推出了有针对性的改革举措，形成了全国第一个省级林改文件。2008年中央10号文件全面吸收了福建林改经验。做事要有魄力，为官要有担当。凡是有利于党和人民的事，我们就要事不避难、义不逃责，大胆地干、坚决地干，正所谓“苟利国家生死以，岂因祸福避趋之”[7]。

干事业、抓改革，必然触动现有利益格局，动一些人的奶酪，以致引发一些争议。要干事，要改革，要解决矛盾，有些争议乃至责难是难免的，把石头扔进水里都会激起涟漪，更何况是想做成一番事业？因为怕争议而缩手缩脚，该干的也不干，这不是共产党人应有的态度。对来自各方面的争议，应该冷静对待、理性分析，如果认准了做的事是对的，实践也证明是对的，就不要打退堂鼓，哪怕背黑锅、遭骂名也义无反顾，同时要做好解疑释惑、凝聚共识的工作，最大程度争取理解和支持。如果别人的批评有合理之处，就要虚心接受、积极改进，使工作方案和政策措施更科学更完善。做事情，意志力、坚忍力、自制力很重要，胆略谋略很重要。很多事情坚持下来了、做成了，争议自然就烟消云散了。

第四，坚持原则、敢于斗争。坚持原则是共产党人的重要品格，是衡量一个干部是否称职的重要标准。现在，一些干部错误理解“和为贵”，一味讲“宽容”、讲“和气”，当老好人，对政治原则问题含含糊糊，对大是大非问题做“开明绅士”，对不良现象听之任之，还有的八面玲珑、左右逢源，说话办事看来头、看风向，随波漂，随风倒，这同党性原则是背道而驰的，必须坚决纠正。

对共产党人来说，“好好先生”并不是真正的好人。奉行好人主义的人，没有公心、只有私心，没有正气、只有俗气，以为“坚持原则是非多、碰到硬茬麻烦多、平平稳稳好处多、拉拉扯扯朋友多”。自古以来，人们就对这种人嗤之以鼻。孔子〔8〕说：“乡愿，德之贼也。”〔9〕就是说那些不分是非、不得罪乡里的“好好先生”，其实是破坏道德的人。孟子〔10〕认为这种人“同乎流俗，合乎污世”〔11〕。《红楼梦》里则以一句“又要自己便宜，又要不得罪了人”，把这种人刻画得入木三分。奉行好人主义，出发点就有问题，因为好的是自己，坏的是风气、是事业。大量事实表明，一些地方和单位正气不彰、邪气蔓延，工作局面长期打不开，矛盾问题积累一大堆，同好人主义的盛行有密不可分的关系。

我们党历来提倡团结，但团结是通过积极健康的思想斗争达成的，不是无原则的一团和气。共产党人讲党性、讲原则，就要讲斗争。在原则问题上决不能含糊、决不能退让，否则就是对党和人民不负责任，甚至是犯罪。

大是大非面前要讲原则，小事小节中也有讲原则的问题。中国是个人情社会，大家生活在社会上，都有亲戚、朋友、熟人、同事、上级、下属等，推进工作、解决问题时时都会面对原则和人情的选择。原则跟人情能够统一当然最好，但二者不能统一时我们要毫不犹豫坚持原则，决不能迁就人情。黄克诚同志担任中央纪委常务书记时提出抓党风要“不怕撕破脸皮”。跟随他转战多年的老部下，在京西宾馆用公款宴请，他照样硬起手腕处理。当时的商业部部长到丰泽园饭庄请客吃饭而少付钱，他派人查实情况后，不但通报全党，还在《人民日报》上公开披露。党的干部都要有秉公办事、铁面无私的精神，讲原则不讲面子、讲党性不徇私情。

斗争无时不在、无处不有。当前，世界百年未有之大变局加速演进，中华民族伟大复兴进入关键时期，我们面临的风险挑战明显增多，总想过太平日子、不想斗争是不切实际的。共产党人任何时候都要有不信邪、不怕鬼、不当软骨头的风骨、气节、胆魄。

第五，严守规矩、不逾底线。这个问题，我是“婆婆嘴”反复讲，今天还是要敲敲木鱼、念念紧箍咒。我们党培养一名干部不容易，如果干部把不住自己，走上违纪违法的邪路，那就辜负了党的培养和信任了。我看到一些领导干部腐败堕落的材料，是感到很痛心的，恨铁不成钢啊！前段时间，我看了一个材料，反映一些年轻干部“前脚刚踏上仕途，后脚就走入歧途”，刚成为单位骨干或走上领导岗位就陷入贪腐，不是晚节不保，而是早节就没保住。大家要引以为戒，时刻绷紧纪律规矩这根弦。

讲规矩、守底线，首先要有敬畏心。心有所畏，方能言有所戒、行有所止。党的十八大以来，党中央对腐败现象坚持无禁区、全覆盖、零容忍，重拳出击、整治到底、震慑到位，但仍有一些干部我行我素、顶风违纪。他们不是不知道纪律规矩，而是根本没有敬畏之心。他们所犯的哪一项不是党纪国法所明令禁止的？所作所为的哪一件没有前车之鉴？古人讲：“畏则不敢肆而德以成，无畏则从其所欲而及于祸。”〔12〕没有敬畏之心，就什么乱七八糟的事都干得出来。有的人干了那么多骇人听闻的事，一个重要原因就是不知敬畏！干部一定要知敬畏、存戒惧、守底线，敬畏党、敬畏人民、敬畏法纪，不能在“月黑风高无人见”的自欺欺人中乱了心智，不能在“你知我知天知地知”的花言巧语中迷了方向，不能在“富贵险中求”的侥幸心理中铤而走险，不能在“法不责众”的错误认识中恣意妄为。

严以修身，才能严以律己。一个干部只有把世界观、人生观、价值观的总开关拧紧了，把思想觉悟、精神境界提高了，才能从不敢腐到不想腐。明代理学家薛瑄认为清廉自守有三种境界：见理明而不妄取者，上也；尚名节而不苟取者，其次也；畏法律、保禄位而不敢取者，为下也。我们共产党人为的是大公、守的是大义、求的是大我，更要正心明道、怀德自重，始终把党和人民放在心中最高位置，做一个一心为公、一身正气、一尘不染的人。优秀地委书记杨善洲就是这样的楷模，一辈子为民造福，一辈子克己奉公。上世纪七八十年代，农村许多人家建起了土木结构的瓦房，但他家仍住在茅草房里，面对老屋漏雨，他跟家里人说：“我没有钱，你们要暂时克服困难，漏雨就买几个盆接一下。”1992年，他在大亮山林场盖起了第一间砖瓦房，却让给了新来的技术员，自己仍住在油毛毡棚里。有一次他下村住在一户农家，这家人觉得伙食差，对不起他，偷偷退回两角饭钱，他硬是赶了一百里夜路还了回去。在一些人眼里，他就是个不讲究吃穿住行的“傻子”。他却说，“有人说我是自讨苦吃，其实你们不知道我有多快乐”，“如果说共产党人有职业病，这个病就是自讨苦吃”。这种艰苦奋斗、以苦为乐的精神永不过时，永远需要发扬。当共产党的干部，对个人的名誉、地位、利益要看得淡、放得下，不能搞“千里来当官，只为吃和穿”那一套，那是不会有什么出息的！

第六，勤学苦练、增强本领。“褚小者不可以怀大，绠短者不可以汲深。”〔13〕我们处在前所未有的变革时代，干着前无古人的伟大事业，如果知识不够、眼界不宽、能力不强，就会耽误事。年轻干部精力充沛、思维活跃、接受能力强，正处在长本事、长才干的大好时期，一定要珍惜光阴、不负韶华，如饥似渴学习，一刻不停提高。

向书本学习，是丰富知识、增长才干的重要途径。毛泽东同志说：“饭可以一日不吃，觉可以一日不睡，书不可以一日不读。”他日理万机，但仍见缝插针读书，理发时也读，还幽默地对理发师说：“你办你的公，我办我的公，咱们互不干扰。”我们要发扬这种“挤”和“钻”的精神，多读书、读好书，从书本中汲取智慧和营养，不能自我感觉良好、不屑学习，不能借口工作太忙、放松学习，不能为了装点门面、应付学习。抓好学习，有一个学什么、怎么学的问题。一个人的精力有限，不可能什么都去学，干部要结合工作需要学习，做到干什么学什么、缺什么补什么。要学习马克思主义理论特别是新时代党的创新理论，学习党史、新中国史、改革开放史、社会主义发展史，学习经济、政治、法律、文化、社会、管理、生态、国际等各方面基础性知识，学习同做好本职工作相关的新知识新技能，不断完善履职尽责必备的知识体系。

实践出真知，实践长真才。党和国家事业涉及面很广，领导干部也不是总在一个岗位上工作，都要学过了、学好了再来干是不现实的。坚持在干中学、学中干是领导干部成长成才的必由之路。新中国成立之初组建海军，党中央决定肖劲光同志担任海军司令员。肖劲光同志从没接触过海军，自己还是个“旱鸭子”，但他边干边学，使我国海军从无到有、迅速壮大，出色完成了党中央交给的任务。许多从战争年代走来的老一辈革命家也都是在实践中成长为经济、科技、外交等领域的行家里手的。“学所以益才也，砺所以致刃也。”〔14〕有同志经过一番实践历练后说了一句话，越干越会干、越干越能干、越干越想干。当然，同样是实践，是不是真正上心用心，是不是善于总结思考，收获大小、提高快慢是不一样的。如果忙忙碌碌，只是机械做事，陷入事务主义，是很难提高认识和工作水平的。

以上我强调的几点，都是年轻干部健康成长要解决好的课题。大家生逢伟大时代，是党和国家事业发展的生力军，希望大家练好内功、提升修养、增强本领，不要走偏、不要落伍、不要掉队，努力成为可堪大用、能担重任的栋梁之才，为实现第二个百年奋斗目标而努力工作，不辜负党和人民期望和重托！

注　释

〔**1**〕见李大钊《牺牲》（《李大钊全集》第3卷，人民出版社2013年版，第107页）。

〔**2**〕鲁迅（1881—1936），浙江绍兴人。中国文学家、思想家、革命家，中国现代文学的奠基人。

〔**3**〕见鲁迅《非革命的急进革命论者》（《鲁迅全集》第 4 卷，人民文学出版社 2005 年版，第 231 页）。

〔**4**〕见毛泽东《在晋绥干部会议上的讲话》（《毛泽东选集》第 4 卷，人民出版社 1991 年版，第 1308 页）。

〔**5**〕见毛泽东《改造我们的学习》（《毛泽东选集》第 3 卷，人民出版社 1991 年版，第 800 页）。

〔**6**〕见唐代房玄龄等《晋书・王戎传附王衍传》。

〔**7**〕见清代林则徐《赴戍登程口占示家人》。

〔**8**〕孔子（前 551—前 479），名丘，字仲尼，鲁国陬邑（今山东曲阜）人。春秋时期思想家、教育家、政治家，儒家创始人。

〔**9**〕见《论语・阳货》。

〔**10**〕孟子（约前 372—前 289），名轲，字子舆，邹（今山东邹城东南）人。战国时期哲学家、思想家、教育家。

〔**11**〕见《孟子・尽心下》。

〔**12**〕见明代吕坤《呻吟语・修身》。

〔**13**〕见《庄子・至乐》。

〔**14**〕见西汉刘向《说苑・建本》。

全面贯彻新时代人才工作新理念新战略新举措*

（2021 年 9 月 27 日）

党的十八大以来，党中央深刻回答了为什么建设人才强国、什么是人才强国、怎样建设人才强国的重大理论和实践问题，提出了一系列新理念新战略新举措。

一是坚持党对人才工作的全面领导。这是做好人才工作的根本保证。千秋基业，人才为本。党管人才就是党要领导实施人才强国战略、推进高水平科技自立自强，加强对人才工作的政治引领，全方位支持人才、帮助人才，千方百计造就人才、成就人才，以识才的慧眼、爱才的诚意、用才的胆识、容才的雅量、聚才的良方，着力把党内和党外、国内和国外各方面优秀人才集聚到党和人民的伟大奋斗中来，努力建设一支规模宏大、结构合理、素质优良的人才队伍。

二是坚持人才引领发展的战略地位。这是做好人才工作的重大战略。人才是创新的第一资源，人才资源是我国在激烈的国际竞争中的重要力量和显著优势。创新驱动本质上是人才驱动，立足新发展阶段、贯彻新发展理念、构建新发展

---

* 这是习近平在中央人才工作会议上讲话的一部分。

格局、推动高质量发展，必须把人才资源开发放在最优先位置，大力建设战略人才力量，着力夯实创新发展人才基础。

三是坚持面向世界科技前沿、面向经济主战场、面向国家重大需求、面向人民生命健康。这是做好人才工作的目标方向。必须支持和鼓励广大科学家和科技工作者紧跟世界科技发展大势，对标一流水平，根据国家发展急迫需要和长远需求，敢于提出新理论、开辟新领域、探索新路径，多出战略性、关键性重大科技成果，不断攻克“卡脖子”关键核心技术，不断向科学技术广度和深度进军，把论文写在祖国大地上，把科技成果应用在实现社会主义现代化的伟大事业中。

四是坚持全方位培养用好人才。这是做好人才工作的重点任务。必须坚定人才培养自信，造就一流科技领军人才和创新团队，培养具有国际竞争力的青年科技人才后备军，用好用活人才，大胆使用青年人才，激发创新活力，放开视野选人才、不拘一格用人才。

五是坚持深化人才发展体制机制改革。这是做好人才工作的重要保障。必须破除人才培养、使用、评价、服务、支持、激励等方面的体制机制障碍，破除“四唯”现象，向用人主体授权，为人才松绑，把我国制度优势转化为人才优势、科技竞争优势，加快形成有利于人才成长的培养机制、有利于人尽其才的使用机制、有利于人才各展其能的激励机制、有利于人才脱颖而出的竞争机制，把人才从科研管理的各种形式主义、官僚主义的束缚中解放出来。

六是坚持聚天下英才而用之。这是做好人才工作的基本要求。中国发展需要世界人才的参与，中国发展也为世界人才提供机遇。必须实行更加积极、更加开放、更加有效的人才引进政策，用好全球创新资源，精准引进急需紧缺人才，形成具有吸引力和国际竞争力的人才制度体系，加快建设世界重要人才中心和创新高地。

七是坚持营造识才爱才敬才用才的环境。这是做好人才工作的社会条件。必须积极营造尊重人才、求贤若渴的社会环境，公正平等、竞争择优的制度环境，待遇适当、保障有力的生活环境，为人才心无旁骛钻研业务创造良好条件，在全社会营造鼓励大胆创新、勇于创新、包容创新的良好氛围。

八是坚持弘扬科学家精神。这是做好人才工作的精神引领和思想保证。必须弘扬胸怀祖国、服务人民的爱国精神，勇攀高峰、敢为人先的创新精神，追求真理、严谨治学的求实精神，淡泊名利、潜心研究的奉献精神，集智攻关、团结协作的协同精神，甘为人梯、奖掖后学的育人精神，教育引导各类人才矢志爱国奋斗、锐意开拓创新。

以上 8 条，是我们对我国人才事业发展规律性认识的深化，要始终坚持并不断丰富发展。

自我革命是我们党跳出历史周期率的第二个答案*

（2021 年 11 月 11 日）

坚持自我革命，确保党不变质、不变色、不变味。我在庆祝中国共产党成立一百周年大会上讲到，中国共产党从来不代表任何利益集团、任何权势团体、任何特权阶层的利益。这次全会《决议》再次重申了这句话。这既是回击一些别有用心的人想把我们党同人民分割开来、对立起来的企图，也是提醒全党，在为谁执政、为谁用权、为谁谋利这个根本问题上头脑要特别清醒、立场要特别坚定。

我们党历史这么长、规模这么大、执政这么久，如何跳出治乱兴衰的历史周期率？毛泽东同志在延安的窑洞里给出了第一个答案，这就是“只有让人民来监督政府，政府才不敢松懈”〔1〕。经过百年奋斗特别是党的十八大以来新的实践，我们党又给出了第二个答案，这就是自我革命。

勇于自我革命是我们党区别于其他政党的显著标志。毛泽东同志讲：“有无认真的自我批评，也是我们和其他政党互相区别的显著的标志之一。”〔2〕正是因为具备这种独有的政

---

* 这是习近平在中共十九届六中全会第二次全体会议上讲话的一部分。

治品格，我们党才能穿越百年风风雨雨，多次在危难之际重新奋起、失误之后拨乱反正，成为打不倒、压不垮的马克思主义政党。一个政党最难的就是历经沧桑而初心不改、饱经风霜而本色依旧。

“不私，而天下自公。”[3]我们党没有任何自己特殊的利益，这是我们党敢于自我革命的勇气之源、底气所在。正因为无私，才能本着彻底的唯物主义精神经常检视自身、常思己过，才能摆脱一切利益集团、权势团体、特权阶层的“围猎”腐蚀，并向党内被这些集团、团体、阶层所裹挟的人开刀。

我们党之所以伟大，不在于不犯错误，而在于从不讳疾忌医，敢于直面问题，勇于自我革命。比如，在指导思想上坚持真理、修正错误，包括大革命失败后纠正陈独秀右倾机会主义错误，土地革命战争时期纠正“左”倾盲动错误和“左”倾冒险错误，延安时期彻底纠正王明“左”倾教条主义错误，党的十一届三中全会后彻底否定“文化大革命”，等等。比如，我们党勇于解决党内存在的思想不纯、政治不纯、组织不纯、作风不纯等突出问题，包括延安整风，建国初期的整风整党和“三反”运动，改革开放以后的全面整党和开展的一系列集中性教育活动，等等。再比如，我们党坚决惩治腐败，包括新中国建立初期处理刘青山、张子善等人的案件，改革开放后始终把党风廉政建设和反腐败斗争放在突出位置，提出不断增强拒腐防变能力、建立健全惩治和预防腐败体系，等等。

党的十八大以来，我们党以前所未有的勇气和定力全面从严治党，打了一套自我革命的“组合拳”，形成了一整套党自我净化、自我完善、自我革新、自我提高的制度规范体系。针对“七个有之”[4]等严重影响党的形象和威信、严重损害党群干群关系的突出问题，我们坚持严的主基调，强化监督执纪问责，抓住“关键少数”，党在革命性锻造中更加坚强。特别是我们党以猛药去疴、重典治乱的决心，以刮骨疗毒、壮士断腕的勇气，坚定不移“打虎”、“拍蝇”、“猎狐”，清除了党、国家、军队内部存在的严重隐患。世界上那么多执政党，有几个敢像我们党这样大规模、大力度、坚持不懈反腐败？有些人吹捧西方多党轮流执政、“三权鼎立”那一套，不相信我们党能够刀刃向内、自剜腐肉。中国共产党勇于自我革命的实践给了他们响亮有力的回答。

我们党历经百年、成就辉煌，党内党外、国内国外赞扬声很多。越是这样越要发扬自我革命精神，千万不能在一片喝彩声中迷失自我。正所谓“不诱于誉，不恐于诽”[5]。全党同志要永葆自我革命精神，增强全面从严治党永远在路上的政治自觉，决不能滋生已经严到位、严到底的情绪！从最近连续查处的大案要案看，党风廉政建设和反腐败斗争必须一刻也不放松抓、持之以恒抓！中央委员会的同志们、党的各级领导干部要保持头脑清醒，对全党的思想、组织、作风、廉洁等情况要有客观正确的认识和把握，以正视问题的勇气和刀刃向内的自觉推进党的自我革命。生了病就要及时医，该吃药就吃药，该开刀就开刀。不论什么问题，不论谁出问题，该出手时就出手，对腐败问题尤其要坚决查处，不断清除损害党的先进性和纯洁性的因素，不断清除侵蚀党的健康肌体的病毒。特别是对那些攫取国家和人民利益、侵蚀党的执政根基、动摇社会主义国家政权的人，对那些在党内搞政治团伙、小圈子、利益集团的人，要毫不手软、坚决查处！

总之，在建党百年之际，我们要居安思危，时刻警惕我们这个百年大党会不会变得老态龙钟、疾病缠身。对党的历史上走过的弯路、经历的曲折不能健忘失忆，对中外政治史上那些安于现状、死于安乐的深刻教训不能健忘失忆；对自身存在的问题不能反应迟钝，处理动作慢腾腾、软绵绵，最终人亡政息！要以伟大自我革命引领伟大社会革命，以伟大社会革命促进伟大自我革命，确保党在新时代坚持和发展中国特色社会主义的历史进程中始终成为坚强领导核心。

注　释

〔**1**〕这句话出自 1945 年 7 月毛泽东同黄炎培的谈话（《毛泽东年谱（一八九三——一九四九）》中卷，中央文献出版社2013年版，第611页）。

〔**2**〕见毛泽东《论联合政府》（《毛泽东选集》第 3 卷，人民出版社 1991 年版，第 1096 页）。

〔**3**〕见《忠经·广至理章》。

〔**4**〕2014 年 10 月，习近平在中共十八届四中全会第二次全体会议上提出：一些人无视党的政治纪律和政治规矩，为了自己的所谓仕途，为了自己的所谓影响力，搞任人唯亲、排斥异己的有之，搞团团伙伙、拉帮结派的有之，搞匿名诬告、制造谣言的有之，搞收买人心、拉动选票的有之，搞封官许愿、弹冠相庆的有之，搞自行其是、阳奉阴违的有之，搞尾大不掉、妄议中央的也有之，如此等等。

〔**5**〕见《荀子·非十二子》。

增加历史自信、增进团结统一、增强斗争精神*

（2021 年 12 月 27 日—28 日）

这次专题民主生活会开得很好、很有成效，交流了思想，检视了问题，明确了方向，是中央政治局的同志开展党史学习教育的成果检验，对迎接党的二十大胜利召开具有重要意义。大家的意见和建议对改进中央政治局的工作很有帮助。

我们党走过了一百年的光辉历程，团结带领人民取得了举世瞩目的重大成就，积累了极其宝贵的历史经验。党的历史是最生动、最有说服力的教科书。我们党历来重视党史学习教育。对历史进程的认识越全面，对历史规律的把握越深刻，党的历史智慧越丰富，对前途的掌握就越主动。今年，党中央决定在全党全社会开展党史总结、学习、教育、宣传，强调全党要学史明理、学史增信、学史崇德、学史力行，就是为了增加历史自信、增进团结统一、增强斗争精神。

在新的赶考之路上，我们能否继续交出优异答卷，关键在于有没有坚定的历史自信。一百年来，我们党致力于为中

---

* 这是习近平在主持中共中央政治局党史学习教育专题民主生活会时的讲话要点。

国人民谋幸福、为中华民族谋复兴，致力于为人类谋进步、为世界谋大同，天下为公，人间正道，这是我们党具有历史自信的最大底气，是我们党在中国执政并长期执政的历史自信，也是我们党团结带领人民继续前进的历史自信。今天，我们完全可以说，中国共产党没有辜负历史和人民的选择。

历史认知是历史自信的重要基础。党的十八大以来，我们坚持唯物史观、正确党史观，在党和国家历史问题上正本清源，取得了显著成效。同时，我们必须清醒认识到，要真正解决好这个问题，仍然需要党郑重、全面、权威地对党的历史作出科学总结，并在此基础上持之以恒推进党史总结、学习、教育、宣传，让正确党史观更深入、更广泛地树立起来，让正史成为全党全社会的共识，教育广大党员、干部和全体人民特别是广大青年坚定历史自信、筑牢历史记忆，满怀信心地向前进。

党的团结统一是党的生命，善于在总结历史中统一思想、统一行动，是我们党的成功经验。党的团结统一首先是政治上的团结统一。党的十八大以来，经过全党共同努力，党的团结统一达到了新的高度。党中央决定，党的十九届六中全会决议突出中国特色社会主义新时代这个重点。这对全党在重大理论和实践问题上统一思想、统一行动，团结带领全国各族人民夺取新时代中国特色社会主义新的伟大胜利具有重大意义。

我们党来自人民、植根人民、服务人民。党的十九届六中全会作出党的第三个历史决议，就是要告诫全党在新时代前进的征程上不忘初心、牢记使命，回答好“从哪里来、往哪里去”这个基本命题，始终保持党同人民群众的血肉联系，让广大人民群众从百年党史中深刻认识中国共产党是一个什么样的党，从而坚定不移听党话、跟党走。

马克思主义产生和发展、社会主义国家诞生和发展的历程充满着斗争的艰辛。新民主主义革命时期，革命斗争之艰难、流血牺牲之惨烈世所罕见。新中国成立后特别是党的十八大以来，我们经历了一系列重大风险挑战，我们都毫不畏惧、奋勇向前，以坚忍不拔的斗争赢得了胜利。新的时代条件下，我们要总结运用好党积累的伟大斗争经验，坚持底线思维，增强忧患意识，发扬斗争精神，掌握斗争策略，练就斗争本领，保持越是艰险越向前的大无畏气概，有效应对前进道路上各种可以预料和难以预料的风险挑战，推动中国特色社会主义事业航船劈波斩浪、一往无前。

要从党的百年奋斗史中汲取智慧和力量，加强中央政治局自身建设。中央政治局的同志要自觉践行初心使命，有大格局、大情怀，站得高、看得远、谋得深、想得实，看淡个人得失、看开功名利禄，时刻以党和人民事业为重，始终同人民群众心心相印、生死相依、命运与共。要带头坚定理想信念，从理想信念中获得察大势、应变局、观未来的指路明灯，获得奋斗不止、精进不怠的动力源泉，获得辨别是非、廓清迷雾的政治慧眼，获得抵御侵蚀、防止蜕变的强大抗体。要带头维护党中央权威和集中统一领导，不仅自己要坚定清醒，而且要在推动全党做到维护党中央权威和集中统一领导上自觉用力，特别是要防止和克服不良倾向。要具有很强的战略眼光、前瞻眼光，聚焦新的实践提出的新课题，发扬民主、集思广益，提出符合实际、符合规律的决策建议。要带头贯彻执行党中央决策部署，在不折不扣执行上下功夫，推动分管领域、分管部门全面深入学习领会党中央的决策和工作部署，对“国之大者”领悟到位，确保执行不偏向、不变通、不走样。

召开中国共产党第二十次全国代表大会，是中央政治局明年工作的首要政治任务。中央政治局的同志要以强烈的政治责任感和历史使命感，认真履行职责，做好各方面工作。今明两年正值换届。领导同志要严格遵守政治纪律和政治规矩，严格遵守组织纪律、换届纪律。要教育引导领导干部正确看待组织、正确看待自己，服从大局、服从组织、服从安排，振奋起共产党人应有的精气神，把全部精力用到干事创业上。

在这次民主生活会上，中央政治局的同志就做好工作提了许多很好的意见和建议，有的涉及中央工作，有的涉及部门工作，有的涉及地方工作，会后要抓紧研究、拿出举措、改进工作，务求取得实效。

坚持不懈把全面从严治党向纵深推进*

（2022 年 1 月 18 日）

2021 年是中国共产党成立一百周年。党中央坚定不移推进全面从严治党，为全面建设社会主义现代化国家开好局、起好步提供了有力政治保障。今年是党的十八大以来第十个年头，十年磨一剑，党中央把全面从严治党纳入“四个全面”战略布局，以前所未有的勇气和定力推进党风廉政建设和反腐败斗争，刹住了一些多年未刹住的歪风邪气，解决了许多长期没有解决的顽瘴痼疾，清除了党、国家、军队内部存在的严重隐患，管党治党宽松软状况得到根本扭转，探索出依靠党的自我革命跳出历史周期率的成功路径。党的十八大以来，全面从严治党取得了历史性、开创性成就，产生了全方位、深层次影响，必须长期坚持、不断前进。

一百年来，党外靠发展人民民主、接受人民监督，内靠全面从严治党、推进自我革命，勇于坚持真理、修正错误，勇于刀刃向内、刮骨疗毒，保证了党长盛不衰、不断发展壮

* 这是习近平在中共十九届中央纪委六次全会上的讲话要点。

大。全面从严治党是新时代党的自我革命的伟大实践，开辟了百年大党自我革命的新境界。必须坚持以党的政治建设为统领，坚守自我革命根本政治方向；必须坚持把思想建设作为党的基础性建设，淬炼自我革命锐利思想武器；必须坚决落实中央八项规定〔1〕精神、以严明纪律整饬作风，丰富自我革命有效途径；必须坚持以雷霆之势反腐惩恶，打好自我革命攻坚战、持久战；必须坚持增强党组织政治功能和组织力凝聚力，锻造敢于善于斗争、勇于自我革命的干部队伍；必须坚持构建自我净化、自我完善、自我革新、自我提高的制度规范体系，为推进伟大自我革命提供制度保障。

党的十八大以来，我们继承和发展马克思主义建党学说，总结运用党的百年奋斗历史经验，深入推进管党治党实践创新、理论创新、制度创新，对建设什么样的长期执政的马克思主义政党、怎样建设长期执政的马克思主义政党的规律性认识达到新的高度。这就是坚持党中央集中统一领导，坚持党要管党、全面从严治党，坚持以党的政治建设为统领，坚持严的主基调不动摇，坚持发扬钉钉子精神加强作风建设，坚持以零容忍态度惩治腐败，坚持纠正一切损害群众利益的腐败和不正之风，坚持抓住“关键少数”以上率下，坚持完善党和国家监督制度，形成全面覆盖、常态长效的监督合力。

要巩固拓展党史学习教育成果，更加坚定自觉地牢记初心使命、开创发展新局。要深入学习贯彻党的十九届六中全会精神，持之以恒推进党史学习、教育、宣传，引导全党坚定历史自信，让初心使命在内心深处真正扎根，把忠诚于党和人民落到行动上，继承弘扬党的光荣传统和优良作风，为党和人民事业赤诚奉献，在新的赶考之路上考出好成绩。

要强化政治监督，确保完整、准确、全面贯彻新发展理念。要把握新发展阶段、贯彻新发展理念、构建新发展格局、推动高质量发展，引导督促党员、干部真正悟透党中央大政方针，时时处处向党中央看齐，扎扎实实贯彻党中央决策部署，不打折扣、不做表面文章，纠正自由主义、本位主义、保护主义，不因一时一地利益而打小算盘、耍小聪明，确保执行不偏向、不变通、不走样。

要保持反腐败政治定力，不断实现不敢腐、不能腐、不想腐一体推进的战略目标。我们必须清醒认识到，腐败和反腐败较量还在激烈进行，并呈现出一些新的阶段性特征，防范形形色色的利益集团成伙作势、“围猎”腐蚀还任重道远，有效应对腐败手段隐形变异、翻新升级还任重道远，彻底铲除腐败滋生土壤、实现海晏河清还任重道远，清理系统性腐败、化解风险隐患还任重道远。我们要保持清醒头脑，永远吹冲锋号，牢记反腐败永远在路上。只要存在腐败问题产生的土壤和条件，腐败现象就不会根除，我们的反腐败斗争也就不可能停歇。领导干部特别是高级干部要带头落实关于加强新时代廉洁文化建设的意见，从思想上固本培元，提高党性觉悟，增强拒腐防变能力。领导干部要增强政治敏锐性和政治鉴别力。领导干部特别是高级干部一定要重视家教家风，以身作则管好配偶、子女，本分做人、干净做事。

要加固中央八项规定的堤坝，锲而不舍纠“四风”树新风。形式主义、官僚主义是党和国家事业发展的大敌。要从领导干部特别是主要领导干部抓起，树立正确政绩观，尊重客观实际和群众需求，强化系统思维和科学谋划，多做为民造福的实事好事，杜绝装样子、搞花架子、盲目铺摊子。要落实干部考核、工作检查相关制度，科学评价干部政绩，促进干部更好担当作为。要加强对党中央惠民利民、安民富民各项政策落实情况的监督，集中纠治教育医疗、养老社保、生态环保、安全生产、食品药品安全等领域群众反映强烈的突出问题，巩固深化扫黑除恶专项斗争、政法队伍教育整顿成果，让群众从一个个具体问题的解决中切实感受到公平正义。

要加强年轻干部教育管理监督，教育引导年轻干部成为党和人民忠诚可靠的干部。要从严从实加强教育管理监督，引导年轻干部对党忠诚老实，坚定理想信念，牢记初心使命，正确对待权力，时刻自重自省，严守纪法规矩，扣好廉洁从政的“第一粒扣子”。年轻干部一定要有清醒的认识，经常对照党的理论和路线方针政策、对照党章党规党纪、对照初心使命，看清一些事情该不该做、能不能干，守住拒腐防变的防线。

要完善权力监督制度和执纪执法体系，使各项监督更加规范、更加有力、更加有效。各级党委（党组）要履行党内监督的主体责任，突出加强对“关键少数”特别是“一把手”和领导班子的监督。纪检监察机关要发挥监督专责机关作用，协助党委全面从严治党，推动党内监督和其他各类监督贯通协同，探索深化贯通协同的有效路径。要加强对换届纪律风气的监督，坚持党管干部原则，强化党组织领导和把关作用，特别是要严把政治关、廉洁关。

纪检监察机关和纪检监察干部要始终忠诚于党、忠诚于人民、忠诚于纪检监察事业，准确把握在党的自我革命中的职责任务，弘扬党百年奋斗形成的宝贵经验和优良作风，紧紧围绕党和国家工作大局发挥监督保障执行作用，更加有力有效推动党和国家战略部署目标任务落实。纪检监察队伍必须以更高的标准、更严的纪律要求自己，锤炼过硬的思想作风、能力素质，以党性立身做事，刚正不阿、秉公执纪、谨慎用权，不断提高自身免疫力，主动接受党内和社会各方面的监督，始终做党和人民的忠诚卫士。

注　　释

〔**1**〕中央八项规定，指中共十八届中央政治局关于改进工作作风、密切联系群众的八项规定。主要内容是：改进调查研究、精简会议活动、精简文件简报、规范出访活动、改进警卫工作、改进新闻报道、严格文稿发表、厉行勤俭节约。

团结就是力量，奋斗开创未来*

（2022年1月30日）

过去一百年，中国共产党向人民、向历史交出了一份优异的答卷。现在，党团结带领全国各族人民踏上了实现第二个百年奋斗目标新的赶考之路。

一百年来，党和人民取得的一切成就都是团结奋斗的结果，团结奋斗是中国共产党和中国人民最显著的精神标识。百年奋斗历史告诉我们，团结就是力量，奋斗开创未来；能团结奋斗的民族才有前途，能团结奋斗的政党才能立于不败之地。百年奋斗历史还告诉我们，围绕明确奋斗目标形成的团结才是最牢固的团结，依靠紧密团结进行的奋斗才是最有力的奋斗。我们靠团结奋斗创造了辉煌历史，还要靠团结奋斗开辟美好未来。只要14亿多中国人民始终手拉着手一起向未来，只要9500多万中国共产党人始终与人民心连着心一起向未来，我们就一定能在新的赶考之路上继续创造令人刮目相看的奇迹！

世界上最大的幸福莫过于为人民幸福而奋斗。心中装着百姓，手中握有真理，脚踏人间正道，我们信心十足、力量

* 这是习近平在二〇二二年春节团拜会上讲话的一部分。

十足。无论风云如何变幻，无论挑战如何严峻，我们都要弘扬伟大建党精神，铭记生于忧患、死于安乐的古训，常怀远虑、居安思危，紧密团结、艰苦奋斗，继续把中华民族伟大复兴的历史伟业推向前进！

对百年奋斗历史最好的致敬，是书写新的奋斗历史。今年下半年，中国共产党将召开第二十次全国代表大会，总结过去五年的工作，谋划未来一个时期的发展蓝图。我们要统筹国内国际两个大局，统筹推进“五位一体”总体布局、协调推进“四个全面”战略布局，统筹发展和安全，统筹疫情防控和经济社会发展，坚持稳中求进工作总基调，完整、准确、全面贯彻新发展理念，加快构建新发展格局，全面深化改革开放，推动高质量发展，持续保障和改善民生，着力保持平稳健康的经济环境、国泰民安的社会环境、风清气正的政治环境，以实际行动迎接党的二十大胜利召开。

索 引

D

G

J

K

L

M

W

X

图书在版编目 (CIP) 数据

习近平谈治国理政. 第四卷 / 习近平著. –北京 :
外文出版社, 2022.6

ISBN 978-7-119-13092-7

I. ①习… II. ①习… III. ①习近平–讲话–学习参考资料
②习近平新时代中国特色社会主义思想–学习参考资料
IV. ① D2-0 ② D610.4

中国版本图书馆 CIP 数据核字 (2022) 第 098515 号

习近平谈治国理政

第四卷

出版发行：外文出版社有限责任公司
地　址：中国北京百万庄大街 24 号　　邮政编码：100037
网　址：http://www.flp.com.cn　　电子邮箱：flp@cipg.org.cn
电　话：86-10-68998085
86-10-68995852
印　刷：北京盛通印刷股份有限公司
开　本：787mm × 1092mm 1/16
印　张：40.5
装　别：平装
版　次：2022 年 6 月第 1 版
2022 年 9 月第 1 版第 6 次印刷
书　号：ISBN 978-7-119-13092-7
定　价：80.00 元